Introduction to Social Welfare

사회 복지개론

류형택 · 배은영 공저

동문사

머리말

현대에서의 사회복지란 인간이 추구하는 보편적 가치 실현의 한 장으로 크게 자리매김 되어가고 있습니다. 그만큼 사회의 커다란 요구의 방향으로 사회복지는 현 사회의 필수적 요소라고 생각합니다. 급속한 고도 경제성장에 따른 산업화와 도시화, 그리고 여성의 사회진출에 따른 가정의 공동화 현상에 따른 핵가족화와 가족의 위기는 커다란 사회적 가치문화의 변화를 가져왔습니다. 그 외에도 노동환경변화의 문제 등 전반적 사회구조문제는 사회의 불평등을 꾀하고 있으며, 특히 고실업과 사회적 양극화 현상은 점차적으로 복지사회의 구현을 요구하고 있습니다. 따라서 이러한 문제의식을 느끼면서 앞으로 이러한 문제의 전문적 · 사회적 지도자로 사회복지사의 자리매김은 당연한 귀결이라고 생각합니다.

그간 사회복지의 강단에서 활동하면서 처음 입문하는 사회복지전공 학생들에게 사회복지를 소개시키고 이해시키기 쉬운 교과서를 제공하고 싶은 생각으로 본서를 집필하기 시작했습니다. 그리하여 쉽게 소개하고 알기 쉬운 사회복지의 접근, 인강을 대상으로 하는 사회복지의 개념의 이해, 그리고 사회복지 현장 중심적 개론적인 성격의 교재가 되도록 하였습니다.

이 책의 구성은 인간에 대한 이해, 사회복지의 개념과 동기, 사회복지의 역사, 복지국가와 복지사회, 사회복지의 미시적 · 거시적 접근방법, 사회복지의 실천분야를 인간발달과정별, 그리고 최근 많은 관심을 보이는 새로운 사회복지서비스의 영역까지의 각 부문별 사회복지에 대하여 구성하였습니다.

이 책이 나오기까지 함께 애써주신 배은영 교수에게 먼저 감사드립니다. 특히 동문사 관계자 여러분의 지속적인 지원과 배려에 감사함을 전합니다. 이 책을 통하여 많은 학생들과의 교감과 소통을 기대하며, 그들에게도 사회복지를 이해하는데 심심찮은 도움이 되길 기대합니다. 앞으로 더 좋고 유용한 책이 될 수 있도록 지속적으로 수정 및 보완해 나가겠습니다.

끝으로 "혼자 가는 사람은 빨리 갈 수 있지만, 함께 같이 가는 사람은 즐기면서 오래 갈 수 있다."라는 말씀을 드리고 싶습니다.

2016년 2월

저자 류형택, 배은영

목 차

목 차

CHAPTER 01

인간의 삶과 사회복지

01 인간 욕구

1) 기본욕구

욕구(needs)란 한글사전에서 '욕심껏 구함'이라고 풀이하고 있다. 심리학에서는 욕구를 '유기체가 건강한 상태를 유지하여야만 하는 세포가 지닌 본질'로 규정하고 있으며, 일반적인 의미로는 '개인이 그의 복지에 유해한 것으로 느껴지는 어떠한 결핍 혹은 부족'으로 설명하고 있다(Chaplin, 1968). 따라서 욕구는 어떠한 목적을 위해 '좋은 것', '필요한 것', '필수적인 것' 등을 의미한다. 즉, 어떤 목적을 위해 필요하거나 필수적인 것이 결핍된 것을 말한다(박용순, 2008).

사회복지는 인간의 욕구(need)에 대응하기 위한 사회제도라고 말할 수 있다. 욕구는 대부분 인간의 생존과 성장·발전을 위해 필요한 것, 필수적인 것이 미충족되거나 결핍된 상태를 지칭한다. 인간의 욕구는 자신의 정신현상이나 생활체계 가운데서 균형을 지키는 것이지만, 그 균형이 깨어지고 소위 긴장상태가 될 때에

욕구불만이 일어난다. 그리하여 사회복지는 인간의 욕구불만상태를 해결하거나 충족시켜 주기 위한 사회제도이다(박경일 외, 2014).

사회복지학에서는 이러한 욕구의 의미에 대해 "인간이 사회생활을 영위함에 있어서 충족시켜야 할 기본적인 욕구를 나타내는 말 … 유기체의 행동을 일으키게 하는 생활체 내부의 원인, 즉 식물이나 물은 동물에게 절대적으로 필요하며, 이것이 없을 때는 이것을 얻으려고 하는 긴장 상태가 생긴다(대구대학교 사회복지연구소 편, 1985)."라고 설명하고 있다.

이상의 내용을 요약해보면, '욕구는 유기체가 존재하기 위해 무엇인가 필요한 것을 구하는 본질적인 현상'을 의미한다. 모든 생명체는 그 존립을 위해 무엇인가를 소모하고 필요로 하는데, 이는 모든 유기체가 욕구를 가지고 있다고 말할 수 있다.

먼저 기본적 욕구는 인간의 욕구 중에서도 누구에게나 공통적이면서도 필수적인 것들의 최저수준을 충족시켜 줄 때 적용되는 것이다. 공통적이란 의미는 예컨대 의식주, 직업, 교육, 건강, 화목한 가정, 쾌적한 환경을 생각해 볼 수 있다. 필수적이란 의미는 그러한 욕구가 충족되지 않을 경우, 인간성의 확보가 불가능해진다는 것이다. 이때 인간성이란 생존과 자율이 보장되어야 한다는 것이며, 최저수준이라 함은 일시적 욕구 미충족의 상태로 인하여 자립과 자조가 곤란해진 사람에게 자립과 자조의 능력을 회복시킬 수 있을 만큼의 수준으로 한정한다는 것이다. 이에 사회복지는 인간욕구 중에서 특별히 기본욕구의 충족에 일차적인 관심을 두고 있다. 따라서 기본욕구의 구체적인 내용은 다음과 같이 설명할 수 있다. 즉, 기본욕구는 ① 모든 개인에게 공통적으로 존재하는 욕구이고, ② 모든 개인에게 필수불가결한 욕구이며, ③ 모든 개인에게 최소한의 수준으로 있어야 하는 욕구 등이며, 이와 같은 기본욕구의 내용을 제시하면 다음과 같다.

(1) 공통적 욕구

특정 개인이 갖는 인종, 종교, 성, 연령, 교육수준, 사회경제적 지위 등에 관계없이 모든 인간이 지니는 욕구를 말한다. 이 욕구의 원리는 사회복지서비스를 제공할 때 가장 무차별적 평등의 원리로 표현되고 있다. 또한 공통적 욕구에는 의식주를 중심으로 직업, 건강, 가족 등이 포함될 수 있다.

(2) 필수불가결한 욕구

인간의 생활유지에 필수적으로 요구되는 욕구를 의미한다. 이러한 욕구가 충족되지 않는다면 인간다운 생활이 보장될 수 없다. 오늘날 국가 존립의 핵심적인 근거로서 헌법상 '생존권 규정을 설정한 것은 이와 같이 기본욕구의 이념을 부각시키고자 하는 데 있다. 따라서 이 욕구의 목적에는 인간으로서의 존립이라는 일차적인 생존뿐만 아니라, 사회적 존재로서의 적절한 생활 내용이 포함되어 있다.

(3) 최소한의 욕구

개인이 인간으로서의 생활을 영위를 수 있는 정도로 충족되어야 하는 인간의 욕구를 의미한다. 즉, 앞의 두 가지 욕구가 기본욕구의 '내용적' 측면이라면, 최소한 욕구의 특징은 욕구의 '수준적' 측면에 관한 것이라 할 수 있다. 이러한 최소한의 욕구개념은 '국민적 최저수준'(national minimum) 혹은 '사회적 최저수준'(social minimum)으로 표현되면서 한 국가의 사회정책에 대한 기본원리가 된다. 여기서 주의할 점은 기본적 욕구의 구체적 내용은 시대나 장소 그리고 특정 사회의 사회적 특성에 따라 유동적으로 변한다는 것이다(김상균, 1991).

2) 인간욕구

사회복지의 주된 관심 부분은 인간이 지닌 욕구에 있다. 인간욕구(human needs)는 인간이 그 존립을 위해 필수불가결하게 충족해야 하는 본질적인 현상을 말한다. 매슬로(A. Maslow)는 인간의 욕구를 생리적 욕구(physiological need), 안전의 욕구(safety need), 사랑의 욕구(love need), 존경의 욕구(self-esteem need), 자아실현의 욕구(self-actualization need)의 다섯 가지로 분류하고 있다(Hjelle & Ziegler, 1981). 이와 같은 인간욕구의 5단계 이론을 간략히 설명하면 다음과 같다.

(1) 생리적 욕구

생리적 욕구는 인간의 욕구 중에서 가장 기본적이고 강한 욕구를 의미한다. 예컨대, 생물학적 생존의 욕구로서 배고픔, 갈증, 수면, 성욕, 피로 등 감각적 자극에 대한 욕구를 말한다. 이러한 생리적 충동들은 유기체의 생물학적 유지와 기본적인 삶의 영위와 직접적으로 관련되어 있는 기초욕구라 할 수 있다.

(2) 안전의 욕구

안전의 욕구는 일단 생리적 욕구가 충족되면 새로운 안전한 것에 관심을 갖는 욕구를 의미한다. 예컨대, 자신의 환경 내에서 안전성, 안락함, 평정, 평온 등으로 적절히 보장받고자 하는 욕구를 말한다. 인간은 누구든지 안정의 욕구를 위하여 끊임없이 축적하고, 욕심을 나타내는 경향이 있다.

(3) 사랑의 욕구

사랑의 욕구는 주로 생리적 및 안전의 욕구가 충족되었을 때 건전한 사랑의 관계를 나타내는 욕구를 의미한다. 예컨대, 동기부여된 개인은 사회체계 내에서 타인과의 애정적 관계, 준거집단의 형성, 사회적 관계성 등을 갈망하는 욕구를 가지게 된다. 개인이 어느 정도 생활의 여유가 생기면 사회적 관계에서 사랑할 수 있는 욕구를 갖게 된다.

(4) 존경의 욕구

존경의 욕구는 사회적으로 자기존중과 타인의 존경을 받고자 하는 욕구를 의미한다. 예컨대, 개인은 사랑을 받고 남을 사랑하려는 욕구, 자신의 능력, 신뢰감, 자신감, 자기계발, 긍정적인 자아관 등의 욕구를 나타나게 된다. 개인은 사회적으로 출세했다면 자신을 부각시켜 많은 사람의 존경을 받고자 하는 욕구를 지니게 된다.

(5) 자아실현의 욕구

자아실현의 욕구는 이상의 모든 욕구가 충족됨으로써 마지막으로 성취되는 욕구를 의미한다. 예컨대, 자아를 실현한다는 것은 자신의 재능, 능력, 잠재력을 충분히 발휘하여 자기가 원하는 종류의 사람이 된다는 것을 말한다. 이는 자아실현으로써 자신의 잠재능력을 최대한 발휘하여 모든 것을 성취하는 욕구라 할 수 있다.

이상의 인간욕구이론에 의하면, 인간의 욕구는 모든 인간생활의 정도와 깊이에 대한 욕구와 관련되어 있다. 인간욕구의 발생은 특정 집단에의 접근, 이탈, 저항, 대항, 대결 등을 초래하기도 하고, 타인의 도움을 통해 개인의 욕구를 충족하기도 한다. 인간욕구는 단순히 생존에 국한하는 것이 아니라, 개인의 성격(personality)을 개발하고 형성하는 데 있어서 매우 중요하다. 특히 개인의 성장은 전반적인 사회적 활동을 통해서 이루어진다. 예컨대, 동료관계, 취업활동, 결혼생활, 이웃관계, 봉사활동, 교회활동 등 상호관계의 경험을 통해 개인의 성격이 바람직하게 형성되고 사회의 구성원으로서 성장되어 간다는 것이다. 이러한 맥락에서 인간욕구는 다음과 같은 세 가지 특징을 지니고 있다.

첫째, 개인의 욕구충족이 실패한다면 상대적으로 역기능적이거나 혼란상태가 유발된다. 예컨대, 비타민의 부족은 영양실조를 가져오고, 사랑의 결핍은 우울증을 야기 시킬 수 있다.

둘째, 개인이 실패한 욕구에 대해서는 다시 욕구를 충족시켜 회복됨으로써 역기능의 상태를 치유하게 된다.

셋째, 개인은 현존 상태에서 하나의 기본적인 욕구가 충족된다면, 다른 욕구에의 충족으로 이동하게 된다.

따라서 사회복지 분야에서 매슬로(Maslow)의 인간욕구이론은 우리에게 다음과 같은 중요한 시사점을 제시한다.

첫째, 인간욕구의 단계는 위계적인 특성을 지니고 있다는 점이다. 대부분 사회복지서비스는 낮은 수준의 욕구충족에서 높은 수준의 욕구충족을 지향할 필요가 있다. 이것은 한정된 사회적 자원(social resource)으로써 가능한 한 사회복지프로그램의 효율성을 제고시키기 위해 낮은 수준의 욕구 충족부터 높은 수준의 욕구 해결을 위해 노력해야 된다는 점을 암시한다.

둘째, 인간욕구의 단계는 사회복지서비스 프로그램에서 비교연구의 기준이 될 수 있다는 점이다. 각국에서 사회복지서비스를 제공하는 지향점은 어떤 욕구수준을 중심으로 하고 있는가의 분석이 가능하다. 그리고 사회복지프로그램의 발달수준을 파악할 수 있는 기준이 될 수 있다.

셋째, 인간욕구는 무한하기 때문에 현실 사회에서 완전하게 충족될 수는 없다는 점이다. 인간은 어떤 욕구를 어디까지 충족해야 타당한지를 예측하기 어렵다. 다만, 인간생활은 끊임없이 보다 높은 수준의 욕구를 충족하기 위하여 각 개인이 일생 동안 노력하는 삶이라 할 수 있다.

그러나 매슬로(Maslow)는 후일 자신의 욕구단계설을 수정하여 인간은 반드시 저차원의 욕구가 충족되고 나서 고차원의 욕구로 이해하는 것이 아니라, 인간은 저차원의 욕구가 충족되지 않아도 고차원의 욕구를 충족하기를 원하는 사람(예 : 종교인이나 예술가의 경우)도 있다고 하였다(박경일 외, 2014).

02 생애주기별 욕구와 문제, 사회적 위험

현대사회에 있어서 사회복지는 대상자에게 일차적 관심을 보여주지만, 다른 한편으로는 사회복지의 대상으로서 사회적 욕구나 사회문제에 관심이 많다.

사회적 위험(social risk)이란 다수의 사람에게 동질의 사고가 발생할 수 있는 위험을 말한다. 이러한 사회적 위험을 포괄하여 잘 규정해 놓은 것이 1952년 국제노동기구의 사회보장의 최저기준에 관한 조약, 즉 제102호 조약(ILO Convention No. 102)이다. 이 조약은 사회보장의 범위로서 의료급여, 상병급여, 실업급여, 노령급여, 고용재해급여, 가족급여, 출산급여, 장애급여, 유족급여의 아홉 가지를 들고 있다. 이것에 기초하여 우리는 의료, 질병, 실업, 노령, 산업재해, 가족부담, 출산, 장애, 사망이라는 아홉 가지 사회적 위험을 도출할 수 있다(박경일 외, 2014).

그런데 우리나라 「사회보장기본법」(제3조)에서는 “출산, 양육, 실업, 노령, 장애, 질병, 빈곤 및 사망 등의 사회적 위험으로부터 모든 국민을 보호하고 국민 삶의 질을 향상시키는데 필요한 소득 서비스를 보장하는 사회보험, 공공부조, 사회복지서비스를 말한다."라고 하며 다섯 가지의 사회적 위험을 제시하고 있는데, 첫째, 노령·폐질·실업에 의한 소득부족, 둘째, 가장의 사망에 따른 소득부족, 셋째, 부양자녀·가족의 양육비 필요, 넷째, 의료비의 필요, 다섯째, 빈곤에 따른 생계수단부족을 들고 있다(노병일, 1999).

인간은 태어나서 성장하고 발달하고 죽는다. 삶이 일련의 연속적인 과정임에도 발달적 관점에 따라서 인간의 생애주기를 단계별로 구분한다. 이는 다양한 발달 단계의 구분이 있지만, 에릭슨(Erikson)이 제시한 심리사회발달 8단계는 매우 유용하다. 그에 따르면, 각 단계에서 갖는 발달적 욕구와 과제, 위험요소는 다음 <표 1-1>과 같다(김상균 외, 2001; 이인정·최혜경, 1995).

〈표 1-1〉 각 단계별 발달욕구, 발달과제, 위험요소

주기/발달 특징	발달욕구	발달과제	위험요소
영아기	어머니의 보살핌과 양육	인간과 사회에 대한 기본적인 신뢰감과 안정을 갖고 사회적 결속과 애착 형성	임신과 분만, 자녀의 양육과 어머니에 대한 불신
유아기	부모의 보살핌과 언어 습득 및 개념화의 인지적 발달	개별화와 자율성	자녀 양육
아동전기 (학령전기)	학습, 사회화, 놀이 등의 충분한 경험	사회화의 성역할 학습, 적절한 대인관계의 기회	자녀 양육과 불충분한 보육서비스 기회
아동후기 (학령기)	교육을 통한 지적·사회적 자극의 충분한 제공	주로 또래집단과의 관계 경험을 통해 자존감과 자아역량 발달 및 평가, 집단 정체감의 형성	자녀양육과 교육기회의 박탈로 인한 사회성 발달기회의 박탈
청소년기	자아정체감의 확립과 올바른 성 이해 및 부모로부터의 독립적 요구	자아정체감 형성, 인격의 성숙과 통합의 기초를 마련, 성(gender)역할의 숙지, 가족으로부터의 독립준비	건강과 보건의 문제와 성적 취약성 노출 및 또래집단에서의 부적응
청년기	친밀감, 성취감, 결혼을 통한 새로운 가족 형성과 생활의 계획, 부부간의 관계기술 확보	일에 대한 융통성과 근면성 및 자율적 능력의 함양	의료, 질병, 실업, 산업재해, 임신과 출산, 자녀양육, 부부갈등, 직업능력 상실
중·장년기	경제적·정서적으로 원만한 가정생활의 운영과 가족보호 및 자아계발의 기회 확대	생활의 안정과 취미 등을 통해 정서적인 안정을 꾀하고, 삶의 보람과 기쁨을 느낌	의료, 질병, 실업, 산업재해, 자녀양육, 직업능력 상실, 임신과 분만, 부모 자녀 간의 갈등, 중요한 타인의 죽음 및 재정적 어려움
노년기	건강한 신체 유지와 노인 역할 수행을 위한 자기계발 기회의 증진 및 삶의 정리	삶에 대한 긍정적 수용과 자아통합 및 죽음에 대한 수용	의료, 질병, 배우자의 사망, 은퇴, 정서적 고독 및 죽음의 문제

출처 : 윤철수 외(2012: 22).

이처럼 생애주기에 대해 사회복지가 관심을 가지는 이유는 다음과 같다.

첫째, 모든 인간은 전 생애에 걸쳐 삶을 영위하는 데 연령별 혹은 시기별로 다양한 욕구를 공통적으로 가지며, 이러한 연령별 혹은 시기별 욕구를 충족하지 못할 때 대다수 인간은 문제에 맞닥뜨리거나 위험에 빠짐으로써 복지 증진을 이룰 수 없음을 미리 알고 사전 대책을 강구할 수 있기 때문이다.

둘째, 사회복지에서 문제해결을 위한 프로그램이나 서비스를 고안할 때 발달단계에 입각한 접근은 상당히 유용하기 때문이다. 예컨대, 혜택 받을 집단이 노인이나 청소년, 아동과 같이 특정 발달단계에 속한 경우, 그 단계의 발달적 특징을 이해함으로써 집단의 욕구와 이용 가능한 자원을 더 잘 파악할 수 있다(김상균 외, 2001).

CHAPTER 02

사회복지의 개념

01 사회의 기능과 제도

개인의 필요에 의해서 구성된 사회는 개인의 행복과 발전을 위해서 다양한 기능을 제공하고, 그 기능이 하나의 행동 유형으로 조직되고 전수됨으로써 사회제도를 만든다. 가족은 대표적인 사회제도 중 하나이며, 가족제도는 다양한 가족 구성원들의 욕구와 필요를 충족하는 절대적인 제도이다. 그러나 사회가 분화되고 복잡해짐에 따라 가족제도가 모든 욕구에 대응하기 어렵게 된다. 이에 따라, 가족제도를 보완하고 대신하는 다양한 사회제도가 등장하게 된다. 이와 관련되는 사회제도는 다음과 같다(윤철수 외, 2012).

1) 가족(family)

가족제도는 사회생활을 하는 데 필요한 가치와 규범, 지식을 전수하는 사회 기능을 수행한다.

2) 정치(politics)

국가는 정부(중앙정부와 지방정부) 등의 조직을 통해 사회 구성원들에게 일정한 가치와 규범에 순응하도록 강제하는 사회통제 기능을 담당한다.

3) 경제(economy)

시장(market)의 기능을 통해 사회 구성원들이 생활하는 데 필요한 재화나 서비스를 생산·분배·소비하는 경제기능을 맡는다.

4) 종교(religion)

교회와 사찰 등의 종교 조직을 통해 사회규범을 자발적으로 따르고, 사회 구성원으로서 깊은 관여와 헌신을 강화하는 사회통합과 양적계발 기능을 갖는다.

5) 사회복지(social welfare)

다양한 사회복지기관과 공공부조는 조직적이고 제도적인 장치를 통하여 오늘날 사회복지는 상부상조의 기능을 수행한다.

02 사회복지의 개념 정의

'사회복지'라는 용어는 '사회적(social)'이란 형용사와 '복지(welfare)'라는 명사의 두 단어가 합쳐진 것이다. 웹스터사전에 의하면, 'welfare'는 안락하고 만족스런 생활상태 또는 건강과 번영, 안녕(well-being)의 상태를 의미하고 있다. 또한 'well'과 'fare'의 복합어로서 '만족스럽게 잘 지내는 상태'를 의미한다. 여기에 'social'이라는 형용사를 붙이면 '사회적으로 만족스러운 상태'를 뜻하게 된다. 즉,

개인의 만족을 넘어서서 사회 구성원 모두가 만족스럽다는 것이 된다. 한편, 한자 옥편에서 '복지(福祉)'라는 단어의 뜻을 살펴보면 '복(福)'자와 '지(祉)'자 모두가 복이라는 뜻으로 해석되고 있다. 즉, 복지는 복이 둘이나 겹쳐 있을 정도로 굉장히 복이 많다는 의미이다. 우리말로 복(福)이란 넓은 의미에서 '잘 산다'는 것인데, 이는 '물질적 풍요'와 아울러 '정신적인 행복'을 함께 일컫는 것이다.

이러한 사회복지의 어휘적 개념은 '취약한 계층들을 위한 공공 혹은 민간의 조직화된 사회 서비스'이며, 사회구성원들 간의 협력적이고 공동의 노력을 전제로 하는 것이다. 또한 개인의 안녕뿐 아니라 사회의 안녕을 의미하는 개념을 포함하고 있다.

여기서 '복지'는 어휘적으로 두 가지 의미를 동시에 포함하는데, 하나는 행복, 안녕, 번영 등 인간이 누리는 바람직한 상태를 의미하는 것이고, 다른 하나는 그러한 바람직한 상태를 누릴 수 있도록 하는 서비스나 정책을 의미한다.

이러한 사회복지의 개념은 기능과 대상의 범위에 따라 서로 다르게 정의되고 있다. 윌렌스키와 르보(Wilensky & Lebeaux, 1965)는 사회복지를 하나의 사회제도로 보고, 기능적 측면에서 잔여적 사회복지와 제도적 사회복지로 구분하고 있다. 또한 사회복지의 대상 범위와 관련해서는 선별적 사회복지와 보편적 사회복지로 구분하고 있다. 이러한 사회복지제도의 기능과 대상범위를 기반으로 하여, 이제부터는 협의의 사회복지와 광의의 사회복지로 구분하여 살펴보도록 한다(권중돈 외, 2012).

1) 협의의 사회복지와 광의의 사회복지

(1) 협의의 사회복지(잔여적·선별적 사회복지)

사회복지를 소극적이고 한정된 협의의 개념으로 받아들이는 견해로서, 개인과 그 가족의 삶에 대한 일차적 책임은 먼저 그 개인에게 있다는 자유주의적 사상과 삶을 위한 모든 재화는 시장에서 얻어야 한다는 시장경제의 원칙을 바탕으로 하며, 국가와 사회의 공동체적 책임과 노력은 그 다음의 문제로 인식한다. 이 한정적 의미의 사회복지는 최소한의 복지를 지향하여 지금 당장 현저하게 삶의 질이

떨어져서 개인이나 그 가족의 노력으로는 정상적인 사회생활을 영위할 수도, 회복할 수도 없는 상태에 이르러 삶 자체가 파괴될 정도에 이른 경우에만 한정하여 국가가 개입해야 한다는 입장이다.

이에 윌렌스키와 르보는 가족, 경제, 정치, 종교 등이 정상 기능을 수행하지 못할 때, 사회복지제도가 상호부조 기능을 발휘하여 다른 사회제도의 기능을 보완, 보충하는 역할을 담당하게 되는 경우를 잔여적 또는 보충적 사회복지라고 규정하고 있다. 즉, 가족과 시장경제가 개인의 욕구충족과 복지의 일차적인 책임을 원활히 수행하지 못할 때 파생되는 사회문제를 해결하기 위해 사회복지제도가 등장하게 된 것이다. 그러므로 사회복지는 다른 사회제도의 기능을 임시로 보충할 뿐이며, 이들 사회제도가 다시 제 기능을 회복하게 되면 사회복지제도는 그 기능을 수행할 수 없게 된다.

사회복지를 자신이나 그 부양자에게 스스로의 노력으로는 도저히 물질적 자원이나 건강유지가 곤란하거나, 불가능한 개인 또는 가족들에게 일정한 서비스를 실시 및 제공하는 일로서 정의하는 이 한정적 개념은 사회복지를 일시적·대체적·보충적인 것으로 이해하고 비상대책적인 기능으로 인식한다. 그리하여 요보호자가 사회적 기능을 회복하여 시장으로부터 삶을 위한 재화와 용역을 공급받을 수 있게 되면, 그 개입을 중단하게 된다.

이 개념에 의하면, 사회복지의 혜택을 받는 사람은 비정상적이며 병리적인 사람으로 간주되어 사회적 낙인(stigma)을 찍히게 할 위험이 따르게 된다.

여기서 잔여적 사회복지는 구제나 자선, 사후 치료적 서비스를 통해 문제를 해결하는 경향이 강하며, 사회복지급여나 서비스를 국민으로서의 권리가 아니라 시혜로 간주한다. 또한 사회복지급여나 서비스를 받는 개인은 가능한 빠른 시일 내에 이러한 도움 없이도 자립해야 한다는 도덕적 책임을 가져야 한다고 본다. 이러한 잔여적 사회복지는 매우 소극적이고 한정적인 사회복지의 개념으로서, 대상범위를 기준으로 하면 선별적 사회복지 관점과 직접적으로 연결되어 있다. 선별적 사회복지는 예외주의(exceptionalism)와 보수주의(conservatism) 이념에 기반을 두고 있다(Popple & Leighninger, 1999). 즉, 사회문제는 특정 범주에 속한 사람에게서 발생하며 사회규범에 비추어 볼 때 예외적이고, 개인의 결함, 사고, 불행한 상황에서 발생한다고 본다. 따라서 선별적 사회복지의 관점에서는 사회복지의 대상을 노인, 장애인, 아동 등의 사회적 약자나 요보호대상자로 한정하고, 이들의 문제나 고통을 경감하고 해결하는 데 초점을 둔 선별적이고 개별적인 접근방법을 이용한 소극적 서비스를 제공하는 것이 타당하다고 본다(김상균·김혜란·조흥식·최성재, 2001).

(2) 광의의 사회복지(제도적·보편적 사회복지)

사회복지를 넓은 의미로 받아들이는 광의적 개념은 국민 또는 사회 성원 일반을 대상으로 하여, 그 생활의 각 측면에 나타나는 비복지를 다루거나 해결하도록 하는 것이다. 사회복지는 특수한 처지에 놓인 요보호자만을 대상으로 하는 일시적·선별적·보충적 개념이 아니라, 모든 사회 구성원을 대상으로 하는 항구적·보편적·제도적 개념으로서 모든 인류가 생애의 전 과정을 통해서 언제, 어디서나 제공받게 되는 개념이 되는 것이다.

이에 윌렌스키와 르보는 제도적 사회복지를 개인이나 집단이 만족스러운 삶을 영위할 수 있도록 원조하기 위해 만들어진 사회적 서비스와 제도의 조직적인 체계로 규정하고 있다. 이러한 제도적 사회복지는 개인이 지역사회의 요구에 적절히 대응하면서 자신의 능력을 최대한 개발하고, 자신의 복지를 증진시키고 자아실현을 도모하는 데 목표를 두고 있다. 제도적 사회복지는 개인의 힘만으로는 생활문제에 적절히 대처할 수 없고, 가족이나 시장경제를 통해서 모든 욕구를 적정 수준에서 충족시킬 수 없다고 본다. 그뿐만 아니라, 개인문제나 사회문제의 발생 원인이 개인이나 가족이 아니라 불합리한 사회구조에 있다고 간주한다. 따라서 제도적 사회복지는 사회문제의 발생을 예방하거나 경감하기 위해서는 부적절한 사회제도를 개선하는 데 초점을 둔다. 또한 제도적 사회복지는 모든 국민이 급여나 서비스를 받을 수 있는 권리가 있다고 보기 때문에 사회복지의 대상인 개인에게 낙인을 찍거나 개인을 비정상적인 존재로 간주하지 않으며, 이들의 자아실현을 돕기 위한 다양한 급여나 서비스를 적극적으로 제공한다.

또한 제도적 사회복지는 적극적이고 광의적 사회복지 개념으로서, 대상의 범위를 기준으로 하면 보편적 사회복지의 관점과 직접적으로 연결되어 있다. 보편적 사회복지의 관점에서는 국가와 사회가 전체 국민의 복지와 삶의 질 향상, 즉 사회복지 증진의 책임이 있다고 보기 때문에 사회복지의 대상 범위는 매우 넓다. 이러한 보편적 사회복지 관점에서는 국가와 사회가 사회적 약자뿐 아니라 모든 국민이 사회복지의 대상이 되며, 전 국민의 소득, 고용, 건강, 교육, 여가, 주거 등과 관련된 욕구 충족과 문제해결을 위한 다양한 급여와 서비스를 제공해야 한다고 본다.

보편적 사회복지 관점에서의 사회문제는 사회체계의 불완전성과 불공평성에 기인하며, 공공부문의 노력으로 예방 또는 해결이 가능하다고 보는 보편주의(universalism) 또는 자유주의(liberalism) 이념에 근거를 두고 있다. 즉, 사회문제가 어느 특정 계층의 사람들에게만 발생하는 것이 아니라, 모든 국민에게 보편적으로 나타난다고 본다. 그러므로 사회복지의 대상은 국민 전체가 되어야 하며, 사회문제를 해결하기 위해서는 보편적이고 집합적인 방법을 사용하여 국가가 더욱 적극적으로 개입하는 것이 타당하다고 본다(Zastrow, 2000)

(3) 통합적 개념으로서 사회복지

로마니신(Romanyshyn)의 정의에 의하면, 사회복지란 용어는 적극적인 의미와 한정적인 의미를 공히 내포하고 있다. 사회복지는 사회문제에 대한 조치와 예방, 인적자원의 개발, 생활의 질적 향상 등에 직접적으로 관심을 갖는 서비스나 과정을 포함하며, 사회제도의 강화 및 수정에 대한 노력과 개인이나 가족에 대한 서비스까지 포괄한다고 보는 것이다.

2) 사회복지의 목적과 기능

(1) 사회복지의 목적

사회복지의 일차적인 목적은 사회 구성원들의 인간다운 생활을 보장하는 것이다. 인간다운 생활의 보장은 그 사회 구성원으로서 자긍심을 지키면서 최소한의 생활을 보장받는 것을 뜻한다. 생존권을 유지하기 위한 사회복지의 목표는 소극적으로 보이고, 국가와 사회의 경제 및 정치 형편에 따라 다를 수 있다. 따라서 좀 더 적극적인 목적으로는, 인간이 그 사회에서 자신의 잠재능력을 충분히 발휘할 수 있도록 성장 및 발달하도록 돕고, 다양한 기회를 제공함으로써 역량이 강화되어 스스로 만족스러운 삶을 살아가도록 하는 데 있다. 다시 말해, 경제적·사회적 자립을 도모하는 데 있다. 이러한 역량 강화를 통한 자립의 삶을 추구하는 사회복지의 목적은 궁극적으로 타인에게도 긍정적인 여향을 미쳐, 타인의 행복과 사회 발전에 기여하는 데까지 확장되고 있다(윤철수 외, 2012).

다음에서는 인간의 존엄성 확보, 개인의 자립과 성장·발달 촉진, 사회통합이라는 세 가지 목적으로 구분하여 논의하도록 한다(권중돈 외, 2012).

❶ 인간의 존엄성 확보

인간은 인종, 종교, 연령, 성(性), 교육수준, 사회신분 등에 의한 차이나 처한 상황에 관계없이 그 자체로서 존엄한 가치를 지닌 존재이다. 사회복지는 이러한 인간의 인격을 인정하고 존중하는 것에서 출발하며, 인간 존엄성의 권리를 향유할 수 있도록 하는 데 목적을 둔 사회제도이다. 따라서 사회복지는 사회구성원 개개인이 다양한 욕구를 충족할 수 있도록 제반 서비스를 제공하여 인간다운 생활을 영위할 수 있도록 지원하여야 하며, 이를 통해 인간의 존엄성을 확보하고 유지할 수 있게 하는 데 기본 목적을 두어야 한다.

사회복지는 모든 국민의 인간다운 생활을 보장하는 것으로, 이는 곧 생존권적 기본권을 의미하며, 이 생존권은 1919년 바이마르 헌법을 통해서 처음으로 등장하였다. 즉, 종래 자유권에만 머물러 있던 기본적인 인권을 확대하여 인간이 인간답게 살아갈 권리이자, 국가에 대하여 생존을 유지할 수 있는 최소한의 요구를 할 수 있는 권리를 법적으로 확립한 것이다.

우리나라는 국민의 생존권을 보장하기 위해 「헌법」 제34조 제1항에 '모든 국민은 인간다운 생활을 할 권리를 갖는다.'라고 규정하고 있다. 사회복지는 바로 이러한 인간의 생존권을 규정한 「헌법」 제34조를 구체적으로 구현해 가는 제도인 것이다.

이처럼 사회복지는 모든 사회 구성원의 인간다운 삶을 보장하는 데 1차 목적을 두지만, 사회자원이 제한되어 있다는 점을 감안한다면, 가장 고통을 받고 의존적이거나 방임된 사람을 위한 서비스에 희소자원을 1차적으로 투입함으로써 인도주의적 사회정의를 실현해 나가는 것이 바람직할 것이다.

❷ 개인의 자립과 성장·발달 촉진

사회복지의 이상(理想)인 동시에 목적은 모든 개인이 타인에게 의존하지 않고, 자기 스스로 자주적이고 독립적인 생활을 영위하도록 하는 데 있다. 또한 사회복지제도나 정책 차원에서의 사회복지의 궁극적인 목표는 공공부조제도나 사회보험제도를 통한 각 개인의 경제적 자립이라고 할 수 있다.

사회복지에서의 자립이란 경제적 자립과 더불어 스스로 자신의 삶을 선택 및 결정하고, 이러한 결정에 따르는 책임을 수용하고, 자신의 잠재력을 개발하기 위해 끊임없이 노력하는 삶을 영위하는 것이라 할 수 있다. 이러한 의미에서 사회복지는 개인이나 집단이 자신의 문제를 스스로 인식하고, 자기결정 원칙에 의거하여 급여와 서비스를 이용하고 스스로 자신의 삶을 영위할 수 있도록 지원해야 한다. 이뿐만 아니라, 사회 구성원으로서 다른 구성원과 더불어 생활하면서 자신의 잠재력을 발견하고, 이를 바탕으로 건강한 성장과 발달을 해 나갈 수 있도록 원조하는 데 목적을 두고 있다. 즉, 사회복지는 인간이 직면한 문제의 해결과 예방은 물론 인간을 끊임없이 성장하고 발전할 수 있는 가능성을 지닌 존재로 보고, 이들이 잠재력을 발휘할 수 있도록 충분한 기회와 서비스를 제공하여야 한다.

❸ 사회통합

사회통합이란 사회 내 집단이나 개인이 서로 적응함으로써 단일의 집합체로서 통합되어 가는 과정을 말한다. 또한 사회구성원 간 또는 사회 내의 여러 집단, 단체, 기관들 간에 서로 결속력을 갖도록 해주는 것을 말한다. 현대사회에서의 사회복지는 사회적 약자를 사회에서 제거시키거나 배제하려는 것이 아니라, 그들을 경제적 어려움으로부터 자립시키거나 신체적 어려움을 재활을 통해서 생산적인 인간으로 만들어 정상인으로 사회통합을 이루려는 데 목적을 두고 있다.

(2) 사회복지의 기능

사회복지가 사회 내에서 수행하는 기능은 사회의 가치관이나 문화와 정치 및 경제적·사회적 조건에 따라 의미가 다르다. 여기서는 치료적·예방적·개발적 기능을 중심으로 살펴본다(어윤배, 1996).

❶ 치료적(Remedial) 기능

이 기능은 사회복지에서 가장 오래된 전통적 기능이다. 가정이나 집단 또는 지역사회가 정상적 기능을 상실했거나 손상을 받아 영구적 또는 일시적으로 어려움에 직면했을 때, 가정이나 집단 등이 제공하는 부족한 기능을 보충하거나 대체해주는 기능을 말한다. 재해나 긴급구호를 요하는 상황, 아동복지시설, 보육사업, 재활사업, 심리치료 등이 사회복지의 치료적 기능에 속한다.

❷ 예방적(Pervertive) 기능

이 기능은 일차적으로 가정과 집단, 그리고 지역사회 기능을 강화하는 것을 목적으로 한다. 사회가 안정적일수록 예방적 기능에 대한 관심이 높아진다. 이는 그만큼 문제 발생 이후에 소요되는 인적·물적 소모보다 예방했을 때의 같은 자원이 더 적게 들기 때문이다. 거시적으로는 사회보장을 비롯해서 각종 유해환경의 예방과 범죄, 약물중독 등 개인 비행의 예방에 이르기까지 다양한 영역에서 기능한다.

❸ 개발적(Developmental) 기능

저출산·고령화 사회가 도래하면서, 사회복지의 기능 중 치료와 예방 기능에 더하여 개발적 기능에 대한 관심이 높아지고 있다. 이는 사회복지가 사회발전에 직접적으로 기여하도록 개념과 활동을 정립하는 것이다. 이런 경우, 사회복지는 하나의 변화촉진 체계로서 기능한다. 즉, 사회 변화를 수용할 수 있는 사회구조의 전환과 촉진을 지원하며, 변화과정에서 발생하는 사회적 불만이나 충격을 흡수하여 사회와 개인생활의 안정을 도모하는 방파제 기능을 담당한다. 나아가 사회복지는 저출산 시대와 지식기반사회에 소요되는 인력 양성의 온상적 역할을 수행한다. 보다 나은 사회적 관계와 이에 필요한 경제적 여건을 조성하는 데 교육과 훈련이 필요하다면, 교육과 훈련의 기회와 시설이 편중되거나 독점되지 않도록 하는 것이 사회복지에서 개발의 목표가 될 수 있다. 이 개발적 기능은 넓은 의미의 사회복지 활동을 포괄할 수 있는데, 소득보장, 영양, 보건, 의료, 교육, 주택 등의 서비스를 들 수 있으며, 이와 관련하여 여성 인력이나 청소년층에 대한 동기 부여와 능력 고양과 복지에 관심을 두는 것이 개발적 기능 확산의 한 징표로 볼 수 있다.

03 사회복지의 학문적 성격

시대 상황과 사회문화적 특성에 적합한 사회복지제도를 발전시키고, 사회복지 전문직의 성장과 발전을 도모하기 위해서는 과학적 지식과 기술체계가 필요하다. 이러한 사회복지제도와 전문직의 과학적 지식과 기술체계를 사회복지학이라 한다. 사회복지학은 인간과 사회환경의 상호작용에서 나타나는 다양한 사회현상을 조사하고 연구하여, 인간다운 삶이 보장되는 사회를 형성하는 데 기여하는 실천 응용학문이다(권중돈 외, 2012). 즉, 사회복지학은 순수학문이 아니라 다양한 삶의 현장에서 나타나는 인간과 사회의 문제를 파악하고, 이를 직접 해결하기 위한 전문적 실천행위를 강조하는 실천학문이자 응용학문이다. 이러한 사회복지학이 실천 응용학문으로 분류되는 이유는 과학의 목적인 ① 현상을 있는 그대로 묘사하는 기술(description), ② 현상 간의 인과관계를 밝혀내는 설명(explanation), ③ 현상이 앞으로 어떻게 변화되고 전개될지에 대한 예측(prediction), 그리고 ④ 현상을 조작하고 변화시키는 통제(control) 중에서 현상의 기술, 설명, 예측을 목적으로 하는 순수학문의 이론과 지식을 바탕으로 과학의 마지막 목적인 현상의 통제, 즉 현상의 변화를 도모하는 데 초점을 둔 학문이기 때문이다.

이와 같은 사회복지학의 실천학문적 속성 때문에 사회복지학의 지식체계는 시대나 사회에 따라 변하게 되고, 또한 사회복지 영역이 관련 분야와 중첩되는 특성 때문에 사회복지학의 학문적 정체성에 대한 논란이 제기된다. 하지만 이러한 학문적 정체성에 대한 논란에도 불구하고, 사회복지학은 사회과학의 한 학문영역으로서 인정받고 있으며, 사회과학의 다른 학문분야와 구별되는 독자적이고 고유한 학문체계를 지닌다.

사회과학은 인간의 사회행동과 이러한 행동으로 인해 파생되는 사회현상을 과학적으로 연구하는 학문으로서, 연구 주제와 목적에 따라 사회학, 심리학, 사회복지학, 경제학, 인류학, 정치학 등 수많은 학문분야로 세분화된다. 사회복지학의 경우 주된 연구주제는 바로 인간과 사회환경의 상호작용이며, 연구목적은 인간의 욕구충족과 사회문제의 예방과 해결을 통한 인간다운 삶이 보장되는 사회를 형성하는 데 기여하는 것이라 할 수 있다. 따라서 사회복지학은 인간과 환경의 관계를 연구하는 과학 또는 지식체계인 동시에 이를 원조하고 변화시키는 실천기술을 연구 및 개발하는 기술체계, 그리고 이 두 가지 체계를 안내하는 가치체계라는 세 가지 체계로서의 속성을 동시에 지닌다.

첫째, 사회복지학의 지식체계를 살펴보면, 사회복지학의 연구주체인 인간과 사회 환경이 지속적으로 변화하면서 지식체계의 범위도 넓어지고 있다. 즉, 사회복지 발달 초기단계에서 의식주와 같은 기본 욕구에 국한되어 있던 인간의 욕구가 최근에는 불평등, 인권, 정의, 분배, 정보 등으로 확대되고 있으며, 정보지식 사회로의 전환과정에서 사회환경 또한 끊임없이 변하고 있다. 따라서 사회복지학은 심리학, 사회학, 경제학, 정치학, 문화인류학, 법학, 역사학 등과 같은 다른 인문사회과학 지식을 종합적으로 활용할 수밖에 없는 상황에 처하게 되고, 이에 따라 다학제적이며 종합과학적인 속성을 지니게 된다. 사회복지학의 다학제적 속성은 고유한 지식체계가 없다는 비판으로 연결되면서 사회복지학의 정체성을 혼란스럽게 하는 요인이 되기도 하지만, 사회복지는 그 발달과정에서 나름대로 독자적 지식체계를 구축해 왔다. 1917년 리치몬드(Richmond)가 「사회진단(Social Diagnosis)」을 발간하면서 사회복지의 과학화와 전문화가 시작되었다. 그 후 기능주의 모델, 과제중심모델, 생태학적 모델 등과 같은 개인, 집단, 가족 등의 인간 변화에 중점을 둔 미시적 접근에 필요한 지식체계와 사회변동과 사회개혁에 중점을 둔 거시적 접근에 필요한 지식체계가 개발되었고, 이는 사회복지학의 학문적 정체성과 독자성을 강화하였다. 다시 말해, 사회복지학은 사회복지의 실천 현장과 사회의 요구에 직면하여 미시적 접근, 즉 사회복지실천(social work practice)과 거시적 접근, 즉 사회복지정책(social welfare policy)이라는 두 가지 지식체계를 아우르는 독자적 지식체계를 구축하게 된 것이다. 따라서 사회복지학 전공자는 ① 인간과 사회 그리고 양자 간의 상호작용을 이해하는 데 필요한 기초지식(foundation knowledge),

② 개인에서부터 전체 사회를 원조하고 변화시키는 데 필요한 실천지식(practice knowledge), ③ 현장경험을 토대로 하여 체득한 실천지혜(practice wisdom)라는 세 가지 지식체계를 갖추기 위해 노력해야 한다.

둘째, 실천학문으로서의 사회복지학은 전문적 실천을 가능하게 해주는 기술체계를 갖추어야 한다. 과학적 사회복지학이 발달하기 전에는 구빈사업, 자선사업 등의 비전문적 원조행위가 지배적이었으나, 개인, 집단, 가족, 지역사회, 전체사회, 국제사회 등을 대상으로 한 미시적 개입과 거시적 개입에 필요한 전문적 기술이 개발되면서 사회복지학은 인간을 원조하고 사회를 변화시킬 수 있는 전문적인 기술체계를 발전시키게 되었다. 그러므로 사회복지학 전공자는 ① 사회복지 원조활동의 기반을 이루는 전문적 인간관계, 특히 촉진적 원조관계를 형성할 수 있는 기술, ② 인간과 사회를 변화시킬 수 있는 개입기술, ③ 실질적인 원조행위에 수반되는 서비스 기술을 갖추기 위해 노력해야 한다.

셋째, 사회복지학이 독자적인 지식체계와 기술체계를 갖추었다고 하더라도 사람과 사람의 관계로 이루어진 세상을 돕고 변화시키기 위해서는 가치체계에 기반을 두어야만 의미를 가진다. 즉, 사람과 세상에 대한 합리적 가치체계에 기반을 두지 않는다면, 사회복지학은 인간서비스 학문으로서의 가치를 상실하게 될 것이다. 사회복지학의 가치체계를 흔히들 '사람 사랑', '세상 사랑'이라고 표현하는데, 이러한 인간과 사회에 대한 애정을 안내할 수 있는 원칙으로, 사회복지전문직에서는 국가마다 사회복지사 윤리강령을 제정하여 시행하고 있다. 이러한 윤리강령은 시대나 사회에 따라 다르지만, 인간과 세상에 대한 헌신과 봉사, 사회정의의 실현, 인간의 존엄성 존중, 인간관계의 중요성에 대한 인식과 실천 등을 기본 내용으로 한다. 따라서 현재 사회복지학을 전공하는 사람은 의학을 전공하는 사람이 히포크라테스 선서를 믿고 따르는 것처럼, 그리고 여행을 떠나는 사람이 여행가이드와 지도를 믿고 따르는 것처럼, 사회복지사 윤리강령을 사회복지학의 지식체계와 기술체계를 안내하는 모토로 삼아야 할 것이다.

이와 같은 사회복지학의 구성체계에 대한 논의를 근거로 볼 때, 사회복지학은 인간을 돕고 세상을 변화시키는 데 필요한 지식, 가치, 기술을 고루 갖춘 인간봉사 전문직 종사자로서의 자질을 함양해 나가야 할 것이다.

CHAPTER 03

사회복지의 동기

01 상호부조의 동기

상호부조(mutual aid)의 동기는 서로가 서로를 돕는다는 뜻으로, 인간이 오래전 구석기시대부터 야생동물과 자연의 위험과 위협에서 자신의 생명을 지키기 위해 서로 협력한 때부터 시작되었다. 이는 가장 오래되고 가장 보편적인 사회복지의 동기로서, 널리 퍼져 있는 사회복지의 실천동기 중 하나이다. 오늘날 우리가 일상생활 속에서 접하게 되는 가족, 노동조합, 이웃, 지역사회, 나아가 다양한 사회복지제도 등도 여전히 상호부조의 동기 속에서 움직이고 있다. 서로를 돕고자 하는 이러한 동기는 점차 사회가 개인화됨에 따라 약화될 수 있지만, 동시에 사회복지제도를 통해 다시 회복할 수도 있다(Macarov, 1978).

02 종교적 동기

종교적 동기(religious motives)는 인간이 사회적 동물일 뿐만 아니라, 종교적 동물이라는 전제하에 접근하고 있다. 즉 도움을 받는 자와 도움을 주는 자도 한 인간으로서 종교적인 감정과 신념을 갖는다는 점에서 서로 일치하고 있다(박용순, 2008).

또한 종교적 동기는 자선적 동기의 의미를 가진다. 대부분의 종교에서 언급하는 형제애나 이웃사랑은 서로 돕고 불우한 타인까지도 구제하는 자선행위를 강조하고 있다.

초기 자선사업은 대개 주는 자(giver)의 심적 태도에 의해서 이루어지며, 도움을 받는 자의 영향은 비교적 중요시하지 않았다. 다시 말해, 타인을 돕는 다는 것은 약자에 대한 본능적 동정심을 기반으로 하는 것이며, 인간의 정서에서 직접적으로 발생하는 가장 자연적인 개인적 시여(almsgiving)의 형식으로 나타나고 있다. 그것은 타인의 고통에 대한 개인적 관계에서 발생하며, 단순한 동정 또는 애린(愛隣)의 정으로서 종교와는 불가분의 관계가 있다고 본다(安井誠一郎, 1933). 이에 따라 종교는 많은 사회복지나 구제기관을 세우고 자선행위를 해왔다. 이들은 오늘날 사회복지 발전의 중요한 디딤돌이 되어 왔으며, 이러한 종교적 동기의 구현은 여전히 사회복지실천의 중요한 부분이 되고 있다(윤철수 외, 2012).

03 경제적 동기

사회복지는 사회문제를 예방하는 데 관심이 있다. 사회복지를 통해서 사회문제를 예방한다면 상당한 사회적 비용을 줄일 수 있다. 예를 들어, 빈곤계층에 적극적으로 개입함으로써 영양결핍과 무기력 등의 문제를 줄여 양질의 노동인력을 확보할 수 있으며, 청소년복지 활동을 통해서 청소년의 비행을 예방함으로써 사회적 비용을 경감할 수 있다.

이러한 자본제 사회에서 사회복지가 갖는 중요한 동기 중의 하나는 경제적인 부분이다. 빈곤계층이 많아질수록 사회는 궁핍해진다. 자본제 사회는 생산·분배·소비·재생산의 과정을 거친다. 자본제 사회에서는 사람들의 구매력이 줄어들수록 생산이 침체될 수밖에 없고, 경제적 어려움을 겪게 된다. 따라서 구매력을 높이기 위해서 빈곤계층에게 사회복지 프로그램을 제공하고 발전시킨다. 이는 복지의 경제적 측면에 입각한 정책으로 볼 수 있다. 또한 오늘날처럼 저출산 사회에서 사회복지는 출산율을 향상시켜 생산인력을 확충하는 데도 기여한다. 이것은 새롭게 제기되는 복지의 동기라고 볼 수 있다(윤철수 외, 2012).

사회복지활동 과정에 일정한 비용이 필요한 경우라면, 사회복지와 경제는 불가분의 관계를 맺는다. 그렇지만 사회복지에서 경제적 동기는 첫째, 사회문제에 드는 비용을 감소시킬 목적, 둘째, 그러한 사회문제의 존재가 경제에 부정적 결과를 초래할 수 있는 가능성에서 찾을 수 있다.

04 정치적 동기

사회복지에서 정치적 동기가 부각되기 시작한 것은 국가 혹은 정부가 사회복지에 대한 관심을 표현하기 시작한 데서 찾을 수 있다. 이는 사회복지의 역사에서 보면 빈민법(혹은 구빈법)의 시대까지 거슬러 간다.

1601년, 영국의 구빈법(The Poor Law)에서는 사회 속에서 정상과 비정상 계층의 사람들을 나누어, 비정상계층은 일에 대한 관심이 없는 '나쁜 사람들'로 규정지어 정상계층인 사람들을 보호하기 위한 방편으로 이들을 배제하였다. 이와 같은 흐름은 오늘날에도 이어져, 사회의 안정을 추구하기 위하여 빈곤계층이나 반사회적 행동을 하는 사람들에게 최소한의 복지적 개입을 추구한다.

아울러 사회복지는 정치적 권력을 획득하고 유지하는 주요한 수단으로서의 역할도 한다. 대표적인 예로 미국의 사회보장제도를 들 수 있다. 1930년대에 대공황으로 대규모 실업과 이로 인한 사회경제적 문제가 발생하자, 정부는 정치적 권력을 유지하기 위한 방법으로 사회보장제도를 고안하였다. 또한 미국은 최근의 복지 개혁에서 빈곤층을 위한 소득보장 프로그램인 요부양 아동 가족부조(Aid to Families with Dependent Children : AFDC)를 폐지하는 반면, 객관적으로 볼 때 정부의 재정 적자에 훨씬 부담이 되어 개혁 대상이 되어야 하는 노령연금은 그대로 유지하였다. 이는 AFDC 수급자들의 정치적 힘이 약한 반면, 노령연금 수급자들의 정치적 힘은 강하기 때문인 것으로 이해할 수 있다(김태성 외, 2000). 때로는 민주 선거에서 빈곤계층 등의 표를 얻기 위한 방편으로, 때로는 정치적 포용력으로 보여주는 상징적인 형태로 사회복지를 활용하는 것이다(윤철수 외, 2012).

정부가 사회복지를 제공하는 정치적 동기의 측면에서 본다면, 첫째, 정치적 권력의 획득, 둘째, 사회적 불안의 회피, 셋째, 정치적 과정 자체의 부산물이라는 세 가지 측면에서 찾을 수 있다(박경일 외, 2014).

05 이데올로기적 동기

사회복지의 동기로서 가장 강력한 것 중 하나는 타인을 도와야 한다는 신념, 느낌, 태도 혹은 이데올로기이다. 사회복지의 이데올로기적 동기 중 대표적인 것은 이타주의를 들 수 있다. 외부로부터의 어떠한 보상도 기대하지 않고 타인을 이롭게 하는 행동을 수행하는 이타주의(altruism)는 기본적으로 개인에 초점을 둔 것이지만, 이것이 전체 사회로 확산되는 경우에는 인간중심주의(humanitarianism)가 된다. 또한 개인주의가 덕으로 여겨지는 경우보다는 협동을 절실히 요구하는 집합주의 하에서 사회복지는 한층 더 발전하게 된다(박경일 외, 2014).

06 전문직업적 동기

전문직업적 동기(professional motives)는 법률이든, 교육이든, 의학이든 간에 그것을 취급하는 방향이 인권옹호, 인격형성, 정신치료, 신체치료 등과 같이 전문분야가 다를 수 있지만, 결과적으로 사회복지대상자에게 일종의 서비스를 제공한다는 점에서 그 유래를 찾을 수 있다(박용순, 2008).

사회가 점차 복잡해짐에 따라 인간을 돕는 활동도 다양한 지식기반과 기술이 요구되고 있는데, 사회복지가 전문직업으로 등장하면서 인간을 돕는 일에 매력을 느끼는 사람들이 증가하고 있다. 법률가, 의사, 사회복지사도 전문적 서비스를 목표로 하지만, 인간 본질에 대한 서비스를 지향한다는 관점에서 사회복지전문직의 독특성이 나타난다. 따라서 사회복지서비스 활동은 하나의 예술적 기술(artful skill)이다. 도움을 필요로 하는 사람에게 바람직한 사회적 기능을 수행함으로써 행복할 수 있도록 의도적으로 변화시키는 과정에서 인간과 사회환경에 대한 지식과 윤리와 가치, 그리고 실천적 기술이 요구된다. 이러한 측면에서 사회복지서비스 활동은 전문적 동기에 입각하여 서비스를 수행하는 노력으로 이어지고 있다(윤철수 외, 2012).

많은 사람들은 사회복지에 관심을 갖고 있으며, 일정한 교육을 이수하고 일정한 자격을 취득한 후 평생을 사회복지에 몸담는 사람들이 있다. 그 이면에는 앞서 언급한 다양한 동기들과도 관련이 있겠지만, 한편으로 사회복지와 관련된 전문지식과 기술, 그리고 가치를 실현하기 위함이다. 따라서 사회복지의 가치와 윤리에 입각하여 전문지식과 기술을 발휘하고 활용하여, 원조전문가로서 소임을 다하는 것은 바로 전문직업적 동기에서 사회복지를 행하는 것이다(박경일 외, 2014).

07 공리주의적 동기

공리주의적 동기(utilitarian motives)는 19세기의 밴담(Bentham)과 밀(Mill) 등에 의해 제창된 윤리학설로서, '최대 다수의 최대 행복'(the greatest happiness of the greatest number)이라는 인간행위의 규범에 그 원천을 두고 있다. 모든 인간을 윤리 도덕적 선입관을 배제하고 객관적인 입장에서 본다면, 인간은 가능한 한 자신의 고통을 제거하거나 회피하고 최대한의 본성적 향락을 추구하도록 하였다.

따라서 공리주의적 동기의 본래적 의도는 영국의 산업혁명과 더불어 일어난 개인주의적 사상으로 인해, 사회복지로서 '최대 다수의 최대 행복'의 실현을 윤리의 과제로 삼는 데 있다. 그러므로 사회복지의 궁극적 목적은 모든 국민과 사회가 동시에 만족하고 바람직한 사회를 실현하도록 한다는 측면에서 공리주의적 동기에 기초를 두고 있다(박용순, 2008).

CHAPTER 04

사회복지의 가치, 이념과 윤리

01 사회복지의 가치

사회복지에서 추구하는 가치는 일반인이 가지고 있는 신념과 태도에 의해 정해질 수 있다. 이는 사회복지를 바라다보는 관점으로 선별적 복지이냐, 보편적 복지이냐, 개인의 문제이냐, 환경의 문제이냐의 문제에 따라서 정부의 정책과 제도의 방향, 그리고 사회복지사의 실천현장에서의 각종 실천적 접근방법과 태도에 지대한 영향을 미친다.

이에 리머(Reamer, 1966)는 사회복지실천에서 가치의 중요성을 다음의 네 가지 측면에서 설명하고 있다.

첫째, 사회복지실천의 본질적인 목적과 사명에 이미 가치가 내재되어 있다. 즉, 삶의 문제를 겪고 있는 사람들이 사람답게 살 수 있도록 도와야 한다는 신념과 이를 실천하기 위해서는 단순한 자선과는 구별되는 전문적 지식과 가치로 무장한 사회복지사에 의해 전문적인 실천이 이루어져야 한다는 것이다.

둘째, 사회복지사는 클라이언트와 동료 혹은 다른 사회 구성원들과의 관계에서 가치의 영향을 받으므로 사회복지의 전문가치를 내면화하여야 한다.

셋째, 사회복지사는 서비스 전달과정의 개입방법이나 개입 수준의 결정에서 가치의 영향을 받으므로 사회복지의 전문가치를 내면화하여야 한다.

넷째, 사회복지사는 클라이언트의 문제와 그 해결 과제에 직면하여 자신의 의무와 클라이언트의 욕구 사이에서 윤리적 갈등을 경험할 수 있고, 이러한 갈등은 사회복지와 클라이언트의 가치의 차이뿐 아니라 사회복지실천의 가치 사이에서 상충되어 발생할 수 있다. 그러므로 사회복지사는 사회복지의 전문가치를 내면화하고, 이에 기초한 실천을 하여야 한다.

이와 같이, 본질적으로 가치 실현의 특성을 가지고 있는 사회복지의 기본적인 전문가치는 인간의 존엄성, 자유, 평등, 사회적 연대, 사회정의의 다섯 가지로 요약될 수 있다(윤철수 외, 2012; 박경일 외, 2014).

1) 인간의 존엄성

인간의 존엄성(human dignity)은 인간의 천부적 가치를 기반으로 한다. 사회복지가 지향하는 본질적인 목적은 인간의 존엄성 구현인데, 인간은 누구나 그 성취 여부나 능력에 관계없이 존중받아야 한다는 천부적 가치에 대한 신념이다.

인간을 존중한다는 것은 인종, 성(性), 정치, 경제, 사회적 지위, 종교, 교육수준, 지능, 신체적 조건과 같은 속성에 따라 판단되거나 차별받아서는 안 된다는 실천적 신념이다.

이러한 인간존중의 가치는 세계인권선언문과 우리나라 「헌법」 제10조 "모든 국민은 인간으로서의 존엄과 가치를 가지며, 행복을 추구할 권리를 가진다."를 통해 선언하고 있으며, 인간으로서 존엄과 가치를 가지기 위해서는 인간다운 생활을 보장할 때 가능하기 때문에, 「헌법」 제34조 1항 "모든 국민은 인간다운 생활을 할 권리를 가진다."라고 규정하고 있다.

사회복지에서 인간의 존엄성 가치는 목적이면서 동시에 실천가치로서 클라이언트와의 관계에서 이를 실현하기 위해 실천적인 노력을 강조하고 있다. 이는 구체적인 클라이언트 중심적인 실천으로 가치가 구현되고 있으며, 클라이언트를 있는 그대로 수용하고, 클라이언트가 있는 그 자리에서 출발하는 것을 강조하는 수용과 무비판의 실천가치로 구체화되었다.

2) 자유

자유(自由, freedom) 또는 해방(解放, liberty)은 일반적으로 내·외부로부터의 구속이나 지배를 받지 않고 존재하는 그대로의 상태와 스스로 하도록 하는 것을 할 수 있는 것을 말한다. 여기서 자유라는 개념은 개인이 언제나 구속에서 벗어나(소극적 자유), 무엇인가를 할 수 있는 것(적극적 자유)이며, 동시에 선택할 수 있는 것(심리적 자유)이다(Spicker, 1988).

첫째, 소극적 자유(negative freedom)는 강요와 강압의 부재를 의미하기 때문에 침해당할 수 있는 경우가 존재한다. 대표적 예가 사회복지사의 가정방문을 받게 된다거나, 아동이 학교를 다니지 않으면 안 되는 경우이다. 그렇다고 가정방문을 받지 않거나 아동을 취학시키지 않아도 된다는 것을 의미하는 것은 아니다. 따라서 이와 같은 소극적 자유의 침해상황은 다른 사회복지의 가치를 통해 정당화되어야 한다.

둘째, 적극적 자유(positive freedom)는 자신이 선택한 대로 행동할 수 있는 힘을 의미한다. 즉, 강압의 부재가 아니라 행동할 수 있는 능력이다. 한 가지 예로, 움직이기조차 힘들고, 시각장애까지 가진 어떤 중증장애인이 장애인 보호시설에서 생활하면서, 사회복지사의 도움으로 정해진 시간에 식사를 하게 되고, 옷도 갈아입고 있다. 이 장애인은 자유로운가? 소극적 자유의 관점에서 본다면, 이 장애인은 어떠한 강요를 당하지 않기 때문에 자유로운 것은 확실하다. 그러나 적극적 자유의 측면에서 본다면, 선택의 여지가 없기 때문에 자유롭지 못한 것이다.

셋째, 심리적 자유(psychological freedom)는 선택할 수 있는 능력을 의미한다. 앞의 장애인의 경우에도 이러한 의미에서 자유롭지 못하다. 따라서 이 장애인은 지속적 의사소통과 재활교육을 통해 상당한 정도의 자유를 획득할 수 있게 되고, 또한 아동에게 부여된 의무교육은 바로 행동을 할 수 있는 힘(적극적 자유)과 선택능력(심리적 자유)을 갖도록 하기 위해 있는 것이다.

결국 국가가 사회복지제도를 실시하고, 사회복지사가 행하는 개입활동은 개인의 자유를 침해하는 것으로 비칠 수도 있지만, 이러한 활동이 정당화되는 것은 개인이 선택할 수 있는 힘을 증가시킬 수 있기 때문이며, 또한 다른 가치 기반, 즉 인간의 존중이나 평등의 실현 등에 근거하기 때문이다. 더욱이 사회복지가치로서 자유의 중요성은 사회복지실천원칙 중의 하나인 자기결정권의 존중에 그대로 담겨 있다.

3) 평등

평등은 신분·성별·재산·인종 등에 관계없이 인간의 기본적인 가치는 모두 동등하다는 뜻이며, 한정된 사회적 자원의 재분배를 통하여 사회 구성원의 삶의 질을 골고루 향상시키고자 하는 것이다. 일반적으로 평등은 수준에 따라 다음의 세 가지로 분류된다(이경남 외, 2007).

첫째, 가장 적극적인 평등인 '결과의 평등'은 '수량적 평등'이라고도 하는데, 모든 사람에게 능력의 차이에 관계없이 사회적 자원을 똑같이 분배하는 것을 의미한다. 즉, 투입된 노력과 관련된 여러 가지 요인인 능력이나 동기, 학력 등 개인차와 관계없이 생산된 결과물을 똑같이 분배해야 한다는 사회주의적 이념과 같다. 이러한 수량적 평등은 이념적으로는 가능하지만 현실에서는 불가능한 개념이다. 예를 들어, 100m 달리기에서 모든 사람을 똑같이 골인시키는 것과 같은 이치다.

둘째, '비례적 평등'이다. 이는 결과적 평등과 달리 개인의 욕구, 노력, 능력, 기여에 따라 사회적 자원을 상이하게 분배하는 공평성(equity)을 평등의 개념으로 본다. 이는 수량적 평등에 비해 불평등이 분명히 존재하지만, 자본주의 사회에서 실질적인 평등의 개념으로 널리 받아들여지고 있다. 이 공평성의 개념을 적용하여 여성이나 장애인, 아동, 노인을 위한 차별적인 지원을 하거나, 사회보험을 도입하여 어느 정도 결과의 평등에 근접하게 조건을 맞추는 제도적 개입을 하게 된다. 예를 들어, 바둑의 단수가 낮은 사람이 높은 사람과 대국할 때 몇 점을 미리 놓고 하는 것과 같은 이치다.

셋째, '기회의 평등'이다. 이는 매우 소극적인 평등의 개념으로 결과의 평등은 고려하지 않고, 과정상의 기회만 같으면 된다는 개념이다. 개인의 능력과 관계없이 바둑을 둘 수 있는 기회만 주면 된다는 것으로, 참여의 기회만 동등하게 부여하면 평등하다고 보는 개념이다.

이와 같이, 사회복지에서 평등의 가치는 매우 중요하며, 인간 존엄성의 가치가 구체적으로 실현되는가를 측정하는 기준이 되기도 한다. 그러므로 기회의 평등이라는 소극적 평등으로는 사회적 양극화의 문제와 사회적 취약계층의 삶의 질을 담보할 수 없다는 인식을 기반으로, 사회적 안전망의 구축을 위한 사회보장정책의 도입과 제도의 개선을 위한 거시적 실천을 하고 있다.

4) 사회적 연대

사회적 연대(social solidarity)는 사회적 존재로서 인간의 속성과 관련된 가치이며, '두 사람 이상이 무슨 일을 하거나 함께 책임지는 일'이라는 사전적 의미를 갖는 용어이다. 따라서 연대는 인간의 사회성에 대한 신념을 내포하고 있으며, 서로에 대한 책임을 강조한다(강용규 외, 2007). 이런 의미에서 사회적 연대는 공동의 책임성(collective responsibility)과 동의어로 사용되고 있으며, 공동체 정신을 강조하고 있어 사회문제의 해결을 위한 사회운동(social action)의 이념적 기반이 되고 있다.

그러므로 사회문제에 대한 제기나 해결 등의 다양한 활동에서 개인적인 활동보다는 그 문제에 관련이 있는 이해 당사자나 관심이 있는 사람들이 참여하여, 문제를 제기하거나 해결하려는 전반적인 노력을 사회적 연대라고 할 수 있다. 그렇기 때문에 사회적 연대는 인권문제에 대한 문제 제기와 해결과정에서 매우 중요하다. 이러한 사회적 연대의 가치는 사회적으로 소외된 취약계층의 사회적 통합을 지원하게 될 뿐 아니라, 사회 전체가 상호 의존성을 기반으로 인정되고 공동체 기능이 강화되며 발전하는 원동력이 될 수 있다. 가령, 현대의 사회적 위험인 빈곤, 노화, 질병, 실업, 산업재해 등에 대하여 국가적 차원의 공동대처와 책임은 사회보장제도를 통해서 사회적 연대 공동책임의 가치를 갖고 있다.

5) 사회정의

일반적으로 사회정의(social justice)는 절차상의 정의, 실질적인 정의, 능동적 과정으로서의 정의 등으로 사용된다. 절차상의 정의란 법률에서 정한 합법적인 절차를 강조하고, 실질적인 정의는 결과로서의 분배적 정의를 강조한다. 또한 능동적 과정으로서의 정의는 불의한 현상을 예방하고 치료하는 사회적 과정을 강조한다. 사회복지에서는 실질적인 정의와 능동적 과정으로서의 정의를 강조하며, 사회적으로 보다 나은 처우와 권한 및 자원의 배분이 이루어지도록 노력한다. 이를 위해, 사회복지사는 구체적으로는 사회적인 취약계층과 함께하고, 그들을 위한 사회적 환경과 제도의 변화를 위해 노력한다. 즉, 빈곤, 실업, 차별, 기타 사회적 불의의 문제에 초점을 두고, 가능한 한 자원과 기회의 접근을 확대하기 위해 노력한다(이경남 외, 2007). 이러한 자원과 기회의 확대를 위해 사회복지사는 대인적 상황, 기관 및 조직과의 상황, 제도적이고 정책적인 사회 환경에 대하여 클라이언트를 옹호하고 대변하는 활동을 하게 된다.

02 사회복지의 이념

이데올로기(ideologie)는 희랍어가 그 어원으로서 '이데아(idea)'와 '로기(logie)'의 합성어다. '이데아'는 이상향 혹은 이념을 의미하며, '로기'는 논리를 의미한다. 보편적으로 이데올로기는 한 개인이나 집단의 구성원들이 공통적으로 갖고 있는 신념체계라고 할 수 있다. 사회복지는 이념 지향적 성향이 강한 학문으로, 철학과 이념 및 이데올로기의 영향을 많이 받는다. 이러한 사회복지의 이데올로기는 한 국가나 사회가 사회복지의 성격과 방향을 형성하는 근원적 사상이기 때문에, 복지에 대한 관점과 태도를 결정하여 다양한 정책과 실천의 형태를 결정하게 한다.

또한 사회복지는 서구에서 비롯된 학문이므로, 이념 체계 또한 서구의 사상을 중심으로 정립되었다. 여기서는 조지와 와일딩(George & Wilding, 1994)의 사회복지에 대한 이념을 소개하도록 한다(박경일 외, 2014).

1) 신우파

복지에서 국가의 역할이 강화되는 것에 가장 강한 적대감을 보이며, 이것은 높은 과세로 기업과 개인에게 부담을 지움으로써 복지국가가 경제를 악화시킨다는 판단에 근거하고 있기 때문이다. 즉, 복지국가는 성장 가능성을 악화시킴으로써 인간의 행복과 빈곤 감소의 기회를 축소시키고, 의존문화를 조장하고 성공에 대한 보상과 실패에 대한 처벌을 정착시키는 역상의 힘을 약화시키기 때문에 사회적으로 해악이라는 입장에 서 있다.

20세기 중·후반에 나타난 다양한 형태의 보수·우익 성향 또는 반체제적 저항운동 단체나 운동을 지칭하는 말로 '신우익'이라고 한다. 1980년대에 등장하여 영국의 대처, 미국의 레이건 행정부의 정책기조를 이룬 사상으로, 자유주의와 보수주의가 결합된 사상이다. 개혁적인 보수성향을 가지고 있어 신보수주의라고 불리기도 한다. 즉, 보수우파를 계승하되 새로이 태어나겠다는 뜻을 담고 있다. 신우파 이념에 속하는 신자유주의(new freedom)와 신보수주의(neo-conservatism)로 대체하여 사용하기도 한다. 뉴라이트(new right)에서 자유주의는 개인주의·제한적인 작은 정부·자유시장이라는 전통적인 자유주의 가치로 구성되어 있고, 보수주의는 사회·종교·도덕적 보수주의에 기초한 사회적 질서와 권위의 확립을 강조한다. 케인즈파의 복지국가론을 비판하고, 공공정책을 위한 시장기구의 부활과 시민권의 제한을 주장한다. 또한 신보수주의의 경우 국가개입의 축소, 작은 정부 지향, 시장기구 옹호, 인위적 평등지향 배제, 재산권 우선 등의 특징을 보인다.

국내에서도 2004년경부터 수구·부패 이미지로 점철된 기존 우파세력의 한계를 극복하겠다며 뉴라이트 운동이 활성화되었다. 현재 국내의 신보수주의 운동 진영으로는 2007년 출범한 '뉴라이트 전국연합(구 명칭 자유주의연대)'과 '뉴라이트 네트워크', '선진화정책운동' 등이 있다.

2) 중도노선

복자국가가 사회문제와 사회안정을 위한 강력한 권력이라고 생각한다. 복지국가는 자유시장체제의 모순들을 완화해주며, 정부가 국민의 안녕에 적극적 관심을 갖고 있다는 느낌을 주어 국가의 권위에 정당성을 부여한다는 것이다. 또한 정부의 경제정책은 완전고용과 경제성장을 이룩하는 데 필수적인 것으로 여긴다.

3) 사회민주주의

사회의 조화, 즉 민주주의에 의해 제공된 정치적 권리와 시장의 힘만을 강조하는 자유시장의 한계 사이를 조정하는 중요한 힘이 바로 복지국가이다. 따라서 복지국가는 불평등을 감소시키고 더욱 평등한 사회를 촉진할 수 있다고 볼 수 있다.

생산수단의 사회적(공적) 소유와 사회적(공적) 관리에 의한 사회의 개조를 민주주의적인 방법을 통해서 실현하려고 하는 주장 또는 운동의 총칭이다. 자본주의란 원래 개인 이윤을 목적으로 개인 소유 위에서 개인 경쟁에 의하여 운영되는 경제적 '개인주의'이다. 그런데 19세기 사회주의 사상가들은 자본주의적 민주주의가 자유·평등을 실현하지 못하는 원인이 자본주의의 개인주의에 있다고 생각하였다. 자유·평등의 민주주의 사회를 실현하려면 자본주의의 개인주의를 그 반대의 원리, 즉 사회주의로 바꾸어야만 한다고 믿는 주장이다. 이는 혁명적 변화를 달성하기 위한 점진적인 수단으로서, 기존의 정치·경제체제 내에서 일정한 개혁의 추구와 경쟁적 선거를 따르는 수정 마르크스주의 정당에 의해 처음으로 사용된 용어이다. 또한 오늘날 일반적으로 독일의 사회민주당, 영국의 노동당, 유럽 코뮤니즘당과 민주적 사회주의 정당에 적용된다. 서구에서 사회민주주의는 국가가 자본소유자를 통제하는 데 사용될 수 있다고 보며, 생산수단의 소유의 중요성을 그렇게 높게 평가하지 않고, 사회적 평등의 추구를 자신들의 주요 목표로서 간주하면서도 사회보장제도의 확충에 주력하고 있다.

4) 마르크스주의

이들에게 복지국가는 단지 자본주의를 방어하는 기제에 불과하다. 즉, 복지국가도 자본주의적 복지국가이므로 때로는 자본주의 체제 유지 이외의 일에 대해서도 양보하는 일이 있기는 하다. 하지만 자본주의 경제체제를 유지하는 데 일차적 관심을 갖고 있기 때문에 복지국가가 사회를 현저하게 변화시킬 수 있는 수단이라고는 보기 어렵다.

마르크스가 활동할 무렵인 19세기 중·후반에는 1880년대 독일의 비스마르크 사회입법인 근대적인 사회복지정책이 등장하기 전이었다. 따라서 오늘날과 같은 사회복지정책에 대한 마르크스의 정확한 입장은 확인할 길이 없으나, 자본주의체제와 자본주의 국가에 관한 마르크스의 견해로부터 유추해 낼 수 있다. 마르크스에게 자본주의는 프롤레타리아에 의해 지양되어야 할 착취체제였으며, 자본주의 국가는 부르주아지의 계급적 이해를 수호하기 위한 위원회로 불과했다. 따라서 자본주의 국가가 행하는 일체의 활동은 사회주의 혁명에 이로울 리가 없었다. 사회복지정책도 예외가 아니었다. 이 말은 사회복지정책이 비록 노동자계급이나 빈민을 위한 것이라고 하더라도, 부르주아 국가가 시행하는 한 구조적으로 부르주아지의 계급 이해에 반하는 것이 될 수 없고, 따라서 노동자계급은 이를 수용해서는 안 된다는 것을 의미한다.

이런 추론은 엥겔스로부터 직접 지도를 받은 독일 사회민주당 지도부가 비스마르크 사회입법에 대해 취한 입장을 통해 확인된다. 1880년대에 도입된 일련의 사회입법에 대해 당시 독일의 사회민주당 지도부는 '실질적으로' 노동자의 생활을 개선할 수 있는 사회보험은 '원칙적으로' 찬성한다고 하면서도, 비스마르크의 사회보험은 그 내용이 노동자에 대한 동냥에 불과할 정도로 워낙 조악하기 때문에 반대한다고 주장했다. 나아가 그들은 비스마르크 사회보험을 노동자들을 올바른 길에서 이탈시키려는 지배계습의 술수 또는 프롤레타리아트의 혁명성을 무력화시키려는 전술적 책략으로 간주했으며, 자신들의 임무는 바로 이런 음모를 폭로하는 데 있다고 확신했던 것이다.

그리고 마르크스는 그의 생전에 유럽에서 크게 유행했던 이른바 사회개량주의에 대해서도 매우 부정적이었다. 그는 '박애주의자, 인도주의자, 노동자계급처지개선론자, 자선사업가 등 잡다하기 그지없는 좀스러운 개혁가'를 부르주아 사회주의자라 불렀고, 이들은 부르주아 사회의 존립을 보장하기 위해 사회적 폐해를 제거하도록 할 뿐이라고 했다. 즉, "물질적 생활 상태의 변화를 오직 혁명적 방식으로만 가능한 부르주아적 생산관계들의 철폐로 이해하지 않고, 생산관계들의 토양 위에서 행해지는 따라서 자본과 임금노동의 관계는 조금도 변화시키지 않으면서 기껏해야 부르주아지의 지배 비용을 감소시키고, 그들의 국가 운영을 간소화시킬 뿐인 행정적 개선으로만 이해"하는 보수적 사회주의자라는 것이다.

한편, 1970년대 들어 월남전쟁, 제국주의, 국가 간 빈부격차, 성차별 등에 대한 좌파적 시각이 힘을 갖기 시작하면서 서구에 마르크스주의가 재연되었다. 이른바 네오마르크스주의자들은 마르크스적 통찰력으로 '복지' 자본주의의 발전을 설명하도록 하였으며, 정치경제학적 입장에서 복지국가를 자본주의의 논리적 발전을 보장하고, 사회통제의 억압적 메커니즘으로 작용하는 것으로 간주했다.

이들은 정치·경제학적 입장에서 복지국가를 비판했는데, 자본주의 국가의 사회복지를 자본가계급과 국가가 장차 노동자계급에 의해 제기될 자본에 대한 잠재적 위협을 선제 제압하고 규제하기 위해, 즉 자본 축적의 원활화와 위해 요소의 제거를 위한 '장기적 포석'으로 그 도입에 동의하였다. 경우에 따라서는 주도적으로 그것을 추진한 결과라고 본 자본논리론, 바리케이드가 아니라, 의회를 통한 노동자계급의 정치적 투쟁의 성과물로 간주한 계급투쟁론, 복지국가의 재정위기를 국가의 자본 축적 기능(이윤 극대화를 위한 경제정책)과 정당화기능(사회적 조화를 위한 사회복지정책) 간의 모순으로 해석한 복지국가모순론이 대표적이다(원석조, 2013).

5) 페미니즘

복지국가가 모든 시민의 평등에 큰 영향을 미치는 노동시장에서 여성이 평등한 지위를 보장받을 수 있도록 하는 데 필요한 서비스를 제공할 수 있다는 측면에서는 강한 지지를 보이고 있지만, 페미니스트들은 복지국가가 남성이 정책입안자이고 여성은 단지 정책수혜자로 머무는 남성지배적 국가라고 주장하고 있다.

페미니즘은 여성억압의 원인과 상태를 기술하고 여성해방을 궁극적 목표로 하는 운동 또는 그 이론을 뜻하며, 19세기 중반에 시작된 여성 참정권 운동에서 비롯되어 그것을 설명하는 이론까지 포함하는 개념이다. 페미니즘의 시초는 자유주의에 근원을 두고 있는데, 자유주의적 페미니즘에 의하면 여성의 사회진출과 성공을 가로막는 관습적, 법적 제한이 여성의 남성에 대한 종속의 원인이다. 따라서 여성에게도 남성과 동등한 교육기회와 시민권이 주어진다면 여성의 종속은 사라진다고 한다.

이러한 사회주의적 페미니즘은 마르크스주의 페미니즘이 성별 특성을 간과했다고 지적하고, 여성억압은 노동자 억압과 마찬가지로 중요하며, 따라서 자본주의와 가부장제를 한 가지 개념으로 사용하여 분석해야 한다고 주장한다.

6) 녹색주의

이들은 경제성장이 개인적 풍요나 공공 서비스의 자원을 증가시킴으로써 복지를 강화하는 수단으로 파악하고, 경제성장이야말로 엄청난 비복지라고 생각한다. 즉, 복지국가가 경제성장에 의존하기 때문에 복지국가에 대해서는 반대 입장을 가진다.

녹색자유주의의 본질적 의미는, 경제적 효율성을 접어둔 체 극단적 자원절약 실행, 조건 없는 친환경적 산업시설 건설과 같은 절대적인 생태주의적 목적이 아니라, 인간에 의해 자연이 파괴되는 행위를 자유주의적인 방법 선에서 최대한 줄이려는 사상이다. 최소한 생태주의를 포용하고 있고, 주 활동방법은 생태계 복구를 위한 자선행위, 봉사행위 등이 있다. 그러나 자유주의는 이러한 생태계 말고 다른 뜻을 내포하기도 하는데, 주로 고전적 자유주의인 자유지상주의와 사회자유주의의 사이에 있는 사상을 말하기도 한다. 즉, 절대적으로 정부의 간섭을 최소화하고 최대한 자유로운 시장경제를 옹호하는 자유지상주의와도 같으면서, 자연 파괴를 방어하기 위해 산업적인 제재를 취하는 사회자유주의적인 이면성을 모두 가지고 있는 사상이다.

〈표 4-1〉 **이데올로기별 복지국가관**

이념	복지국가에 대한 입장	복지국가
신우파	반대	자유시장의 걸림돌
중도노선	제한적 지지	사회안정과 질서유지
사회민주주의	열광적 지지	사회조화, 평등한 사회실현
마르크스주의	반대	자본주의 체제강화
페미니즘	제한적 지지	여성평등 지위보장
녹색주의	반대	경제성장(환경문제)을 조장

출처 : 박경일 외(2014: 34).

03 사회복지실천윤리

1) 사회복지사 윤리강령

일반적으로 윤리란 '어떻게 사는 것이 좋은 삶인가(good)' 혹은 '어떻게 사는 것이 올바른 삶인가(right)'를 말해주는 규범판단이다. 윤리란 사람에게 스스로가 추구하는 가치를 일관되게 행동하도록 지시하는 행동규범이다. 한 마디로 윤리란 인간의 실천적 행위에 대해 좋다, 나쁘다, 옳다, 그르다 등의 가치판단을 기반으로 해서 '해야 한다.', '하지 말아야 한다.'라는 규범을 제시하는 당위적인 판단이다. 우리나라 사회복지사 윤리강령 제5조는 '사회복지사는 복지대상자가 자기결정권을 최대한 행사할 수 있도록 돕는다.'라고 명령하는 행위규범이다. 이 윤리규범은 사회복지사의 임무는 복지대상자가 스스로 결정하도록 도울 뿐이지, 사회복지사가 복지대상자를 대신해서 대상자의 일을 결정해서는 안 된다는 지침(당위)을 명하고 있다.

이처럼 윤리강령(code of ethics)은 전문가가 지켜야 할 전문적 행동기준과 원칙을 기술해 놓은 것으로, 전문가들이 공통으로 합의한 내용을 담고 있다(양옥경 외, 2010). 따라서 법적 제제의 힘을 갖지는 못하지만, 사회 윤리적 제재의 힘을 갖는다. 윤리강령은 전문가들이 자신의 전문적 가치기준에 맞게 실천할 수 있도록 판단기준을 제시하며, 해당 전문직 실천 대상자에게 그 전문직이 지켜야 할 기본 윤리행위를 알리고, 전문직의 비윤리적 행위에 대해 판단할 수 있는 기준을 제시하는 기능이 있다. 사회복지사 윤리강령은 미국에서 1960년에 최초로 공포되었고, 한국사회복지사협회의 윤리강령은 1982년에 처음 제정되었다.

한국의 사회복지사 윤리강령은 만들어지는 과정에서 미국의 영향을 크게 받았다. 1982년 윤리강령을 제정해서 1988년에 1차 개정되었고, 1992년에 2차 개정이 있었다. 2001년 3차 개정이 이루어졌는데, 이것이 현재 사용하는 사회복지사 윤리강령이다(권중돈 외, 2012). 사회복지사 윤리강령의 전문과 사회복지사의 기본적 윤리기준, 클라이언트, 동료, 사회에 대한 윤리기준은 다음과 같다(원석조, 2013).

사회복지사 윤리강령 전문

사회복지사는 인본주의·평등주의 사상에 기초하여, 모든 인간의 존엄성과 가치를 존중하고 천부의 자유권과 생존권의 보장 활동에 헌신한다. 특히 사회적·경제적 약자들의 편에 서서 사회정의와 평등·자유와 민주주의 가치를 실현하는 데 앞장선다. 또한 도움을 필요로 하는 사람들의 사회적 지위와 기능을 향상시키기 위해 저들과 함께 일하며, 사회제도 개선과 관련된 제반 활동에 주도적으로 참여한다.

사회복지사는 개인의 주체성과 자기결정권을 보장하는 데 최선을 다하고, 어떠한 여건 에서도 개인이 부당하게 희생되는 일이 없도록 한다. 이러한 사명을 실천하기 위하여 전문적 지식과 기술을 개발하고, 사회적 가치를 실현하는 전문가로서의 능력과 품위를 유지하기 위해 노력한다.

이에 우리는 클라이언트·동료·기관 그리고 지역사회 및 전체사회와 관련된 사회복지사의 행위와 활동을 판단·평가하며 인도하는 윤리기준을 다음과 같이 선언하고 이를 준수할 것을 다짐한다.

4

(1) 사회복지사의 기본적 윤리기준

❶ 전문가로서의 자세

- 사회복지사는 전문가로서의 품위와 자질을 유지하고, 자신이 맡고 있는 업무에 대해 책임을 진다.
- 사회복지사는 클라이언트의 종교, 인종, 성(性), 연령, 국적, 결혼상태, 성 취향, 경제적 지위, 정치적 신념, 정신·신체적 장애, 기타 개인적 선호, 특징, 조건, 지위를 이유로 차별 대우를 하지 않는다.
- 사회복지사는 전문가로서 성실하고 공정하게 업무를 수행하며, 이 과정에서 어떠한 부당한 압력에도 타협하지 않는다.
- 사회복지사는 사회정의 실현과 클라이언트의 복지 증진에 헌신하며, 이를 위한 환경 조성을 국가와 사회에 요구해야 한다.
- 사회복지사는 전문적 가치와 판단에 따라 업무를 수행함에 있어, 기관 내·외부로부터 부당한 간섭이나 압력을 받지 않는다.
- 사회복지사는 자신의 이익을 위해 사회복지 전문직의 가치와 권위를 훼손해서는 안 된다.

- 사회복지사는 한국사회복지사협회 등 전문가 단체 활동에 적극 참여하여, 사회정의 실현과 사회복지사의 권익옹호를 위해 노력해야 한다.

❷ 전문성 개발을 위한 노력

- 사회복지사는 클라이언트에게 최상의 서비스를 제공하기 위해, 지식과 기술을 개발하는 데 최선을 다하며 이를 활용하고 전파할 책임이 있다.
- 클라이언트를 대상으로 연구하는 사회복지사는 저들의 권리를 보장하기 위해, 자발적이고 고지된 동의를 얻어야 한다.
- 연구 과정에서 얻은 정보는 비밀 보장의 원칙에서 다루어져야 하고, 이 과정에서 클라이언트는 신체적·정신적 불편이나 위험, 위해 등으로부터 보호되어야 한다.
- 사회복지사는 전문성을 개발하기 위해 노력하되, 이를 이유로 서비스의 제공을 소홀히 해서는 안 된다.
- 사회복지사는 한국사회복지사협회 등이 실시하는 제반교육에 적극 참여하여야 한다.

❸ 경제적 이득에 대한 태도

- 사회복지사는 클라이언트의 지불 능력에 상관없이 서비스를 제공해야 하며, 이를 이유로 차별대우를 해서는 안 된다.
- 사회복지사는 필요한 경우에 제공된 서비스에 대해 공정하고 합리적으로 이용료를 책정해야 한다.
- 사회복지사는 업무와 관련하여 정당하지 않은 방법으로 경제적 이득을 취하여서는 안 된다.

(2) 사회복지사의 클라이언트에 대한 윤리기준

❶ 클라이언트와의 관계

- 사회복지사는 클라이언트의 권익 옹호를 최우선의 가치로 삼고 행동한다.
- 사회복지사는 클라이언트에 대하여 인간으로서의 존엄성을 존중해야 하며, 전문적 기술과 능력을 최대한 발휘한다.
- 사회복지사는 클라이언트가 자기결정권을 최대한 행사할 수 있도록 도와야 하며, 저들의 이익을 최대한 대변해야 한다.
- 사회복지사는 클라이언트의 사생활을 존중하고 보호하며, 직무 수행과정에서 얻은 정보에 대해 철저하게 비밀을 유지해야 한다.
- 사회복지사는 클라이언트가 받는 서비스의 범위와 내용에 대해, 정확하고 충분한 정보를 제공함으로써 알 권리를 인정하고 존중해야 한다.
- 사회복지사는 문서, 사진, 컴퓨터 파일 등의 형태로 된 클라이언트의 정보에 대해 비밀보장의 한계, 정보를 얻어야 하는 목적 및 활용에 대해 구체적으로 알려야 하며, 정보 공개 시에는 동의를 얻어야 한다.
- 사회복지사는 개인적 이익을 위해 클라이언트와의 전문적 관계를 이용하여서는 안 된다.
- 사회복지사는 어떠한 상황에서도 클라이언트와 부적절한 성적관계를 가져서는 안 된다.
- 사회복지사는 사회복지 증진을 위한 환경조성에 클라이언트를 동반자로 인정하고 함께 일해야 한다.

❷ 동료의 클라이언트와의 관계

- 사회복지사는 적법하고도 적절한 논의 없이 동료 혹은 다른 기관의 클라이언트와 전문적 관계를 맺어서는 안 된다.
- 사회복지사는 긴급한 사정으로 인해 동료의 클라이언트를 맡게 된 경우, 자신의 의뢰인처럼 관심을 갖고 서비스를 제공한다.

4

(3) 사회복지사의 동료에 대한 윤리기준

❶ 동료

- 사회복지사는 존중과 신뢰로서 동료를 대하며, 전문가로서의 지위와 인격을 훼손하는 언행을 하지 않는다.
- 사회복지사는 사회복지 전문직의 이익과 권익을 증진시키기 위해 동료와 협력해야 한다.
- 사회복지사는 동료의 윤리적이고 전문적인 행위를 촉진시켜야 하며, 이에 반하는 경우에는 제반 법률규정이나 윤리기준에 따라 대처해야 한다.
- 사회복지사가 전문적인 판단과 실천이 미흡하여 문제를 야기했을 때에는 적절한 조치를 취하여 클라이언트의 이익을 보호해야 한다.
- 사회복지사는 전문직 내 다른 구성원이 행한 비윤리적 행위에 대해 제반 법률규정이나 윤리기준에 따라 조치를 취해야 한다.
- 사회복지사는 동료 및 타 전문직 동료의 직무 가치와 내용을 인정, 이해하며 상호 간에 민주적인 직무관계를 이루도록 노력해야 한다.

❷ 슈퍼바이저

- 슈퍼바이저는 개인적인 이익의 추구를 위해 자신의 지위를 이용해서는 안 된다.
- 슈퍼바이저는 전문적 기준에 의해 공정하게 책임을 수행하며 사회복지사, 수련생 및 실습생에 대한 평가는 저들과 공유해야 한다.
- 사회복지사는 슈퍼바이저의 전문적 지도와 조언을 존중해야 하며, 슈퍼바이저는 사회복지사의 전문적 업무수행을 도와야 한다.
- 슈퍼바이저는 사회복지사, 수련생 및 실습생에 대해 인격적, 성적으로 수치심을 주는 행위를 해서는 안 된다.

❸ 사회복지사의 사회에 대한 윤리기준

- 사회복지사는 인권존중과 인간평등을 위해 헌신해야 하며, 사회적 약자를 옹호하고 대변하는 일을 주도해야 한다.

- 사회복지사는 필요한 사회서비스를 개발하기 위한 사회정책의 수립, 발전, 입법, 집행에 적극적으로 참여하고 지원해야 한다.
- 사회복지사는 사회 환경을 개선하고 사회정의를 증진시키기 위한 사회정책의 수립, 발전, 입법, 집행을 요구하고 옹호해야 한다.
- 사회복지사는 자신이 일하는 지역사회의 문제를 이해하고, 그것을 해결하는 일에 적극적으로 참여해야 한다.

❹ 사회복지사의 기관에 대한 윤리기준

- 사회복지사는 기관의 정책과 사업목표의 달성, 서비스의 효율성과 효과성의 증진을 위해 노력함으로써 클라이언트에게 이익이 되도록 해야 한다.
- 사회복지사는 기관의 부당한 정책이나 요구에 대하여 전문직의 가치와 지식을 근거로 이에 대응하고 즉시 사회복지윤리위원회에 보고해야 한다.
- 사회복지사는 소속기관 활동에 적극 참여함으로써 기관의 성장발전을 위해 노력해야 한다.

(4) 사회복지윤리위원회의 구성과 운영

- 한국사회복지사협회는 사회복지윤리위원회를 구성하여, 사회복지윤리실천의 질적인 향상을 도모하여야 한다.
- 사회복지윤리위원회는 윤리강령을 위배하거나 침해하는 행위를 접수받아, 공식적인 절차를 통해 대처하여야 한다.
- 사회복지사는 한국사회복지사협회의 윤리적 권고와 결정을 존중하여야 한다.

사회복지사 윤리강령 선서

나는 모든 사람들이 인간다운 삶을 누릴 수 있도록,
인간존엄성과 사회정의의 신념을 바탕으로,
개인·가족·집단·조직·지역사회·전체사회와 함께 한다.

나는 언제나 소외되고 고통 받는 사람들의 편에 서서,
저들의 인권과 권익을 지키며,
사회의 불의와 부정을 거부하고,
개인이익보다 공공이익을 앞세운다.

나는 사회복지사 윤리강령을 준수함으로써,
도덕성과 책임성을 갖춘 사회복지사로 헌신한다.
나는 나의 자유의지에 따라 명예를 걸고 이를 엄숙하게 선서합니다.

2) 사회복지의 윤리적 딜레마

딜레마란 양도(兩刀) 논법이라고도 한다. 딜레마란 일반적으로 사용될 때는 진퇴양난에 빠졌다는 의미, 결국 두 개의 판단 사이에 끼어 어느 쪽도 결정할 수 없는 상태에 빠져 있는 것을 말한다. 사회복지사는 사회복지현장에서 활동 중에 이러한 일에 가치판단에 어려움을 겪는 일이 종종 있다. 사회복지의 윤리적 갈등이란 사회복지사가 전문가로서 지켜야 하는 윤리적 의무와 책무가 서로 충돌하여, 어떠한 실천행동을 선택하는 것이 윤리적으로 올바른 것인지 판단하기 힘든 상태를 말한다. 두 가지 이상의 상충하는 윤리적 갈림길에서 한 방향을 선택해야 할 때 혹은 선택하도록 하는 각 대안들이 한 사람 혹은 여러 사람에게 바람직하지 못한 결과를 초래하게 될 때 윤리적 갈등을 겪게 된다. 두 가지 이상의 도덕원칙 또는 의무가 동등하게 유용하다고 여겨지지만, 이 원칙들이 서로 모순되거나 충돌하는 상황에서 사회복지사는 윤리적 갈등상황에서는 최선의 선택을 해야 한다. 사회복지사는 다음과 같은 윤리 우선순위에 따라서 최선의 선택을 해야 한다.

1. 생명보호의 원칙
2. 평등과 불평등
3. 자율과 자유
4. 최소해악
5. 삶의 질
6. 사생활보호와 비밀보장의 원칙
7. 진실성과 완전공개의 원칙

CHAPTER 05

사회복지의 구성요소

01 사회적 욕구

사회복지의 대상은 흔히 사회복지의 혜택을 받는 대상자(수급자)를 생각하게 되는데, 크게 보면 대상자 이외에도 사회적 욕구를 포함한다(윤철수 외, 2012).

사회복지가 추구하는 궁극적인 목적은 무엇일까? 그 답은 한 사회의 구성원 개개인이 인간다운 생활을 영위할 수 있도록 함으로써 '인간의 존엄성을 보장하는 것'에 있다. 즉, 삶을 영위하는 과정에서 도움을 제공하여 문제를 해결하거나 문제해결을 도와주는 것이다. 그런데 사회복지에서 관심을 가지는 것은 개인의 욕구보다는 사회적 욕구에 더욱 관심을 가진다. 그 이유는 현대사회에서 흔히 발생하는 실업, 환경오염, 가족해체, 노인빈곤 등의 사회문제가 개개인의 잘못에 의해 발생하는 것이 아니라, 사회의 구조적 특성에 의해 발생하는 비율이 높기 때문이다. 사회적 대책이 필요한 문제인 사회적 욕구를 해결하게 되면, 결과적으로 개인의 욕구도 해결해야 할 사회적 문제 혹은 위기가 무엇이냐에 따라 다양할 수 있다(조흥식 외, 2008).

그렇다면 사회적 욕구는 어떠한 특성을 가질까? 이를 김상균 등(2005)은 사회적 욕구의 특성을 다음과 같이 요약하였다.

첫째, 해결방법에 있어서 사회적 혹은 공동적 대처가 필요하다. 예를 들어, 1997년 외환 위기로 인해 발생한 대규모 실업과 그에 따른 가정 파탄과 같은 사회적 문제는 개인의 책임으로 돌리기도 어렵고, 정부에 전적으로 책임을 추궁하기도 힘들어, 우리 사회의 총체적인 구조 결함으로 인해 발생한 사회적 욕구로 간주할 수 있다. 이는 개인과 사회 전체가 해결방법을 모색해야만 문제해결에 접근할 수 있는 사회적 욕구이다.

둘째, 사회적 욕구의 해결을 통해 이윤 창출을 피하여서는 안 된다. 사회적 욕구를 충족시킨다는 것은 인간성의 상실과 같은 치명적인 위기에 처한 사람을 위한 것이기 때문에, 경제적 가치를 배제하여 순수하게 인간의 기본적 욕구를 충족시키는 것을 일차적 목표로 삼아야 한다.

한편, 하비(Harvey)는 음식, 주택, 의료보호, 교육, 사회적·환경적 서비스, 소비자 보호, 오락적 기회, 유쾌한 이웃 관계, 교통시설 등을 사회적 욕구의 대표적 영역으로 설명하고 있다. 이처럼 사회적 욕구는 대다수의 사회 구성원의 생활에 관련된 내용으로 구성되는 것이 특징이다(Harvey, 1976). 또한 브래드쇼(J. Bradshaw)는 사회적 욕구를 다음과 같이 네 가지 측면으로 나누어 설명하고 있다.

첫째, 규범적 욕구(normative need)다. 이 욕구는 전문가가 주어진 상황에서 욕구라고 정의한 것이다. 즉, 욕구의 바람직한 수준이 정해지고, 실질적으로 존재하는 욕구 수준과 비교하여 개인이나 집단이 바람직한 수준에 미치지 못하면 그들은 욕구 상태에 있다고 본다.

둘째, 인지된 욕구(felt need)다. 이 욕구는 개인이나 집단의 욕망과 동일시되는 욕구로, 일반적으로 대상자에게 특정 서비스가 필요하다고 느끼는지 여부를 조사하여 알아본다.

셋째, 표현된 욕구(expressed need)다. 이 욕구는 사람들이 일정 서비스가 필요하다고 인지하면서 욕구를 충족시켜 줄 것을 요청한다.

넷째, 비교적 욕구(comparative need)다. 이 욕구는 서비스 대상자를 연구하는 과정에서 얻을 수 있다. 비슷한 상황에서 어떤 사람은 서비스를 필요로 하고, 또 어떤 사람은 서비스를 필요로 하지 않을 경우, 전자가 욕구를 가진 사람에 속한다.

02 사회복지의 주체와 재원

1) 사회복지의 주체

5

사회복지의 주체란 사회복지를 실천하는 주된 체계를 의미한다. 사회복지의 주체는 '공공부문'과 '민간부문'으로 구분할 수 있다. 공공부문은 국가와 지방자치단체 등이고, 민간부문은 법인의 형태로 운영되는 것과 종교단체, 기업체, 자원봉사단체, 개인 등이다. 그러나 오늘날 사회복지 주체는 공공부문과 민간부문이 혼합된 형태로 이루어져 있기 때문에 이러한 구분은 현실적으로 의미를 상실하고 있다(남세진 외, 1995). 그럼에도 불구하고, 사회복지 주체는 공공부문과 민간부문 간의 관계 변화라 볼 수 있기에 양 부문에 대한 이해가 선행되어야 한다(권중돈 외, 2012).

(1) 공공부문

공공부문은 중앙정부와 지방정부뿐만 아니라 공기업이나 정부의 재정 보조를 받는 기관 등을 포괄하는 개념이다. 즉, 사회복지 영역에서의 공공부문은 사회복지를 제공하는 사회복지기관이나 시설의 소유자가 중앙정부이며, 사회복지의 재원이 대부분 정부예산에서 확보된다. 공공부문은 중앙정부와 지방자치단체로 구분할 수 있다.

중앙정부의 사회복지 주무부처는 보건복지부이며, 다양한 소속기관을 설치하고 있다. 소속기관으로는 국립중앙의료원, 질병관리본부, 국립재활원 등이 있으며, 산하기관으로는 국민건강보험공단, 국민연금공단, 건강보험심사평가원, 한국노인인력개발원 등이 있다. 연구기관으로는 정부출현 연구기관인 한국보건사회연구원, 한국보건의료연구원 등이 있으며, 보건 및 사회복지와 관련된 각 부문의 정책과제를 연구·분석하고, 주요정책 과제에 대한 국민의 의견수렴과 이해증진을 위한 활동을 수행한다.

지방자치단체는 자치행정의 주체로서 국가로부터 행정권의 일부를 부여받은 공공단체의 전형적인 존재이다. 지방자치단체는 특별시, 광역시, 도를 중심으로 하는 광역자치단체, 시·군·구를 중심으로 하는 기초자치단체, 그리고 읍·면·동으로 구분된다. 지방자치단체는 주민의 편의 및 복리증진을 우선하여 수행하는 조직으로, 사회복지사업에 관한 업무를 담당하기 위하여 사회복지사 자격을 가진 사회복지전담공무원을 배치하고 있다. 또한 광역시·도에는 사회복지위원회를 두며, 시·군·구에는 지역사회복지협의체를 두며, 읍·면·동에는 복지위원을 배치하도록 되어 있다.

최근에는 중앙정부뿐 아니라, 각 지역의 특성에 맞는 사회복지정책을 만들고 실천하도록 「사회복지사업법」에 근거하여 지역사회복지계획을 수립하도록 하고 있다. 따라서 앞으로 지방정부의 역할이 더욱 중요해질 것으로 전망된다(윤철수 외, 2012).

(2) 민간부문

사회복지의 민간부문을 구체적으로 살펴보면, 비공식부문, 민간 비영리부문, 민간 영리부문으로 나눌 수 있다(윤철수 외, 2012).

첫째, 비공식부문은 가족, 친구, 친지, 이웃, 지역사회 등과 같은 일차적 집단이라고 할 수 있다. 비공식 부문의 특징은 친밀감을 기반으로 하는 주체라는 점이다.

둘째, 민간 비영리부문은 민간 비영리 단체(non-profit organization)에서 운영한다는 점에서 공적 단체와 다르고, 이윤을 추구하지 않는다는 점에서 영리단체(민간 기업)와도 다르다. 대표적인 민간 비영리단체로는 시민단체가 있다.

셋째, 민간 영리부문은 공적 부문에 의한 사회복지 공급에 한계를 느끼면서 민간에 의한 보완이 필요해지면서 새롭게 그 역할이 인식되고 있다. 민간 영리부문이 사회복지의 주체가 되면서 긍정적이 효과와 부정적인 측면이 있다. 우선 긍정적인 효과는 우리나라에서 사회복지 대상자가 선별주의에서 보편주의로 확대되는 과정에 있으며, 특히 급격한 인구 고령화로 인해 사회복지서비스에 대한 수요가 급증하고 있고, 이에 따라 사회복지의 주체로서 공적 부문에만 의존할 수 없다는 점이다. 또한 영리를 추구하는 기업과 같은 단체가 사회복지의 주체로 참여하면 서비스의 질을 높일 수 있다는 것이다. 하지만 너무 이윤 창출에 치중할 우려가 있다는 점 등은 신중하게 고려해야 할 부정적인 측면이다.

사회복지의 민간부문에 해당하는 조직은 주민조직, 사회복지법인, 종교단체, 법정단체 및 기타 특수법인, 등록단체나 그 법인 또는 단체가 사회복지사업을 목적으로 운영하는 시설과 기관을 총칭하는 것으로 본다. 구체적으로는 장애인복지시설, 노인복지시설, 아동복지시설, 여성보호시설, 한부모복지시설, 영유아보육시설, 사회복지관 등을 들 수 있다(권중돈 외, 2012).

2) 사회복지의 재원

공공부문은 사회복지를 제공하는 사회복지기관이나 시설의 소유자가 중앙정부이다. 그리고 사회복지의 재원은 대부분 정부예산에서 확보되고 있으며, 그 운영은 공무원들이 담당하고 있다. 반면에 민간부문은 사회복지를 제공하는 기관의 소유자가 민간이며, 재원은 민간차원에서 이루어지고 있다(박용순, 2008).

글레너스터(H. Glennerster)는 사회복지의 주체별 구분은 파악하기 위해서 사회복지재원의 출처와 사회복지급여를 상호 연관시켜 설명하고 있다.[1] 즉, 동일한 공적부문이라고 하더라도 사회복지재원의 출처에 따라 완전 또는 부분으로 세분화할 수 있다. 이에 사회복지재원의 출처는 <표 5-1>와 같다(박용순, 2008).

〈표 5-1〉 사회복지재원의 출처

구분		공적차원		민간차원	
재원	공적	공적급여 완전공적재원	공적급여 부분민간	민간급여 부분민간	민간급여 완전공적재원
	사적	공적급여 완전민간재원	부분공적 재원	부분공적 재원	민간급여 완전민간재원

출처 : Glennerster(1985).

문제를 안고 있는 대상자에게 도움을 주고, 사회적 욕구를 충족시켜 주기 위해 사회복지의 재원은 필수 불가결한 요소이다. 이러한 이유로 한 사회의 사회복지

1) H. Glennerster, *Paying for Welfare* (Oxford: Basil Biackwell Ltd., 1985), p. 5.

재정의 규모는 그 사회의 복지 수준을 측정할 수 있는 주요한 잣대가 될 수 있다. 국가 간의 사회복지 발달 수준 또한 사회복지 재정 규모로 가늠할 수 있다. 최근의 사회복지 재정의 비중을 살펴보면 중앙정부의 역할은 줄어들고, 대신 지방정부 및 민간 주체의 비중이 커지고 있다(윤철수 외, 2012). 앞으로 급속히 진행되는 저출산 및 고령화의 인구구조 변화와 보편적 복지로의 전환으로 인해 사회복지의 예산은 더욱 확충되어야 할 것이다.

한편, 사회복지 재원은 공공재원과 민간재원으로 나눌 수 있으며, 좀 더 구체적으로 살펴보면 다음과 같다(김태성·홍선비, 2006).

(1) 공공재원

공공재원은 조세로 이루어지는 정부의 일반 예산, 사회보험을 위한 보험료 그리고 조세 지출(tax expenditure)이 이에 속한다. 우리나라의 사회복지관련 예산 중 정부의 일반 예산을 포함한 공공 재원의 비율은 약 50% 미만의 수준으로 보고 있다(고경환 외, 2002). 그 이유는 사회보험이 성숙 단계에 이르지 못했고, 가족 간의 소득이전 등 비공식부문과 같은 민간부문이 차지하는 비율이 높기 때문이다. 서구의 복지 선진국에서는 공공재원의 예산 비율이 압도적으로 높아 90% 정도에 달하는 수준이다.

❶ 정부의 일반 예산

공공재원 중 정부의 일반 예산은 복지 선진국에서는 전반적으로 일반 예산보다 사회보험의 보험료 비중이 높다. 정부의 일반 예산의 기능은 사회복지에서 추구하는 소득 재분배(income redistribution)를 구현하기 위해 필요하다. 대부분의 국가에서 일반 예산을 구성하는 조세들이 사회보험에 의한 조세나 조세 지출에 비해 누진적 요소가 강하여 소득 재분배의 효과를 얻고 있다. 사회보험의 경우, 기본적으로 보험의 원칙(일정한 기여에 대한 일정한 급여)에 의해 배분되고 있어 재분배의 기능이 일반 조세에 비해 약하다.

❷ 사회보험 보험료

대부분의 서구 선진국에서 그러하듯이 우리나라도 정부의 일반 예산에 비해 보험료에 의한 사회보험 예산이 더 크다. 한편, 사회보험을 일반 조세의 재원으로 운영하지 않고 보험료로 운영하는 것은 사회보험이 일종의 보험이기 때문이다. 좀 더 구체적으로 설명하자면, 보험은 높은 보험료를 지불하여 많은 기여를 한 사람에게 높은 보험급여로 보답하고, 상대적으로 낮은 보험료를 납부하여 적은 기여를 한 사람에게는 낮은 보험급여를 주는 것을 원칙으로 하는데, 이러한 방식은 정부의 일반 예산인 조세로 감당하기 어렵다. 왜냐하면 일반 예산은 일반 국민이 낸 세금이기 때문에 이 재원으로 고소득층에게 많은 급여를 주는 것은 국민의 저항으로 인해 정치적으로 거의 불가능하기 때문이다. 사회보험도 일반 조세와 마찬가지로, 강제 가입을 원칙으로 하기 때문에 세금의 성격을 갖고 있지만 본인에게 미래의 권리를 부여하는 것으로 생각하여 보험료 부담에 대한 저항이 일반 조세에 비해 상대적으로 낮은 점도 사회보험의 보험료 비율이 높은 이유로 볼 수 있다.

❸ 조세 지출

조세 지출은 정부의 일반 예산이나 사회보험 보험료처럼 정부가 조세로 거둔 후에 목적에 맞게 사용하는 방법과는 달리, 처음부터 특정한 목적을 위해 조세감면정책을 통해 원래의 목적을 달성하는 방법을 취하는 공공재원이다. 예를 들면, 아동복지를 위해 아동이 있는 가구에 조세 감면을 해줌으로써 가족수당을 제공하는 것과 동일한 효과를 거둘 수 있다. 조세 지출의 필요성은 소위 '과대 정부' 혹은 '정부 실패'의 비판으로부터 자유로워질 수 있고, 민간 부문의 효율성을 높일 수 있기 때문으로 지적할 수 있다. 즉, 과대 정부에서 나타나기 쉬운 관료성, 경직성 등의 문제를 줄일 수 있다. 뿐만 아니라, 조세 지출은 세금을 부과하고 관리하는 데 사용되는 거래 비용을 줄일 수 있는 이점도 있다.

(2) 민간재원

민간재원은 최근 서구의 공공 재원이 한계에 도달하면서 그 중요성이 부각되고 있다. 민간재원을 기업복지의 재원, 자발적 기여, 사용자 부담, 가족 간 소득이전의 네 가지로 나누어 살펴보면 다음과 같다.

❶ 기업복지의 재원

대기업을 중심으로 기업에서는 피고용자를 위하여 다양한 복지 급여를 마련하고 있다. 예를 들면, 기업연금, 건강보험, 학비보조 프로그램 등이다. 이러한 기업복지의 재원의 필요성에 대해 살펴보면, 기업이 피고용자에게 급여의 형태로 주는 것보다 앞서 언급한 다양한 형태의 복지 급여를 주는 것이 기업의 조세 부담을 덜어 주고, 피고용자 입장에서도 조세 부담이 낮다는 장점이 있다. 또한 피고용자에게 계속고용이 가능하도록 동기를 부여할 수 있다. 단순히 급여가 높다는 이유보다 기업이 피고용자에게 복지 혜택과 같은 부과 급여를 제공함으로써 생산성이 높은 근로자를 고용하고 유지할 수 있다. 하지만 기업이 피고용자를 위해 마련한 복지 재원은 대기업을 중심으로 한정되어 있고, 대기업 내에서도 기업복지의 혜택을 누릴 수 있는 사람은 중간급 이상으로 치우쳐 있어 기업복지의 재원만으로는 소득 불평등이 해소되기보다 오히려 조장될 수 있다는 한계가 있다.

❷ 자발적 기여

자발적 기여(voluntary contribution)란 개인이나 기업, 재단 등이 사회복지를 위해 강제적이 아닌 자발적으로 기여한 재원을 말한다. 미국은 특히 자발적 기여를 재원으로 하여 사회복지가 발전한 대표적인 국가인데, 이는 다음과 같은 장점과 한계를 가진다. 우선 장점으로는 일반 세금을 재원으로 하지 않기 때문에 상대적으로 새롭고 창의적인 서비스 프로그램의 개발이 가능하다는 점을 들 수 있다. 반면 소득 재분배의 기능에서는 공공 재원에 비해 그 효과를 기대하기 어렵다. 이는 자발적 기여에 의해 마련된 재원이 소득만을 기준으로 하여 사용되지 않기 때문이다.

❸ 사용자 부담

사용자 부담은 사회복지서비스를 받는 사람이 서비스 비용의 일부를 본인이 부담하는 것을 말한다. 한 예로, 건강보험의 경우 의료서비스의 일부를 본인이 부담하는 것이나 지역의 복지관에서 서비스를 이용할 때 일부 부담하는 것이 이에 속한다. 사용자 부담은 서비스 비용의 일부를 부담하게 하는 일차적 효과 이외에도 도덕적 해이(moral hazard)의 문제를 예방하거나 서비스의 질을 서비스 이용자가 이용료 부담을 통해 통제할 수 있다는 점, 나아가 서비스 이용자가 무료로 이용하였을 때 저하될 수 있는 자아존중감(self-esteem)을 유지할 수 있는 효과가 있다. 반면 소득 재분배의 기능은 기대하기 힘들어 소득수준이 낮은 사람이나 높은 사람이 같은 비율의 부담을 하게 되었을 때, 소득수준이 낮은 사람은 사용자 부담을 지불할 능력이 없어 서비스를 이용하지 못하는 문제가 발생할 수 있다.

❹ 가족 간 소득 이전

앞서 살펴본 재원은 모두 공식적인 사회복지서비스의 제공을 위해 사용되는 재원이나, 가족 간 소득 이전은 비공식적 지원체계(informal support system)에서 제공되는 재원이다. 가족, 친구, 이웃 등과 같은 비공식적 지원체계는 어느 사회에서나 중요한 역할을 담당해 왔으며, 아무리 공식적 지원체계가 발전한 사회에서도 중요한 역할을 담당하고 있다. 경우에 따라서는 가족과 같은 가까운 사람이 제공하는 지원이 공적인 기관이나 전문가로부터 제공되는 지원보다 바람직한 경우가 허다하다. 대표적인 예가 노인 케어이다. 아무리 좋은 서비스라 하더라도 가족이 돌보는 것에 비할 수 없을 것이다. 하지만 가족 간 소득 이전으로 대표되는 비공식적 지원체계에 의한 사회복지는 소득계층별로 사회복지 수급에 불평등이 크다는 점이 문제로 지적된다. 따라서 가족 간 소득 이전과 같은 비공식 지원체계와 더불어 앞서 살펴본 공적 지원체계가 상호 보완적 재원으로서 그 역할을 감당할 필요가 있다.

03 사회복지의 전달체계

사회복지 전달체계란 사회복지 관련 급여 및 서비스의 공급자(주체)와 대상자(객체)를 연결해 주는 조직적 체계(organizational arrangement)라 할 수 있다. 서비스 제공자, 즉 사회복지 전달체계의 주체는 크게 두 가지이다. 하나는 정부(지방정부 포함)이고, 다른 하나는 민간기관이다. 정부가 시행하는 사회복지를 공공복지(public welfare)라고 하고, 민간기관이 운영하는 사회복지를 민간복지(voluntary welfare)라고 한다.

이러한 사회복지 전달체계가 필요한 이유는 사회복지서비스를 효과적으로 전달하기 위해서이다. 즉, 중앙정부와 지방정부, 일선 사회복지기관 및 단체가 서비스의 중복이나 누락이 없도록 서비스 전달체계를 조직적으로 정비할 필요가 있다(윤철수 외, 2012; 원석조, 2013).

1) 공공복지 주체와 민간복지 주체

공공복지는 정부가 주체가 되어 시행하는 각종 사회복지정책들을 말하는데, 소득보장, 보건의료복지, 주택복지, 교육복지, 퍼스널 사회서비스(personal social services) 등을 포함한다. 그 핵심은 소득보장, 즉 사회보험과 공공부조로 구성된 사회보장이다. 사회보험은 산업재해, 질병, 실업, 장애, 고령 등으로 인한 소득의 중단 및 상실에 사회적으로 대응하기 위한 제도로서 산재보험, 건강보험, 실업보험(고용보험), 공적연금을 포함한다. 다섯째 사회보험으로 장기요양이 필요한 환자를 위한 장기요양보험(long term care insurance)이 도입되었다. 퍼스널 사회서비스는 우리나라의 사회복지서비스에 해당하는 것으로, 지방정부가 주체가 되어 시행하는 아동복지, 장애인복지, 노인복지, 여성복지 등을 의미한다.

민간복지는 개인이나 비영리 사회단체 및 기업과 같은 민간부문이 주체가 되어 행하는 비정부(Non-Governmental Organization, NGO) 사회복지 활동이다. 박애사업, 자선사업, 민간 사회복지기관과 시설, 기업복지가 여기에 속한다. 기업복지란 기업이 주체가 되어 자신의 종업원들의 복지를 위해 시행하는 기업복지 프로그램을 말한다.

한편, 디니토(DiNitto, 2000)는 사회복지서비스 전달조직을 좀 더 세분화하여 공공기관, 민간비영리단체(민간기관), 민간영리기관, 자조집단, 종교단체로 구분했다(원석조, 2013).

(1) 공공기관(public agencies)

공공기관은 법에 근거해 설립되고, 중앙정부 또는 지방정부가 운영한다. 우리나라의 경우 중앙정부기관은 보건복지부가 대표적이며, 지방정부도 가정복지국 또는 사회복지과를 설치 및 운영하고 있다.

(2) 민간비영리단체(private not-for-profit corporations) 또는 민간기관(private agencies)

민간기관의 이사회가 관리하며, 기부금, 서비스 이용료, 정부 지원금 등 다양한 재원의 자금으로 운영한다. 민간비영리단체는 아동보육서비스, 정신보건서비스, 장기요양서비스 등 다양한 서비스를 제공한다. 미국의 경우 대부분의 민간기관은 클라이언트로부터 서비스 이용료를 받고 있는데, 클라이언트의 경제적 능력에 따라 요금을 차등화한 슬라이딩 스케일(sliding scale)을 적용하고 있다.

(3) 민간영리기관(private for-profit corporations, proprietary agencies)

민간기관이지만 영리를 목적으로 하며, 민간비영리기관과 같이 아동보육사업이나 장기요양사업을 한다. 단, 서비스 이용료는 시장 가격으로 받는다. 비영리기관으로부터 적절한 서비스를 제공받을 수 없을 경우 또는 이들 영리기관의 서비스가 더 경제적일 경우 정부는 영리기관의 서비스를 구매하여 클라이언트에게 제공하기도 한다. 미국의 메디케이드(Medicaid, 노인을 위한 건강보험)가 영리를 목적으로 하는 장기요양기관의 케어서비스를 구매하는 것이 좋은 예이다.

(4) 자조집단(self-help groups)

자조집단도 사회복지서비스를 제공한다. 정부 지원은 전혀 받지 않고, 회원들의 회비에 전적으로 의존하며, 회원 간의 협력을 가장 중시한다. 사회복지기관에 비해 덜 공식적이고, 회원 가입이 자유롭다. 미국의 경우, 알코올중독에서 벗어나기 위한 자조집단인 Alcoholic Anonymous(AA, 1995년에 발족)가 가장 대표적이다. 정신질환자들의 자조집단도 있다.

(5) 종교단체(religious organizations)

종교단체는 사회복지서비스의 오랜 역사를 갖고 있다. 종교단체의 재정과 인력에 상당 부분을 의존하지만, 서비스 대상자 선택에 종교적 제한을 두지는 않는다. 아동보호, 가족상담, 입양, 정신건강상담, 노숙자를 위한 음식과 거처의 제공 등 다양한 서비스를 제공하고 있다.

2) 사회복지 전달체계의 이슈

현대사회에서 사회복지의 주체가 다양화되면서, 사회복지 전달체계의 민영화 및 영리화의 문제가 큰 이슈로 대두되고 있다(조흥식 외, 2008). 이에 대해 구체적으로 살펴보면 다음과 같다(윤철수 외, 2012; 원석조, 2013).

(1) 민영화

민영화란 전통적으로 공공부문에서 담당하던 서비스를 민간기관으로 이양하는 것과 일정한 계약 아래 민간기관과 비영리단체에 운영을 위탁하는 것을 말한다. 1980년대 이후 영국과 미국에서는 복지개혁이라는 이름하에 이런 형태의 민영화가 광범위하게 이루어졌다. 민영화는 자유시장 이데올로기의 확산과 시민참여의 확대라는 두 가지 요인의 영향을 받았다. 따라서 민영화에는 시장에서의 경쟁이라는 장점과 공공기관에서의 관료제라는 약점이 내재되어 있다. 민영화 주창자들은 민간기관이 사회복지서비스의 공급과 전달에 강점을 지니고 있으며, 서비스 공급의 독점권을 가진 공공기관은 경쟁 상대가 없어 업무 효율성이 떨어진다고 믿고 있다.

민영화가 추구하는 목표는 공공부문의 서비스가 가지는 관료적 획일성과 폐쇄성을 탈피하여 자유시장의 경쟁 논리를 도입함으로써, 서비스의 질을 향상시키고 재정을 효율적으로 운영하는 것이다(박정호, 2001). 이때 민영화의 전제 조건은 민간기관에서 질 높은 서비스를 제공할 수 있다는 점이다.

사회복지서비스를 민간복지기관에게 민영화할 경우, 사회복지서비스의 공급자는 민간복지기관이 되고, 서비스 수급자는 소비자가 되며, 정부는 재정을 부담하는 제 삼자가 된다. 이 말은 서비스 소비자가 그 비용을 부담하지 않으므로, 서비스의 거래에 수급자가 간여할 부문은 극히 제한된다는 것을 의미한다.

(2) 영리화

최근 들어 사회복지서비스의 전달에 영리기관들의 참여가 확대되는 추세이다(원석조, 2013). 특히 우리 사회의 급격한 인구 고령화로 인해 노인장기요양보험이 도입되면서, 노인요양관련 서비스를 중심으로 영리기관이 사회복지 실무에 참여하게 되었다. 이러한 사회복지 전달에의 영리단체의 참여는 시장경제의 도입으로 질 높은 서비스로의 전환이 가능한 반면, 영리화가 과도하게 진행되면 영리만으로는 운영할 수 없는 사회복지서비스는 제공이 어려워지고, 서비스에 대한 지불 능력이 없는 취약계층은 서비스 수혜가 어려워지는 단점이 있다. 그에 따라 영리를 목적으로 하는 기관이 사회복지의 목적에 얼마나 잘 봉사하는지의 문제가 제기되고 있다(원석조, 2013). 따라서 영리화를 추구하면서도 공적인 사회복지서비스를 제공할 수 있는 영리단체의 관리 및 감독이 사회적으로 요구되는 시점이라 하겠다.

3) 사회복지행정 전달체계의 원칙

사회복지행정 전달체계는 고려되어야 할 여러 가지 원칙이 있다(박경일 외,

2014). 최성재와 남기민(1995)은 사회복지서비스 전달체계 구축의 주요 원칙으로 여덟 가지를 제시하였다. ① 사회복지서비스의 핵심업무는 반드시 전문가가 담당해야 한다는 전문성, ② 사회복지서비스의 양과 질과 제공하는 기간이 클라이언트의 욕구충족(또는 문제해결)과 서비스 목표(자활 및 재활)달성에 충분해야 한다는 적절성, ③ 다양한 욕구나 문제에 대해 다양한 서비스를 필요로 하는 포괄성, ④ 지역사회 내에서 다양한 서비스를 계속적으로 받을 수 있도록 서비스들이 상호 연계되어야 한다는 지속성, ⑤ 클라이언트의 문제해결을 위한 서비스들이 서로 연관되어야 한다는 통합성, ⑥ 성별, 나이, 소득, 지역, 종교, 지위에 관계없이 모든 국민에게 사회복지서비스를 제공해야 한다는 평등성, ⑦ 사회복지조직은 사회복지서비스를 전달하도록 위임받은 조직이므로, 이에 대해 책임을 져야 한다는 책임성, ⑧ 사회복지서비스를 필요로 하는 사람들은 누구나 쉽게 받을 수 있어야 한다는 접근용이성의 원칙 등이다.

한편, 게이트(Gate, 1980)는 사회복지서비스 전달체계의 원칙으로 다섯 가지를 들고 있다. ① 포괄성은 충분한 양, 질, 충분한 기간에 걸친 일련의 서비스 제공이며, ② 접근성은 서비스를 필요로 하는 사람에게 서비스 이용에 있어서 일반적으로 장애요인이 없어야 한다는 것이며, ③ 계속성은 전체적 프로그램과 조직 상호 간의 접근성의 관계이며, ④ 비단편성(통합성)은 이용 가능한 서비스 내에 프로그램 간의 격차나 프로그램에 대한 불확실성이 있을 때 발생하므로 서비스를 통합하여야 하며, ⑤ 책임성은 종종 이용자의 유일한 문제나 욕구에 대해 책임을 지거나 이용자들이 그들의 불만이나 불평을 처리할 수 있는 일련의 과정이 있을 때라고 하고 있다. 덧붙여서, 그는 이들 원칙요인 간에는 상충관계(trade-off)가 성립하는데, 예를 들어, 접근성과 책임성을 증진시킨다면 단편성과 불일치성이 증대될 것이고, 역으로 조직의 중앙집중화를 통해서 비단편성과 계속성을 강조한다면 접근성과 책임성이 감소하는 위험을 겪게 될 것이라고 하였다.

CHAPTER 06

사회복지의 역사

01 사회복지 역사연구의 중요성

사회복지의 역사와 발달과정을 고찰하는 것은 사회복지가 발전하게 된 역사적 배경, 복지의 발달에 영향을 준 요인, 사회복지서비스의 수행방법, 사회복지서비스 대상 등에 관해 더 잘 이해하는 데 도움이 된다(윤철수 외, 2012).

사회복지 역사(social welfare history)에 대한 이해를 돕기 위해서는 사회복지를 사회과학의 한 분야로 인식하고 연구해야 할 필요성이 있다. 사회복지와 사회과학의 연관성에 대해 살펴볼 때, 사회과학은 경험성(experience), 역사성(history), 실천성(practice), 전체성(totality) 등을 지니는 법칙으로, 인간관계 또는 사회현상 등을 연구대상으로 하는 과학이다. 그러므로 사회복지는 사회현상에 내재되어 있는 사회문제에 대처하기 위한 사회적 시책으로써, 곧 학문으로서의 실천적 성격을 지닌다고 할 수 있다(한국사회복지연구회, 1990).

또한 사회복지는 사회과학으로서 역사성과 실천성을 지니는데, 그것이 역사적 경험을 과학적으로 인식하고 분석함으로써 제반 사회복지현상에 대한 이해를 도울 수 있다. 이는 초역사적 존재나 단순한 이념이 아니며, 사회사상인 동시에 인류에게 공통적인 사회현상으로 역사 속에서 생성, 확립, 전개되는 것을 의미한다. 따라서 사회복지의 역사연구는 사회과학의 역사연구와 함께 일정한 사회현상에 대한 체계화의 시도로서, 공통된 의의를 지니고 있다. 우리는 사회복지의 역사연구를 위해서 일정한 법칙을 이루는 변수를 찾아 과거의 경험에 대한 분석을 통해 미래의 전망을 예측함으로써, 사회복지역사의 의의를 찾을 수 있을 것이다(박용순, 2008).

02 서양 사회복지의 역사

서양의 사회복지의 역사는 다양하게 구분할 수 있으나, 여기서는 빈민법 시대, 사회보험 시대, 복지국가 시대, 복지국가 후퇴기로 구분하였다(권중돈 외, 2012)[1].

1) 빈민법 시대

빈민법 시대는 사회복지가 가장 먼저 발전하여 복지국가의 선두 역할을 한 영국의 구빈정책을 중심으로 살펴보고자 한다. 영국의 빈민법 시대는 산업화 이전 시대로 중세 봉건제가 쇠퇴하고 절대주의 국가가 성립하면서 등장하였다. 1348년부터 1349년까지 페스트로 영국 인구의 2/3가 사망하였으며, 두 차례의 전쟁(백년전쟁과 장미전쟁) 이후 많은 농노가 도시로 유입되면서 농촌 노동력의 부족 현상과 함께 임금상승이 야기되었다. 이로 인해, 빈민의 지리적 이동을 억압하거나 근로 가능한 빈민에 대한 제반 법령을 체계화시킨 것이 1601년에 제정된 영국의 엘리자베스 구빈법(The Elizabethan Poor Law)으로, 이전까지 빈민구제를 위해 시행된 제도들을 집대성함으로써 영국 빈민법의 토대가 되었다(남기민, 2010; 오정

1) 포지(Forge)는 사회복지 역사를 빈민법 시대, 사회보험 시대, 복지국가 시대로 구분하였으나(원석조, 2008), 1970년대 후반 이후의 복지후퇴 상황을 반영하지 못한 한계가 있기 때문에 복지국가 후퇴기를 추가하였다.

수·최해경·정연택·류진석·유해영, 2010).

엘리자베스 구빈법은 빈민의 구호가 교구단위의 자선행위에서 국가책임으로 전환을 이루었다는 점에서 의미가 깊다. 빈민구제를 위한 조세를 징수하여 재원을 마련하였으며, 빈민감독관을 두어 구빈행정 체계를 확립하였기에 근대적인 빈곤정책의 효시로 볼 수 있다. 이러한 구빈법은 대상자를 다음의 세 범주로 구분하여 대처하였다(Zastrow, 2000).

(1) 근로능력이 있는 건강한 빈민(The able-bodied poor)

교정원 또는 열악한 수준의 작업장에서 강제 노역을 하였으며, 주어진 노역을 거절하는 자는 감옥에 투옥되었다. 시민은 이들에게 자선과 같은 재정적 도움을 제공하는 것을 금지 당했다.

(2) 근로능력이 없는 무능력 빈민(The impotent poor)

노인, 장애인, 아동을 두고 있는 편모 등은 구빈원(almshouse)에 수용되었다. 이들 중 거처할 곳이 있어 그곳에서 돕는 것이 비용을 줄일 수 있다고 판단되는 경우에는 의복, 음식, 연료 등을 제공하면서 원외구호(outdoor relief)를 실시하였다.

(3) 요보호아동(Dependent children)

부모 또는 조부모의 보호를 받을 수 없는 아동은 양육을 원하는 시민 아래서 도제생활을 했다. 소년은 24세까지 주인에게서 상거래활동을 배우고, 소녀는 21세 또는 결혼할 때까지 집안일을 돌보는 하녀의 삶을 살았다.

이처럼 엘리자베스 구빈법은 빈민의 구빈활동을 공식화하고 체계화한 것은 사실이지만, 빈민에 대한 성격이 매우 강했고, 이후 등장한 빈민을 위한 제도의 성격도 마찬가지였다. 정주법(Settlement Act, 1662)은 부유한 교구로 이동하는 빈곤한 부랑자의 자유로운 이동을 금지시켰다. 구빈활동을 관할한 각 교구는 빈곤한 다른 교구로부터의 부랑자 유입이 자기 교구의 구빈세 증가로 이어졌기에 부랑자를 연고가 있는 곳으로 추방하는 제도였다. 그러나 이 제도는 빈민의 주거 선택과 이전의 자유를 침해하였고, 노동력이 필요한 교구의 노동력 확보를 어렵게 만든다는 문제점을 낳기도 했다. 작업자 테스트법(The Work house Test Act, 1722)은 노동능력이 있는 빈민을 작업장에 고용함으로써 국부증대에 기여하도록 제정되었다. 교구세로 운영되는 빈민정책의 재원을 빈민의 생산 활동을 통해 확보하기 위한 것이었다. 따라서 구제를 받기 위해서는 작업장 수용을 받아들여야만 하고, 작업장 수용을 거부한 경우에는 구제받을 자격을 얻지 못했다. 그러나 작업장제도는 민간기업체와 경쟁에서 뒤떨어지고, 빈민을 혹사시키거나 노동력을 착취하는 등의 문제점이 있어 교구민의 세 부담만 증가시켰다는 평가를 받고 있다.

이처럼 국가의 책임하에 빈민구호를 실시한 영국의 빈민법은 빈민에 대한 강제적이고 통제적인 성격이 강했다. 그리하여 18세기 후반에 산업혁명의 과정에서 임금노동자가 저소득 및 빈곤계층으로 전락하게 되면서 빈곤제도의 새로운 변화가 요청되었다.

이러한 시대적 요청으로 인도주의적 성격을 갖춘 길버트법(The Gilbert Act, 1782)과 스핀햄랜드법(The Speenhamland Act, 1975)이 등장하였다. 길버트법은 작업장 빈민의 비참한 생활과 착취를 개선할 목적으로 길버트 하원의원이 제안한 법으로, 노동 가능한 빈민을 가정이나 인근의 적당한 직장에서 일할 수 있도록 하여 가정보호를 인정한 의미 있는 법이다(김상균 외, 2007). 이는 곧 원외구호를 확대시키는 계기가 되었다. 스핀햄랜드법은 최저생계비에 부족한 빈민의 임금을 보조해주는 제도를 규정한 법으로, 임금 상승을 억제하기 위해 임금의 인상 대신 빈민의 생계비를 지원하였다. 이 법은 빈곤을 도덕적 타락과 연관시켰던 종래의 빈민법 시각과는 다르지만, 구빈세 부담을 증가시키고 빈민의 독립심과 노동능률을 저하시키는 부작용을 초래하였다(남기민, 2010; 윤철수 외, 2008).

19세기 초는 산업화와 자본주의의 진전과 함께 자유방임주의적 사고방식이 등장하였고, 사회경제적 변화는 빈민과 부랑인의 증가를 야기하였다. 특히 정치적으로는 1832년 산업자본가 계급이 득세하면서 구빈비용의 증대, 빈민의 양적 확산 및 근로의욕의 감소 등의 비판이 제기되었다. 기존 구빈제도의 비판은 1834년 빈민법의 전면적인 개정으로 이어졌다. 이 법은 기존의 임금보조제도를 철폐하고, 원칙적으로 원외구호를 제한하고 작업장 내에서의 노동을 다시 강조하였으며, 구빈 수급자의 생활조건은 최하급 노동자의 생활조건보다 높지 않아야 한다는 열등처후의 원칙을 제시하였다. 개정 빈민법의 3대 원칙은 다음과 같다. 첫째, 균일처후의 원칙, 둘째, 열등처우의 원칙, 셋째, 작업장 활용의 원칙이다(남기민, 2010). 즉, 개정 빈민법은 기존의 빈민법을 수정한 시대착오적인 산물로 작업장을 통해 빈민을 통제하는 한편, 그들을 더욱 열악한 환경으로 내몰았다는 평가를 받고 있다.

19세기 후반에는 국가책임이 퇴조하는 반면, 시민 중심의 자선활동이 활발하게 전개되었다. 박애정신에 기초한 민간단체, 종교단체와 사회단체 그리고 개인들이 자선단체를 만들어 빈민구제활동을 실시하였으나, 빈곤자에 대한 무분별한 구제와 공정한 서비스를 제공하는 데는 한계가 있었다. 이러한 문제를 해결하고, 민간 자선기관 간의 연락, 조정, 협력의 조직화를 위해 1869년 자선조직협회를 설립하였다. 자선조직협회는 주로 중산층의 부인으로 구성된 우애방문원(friendly visitors)을 통해 클라이언트의 가정을 방문하여 가정생활, 아동에 대한 교육, 가계경제 등에 대해 조언하고 지도하였다. 자선조직협회의 활동은 이후 개별사회사업(social case work)[2)]과 지역사회복지의 발전에 기초가 되었다(류상열, 2005; 박종삼 외, 2002). 또한 도시빈민을 위한 조직적인 자선사업인 인보관운동(settlement movement)은 1884년 영국의 토인비 홀(Toynbee Hall)을 중심으로 옥스퍼드와 케임브리지 대학의 학생들이 주축이 된 활동이다. 이는 빈민 지역의 가난한 사람들과 함께 생활하면서 주민의 생활환경을 개선하려고 노력한 운동이었다. 인보관 운동은 주로 클라이언트의 문제해결을 위한 집단 프로그램을 활용하여 현재의 집단사회복지와 지역사회복지 발전의 기초가 되었다(류상렬, 2005). 빈민구제에 대한 민간의 역할은 빈민법 시대 이전부터 계속되었지만, 자선조직협회와 인보관운동을 통해 빈민에 대한 구체활동은 조직적이고 체계적인 양상을 갖추게 되었다.

2) 리치몬드(Richmond)는 자선조직협회의 장기간의 경험과 지식을 체계화하여, 1917년 『사회진단(Social Diagnosis)』이란 저서를 출판하여 개별사회사업의 개념을 이론적으로 체계화하였다.

2) 사회보험 시대

사회보험 시대의 등장은 자본주의와 산업화에 따른 다양한 사회문제에 대처하기 위한 국가의 노력이자, 복지국가로의 전환을 의미한다. 사회보험의 대표적 사례로는 1883년 독일의 질병보험을 시작으로, 1911년 영국의 국민보험법, 그리고 1935년 미국의 사회보장법을 들 수 있다.

사회보험의 원시적인 형태는 공제조합에서 출발한다. 독일의 경우, 건강보험 도입 이전에 질병급여를 제공하던 공제조합을 중심으로 질병금고(sickness funds, 건강보험조합)를 만들었고, 영국도 건강보험 이전에 기존의 공제조합 중에서 정부가 공인한 조합기구를 통해 건강보험을 발전시켰다. 공제조합은 조합원 상호간의 부조와 복지를 목적으로 하는 상호부조 조직인데, 조합원에게서 갹출한 재원을 통해 그들의 노령, 재해, 실업, 질병, 사망 등의 사고를 당했을 경우 급여를 지급한다. 즉, 공제조합은 노동자의 복지문제에 국가가 본격적으로 개입하기 전까지 노동자의 사회위험을 스스로 해결하고 했던 자조조직이었다.

그러나 산업화가 본격화되면서 공제조합은 모든 사회위험에 대처하는 데 역부족이었으며, 이때 등장한 것이 국가주도의 사회보험이다(원석조, 2010).

사회보험의 출현배경은 국가마다 다양하다. 세계 최초의 사회보험을 시작한 독일을 이해하기 위해서는 비스마르크(Bismarck) 재상의 정치적 맥락을 살펴야 한다. 비스마르크는 위험한 사회주의자를 탄압하기 위한 정책을 펴는 한편, 선량한 노동자를 포섭하여 자신의 권력을 유지하기 위한 수단으로 사회보험을 실시하였다. 그는 사회보험을 통하여 국가가 노동자에게 직접 보조금을 지급한다면 노동자가 자본가가 아닌 국가에 대해 고마움을 느끼고, 국가에 대한 충성심이 생기고, 국가가 통합된다고 확신하였다. 이러한 정치적 의도가 강하게 반영된 가운데 사회보험이 만들어졌다(원석조, 2010). 그러나 영국의 경우는 노동계층의 힘이 독일보다 강하고, 민주주의가 보다 발달하였기 때문에 비스마르크의 사회보험보다 시민의 복지를 위한 국가정책에 가깝다고 할 수 있다(남기민, 2010).

영국 최초의 사회보험은 로이드 조지(Loyd George)와 윈스턴 처칠(Winston Churchill)의 합작품인 1911년 국민보험으로, 이는 의료보험과 실업보험으로 구성되어 있다. 처칠은 독일의 비스마르크 사회입법이 사회주의를 부드럽게 죽이기 위해 마련되었다고 역설하면서 사회보험 도입의 필요성을 강조하였다. 그는 사회보험이 부자와 빈민 사이의 양극화를 막아 주어 사회를 공고히 하는 피라미드와 같은 역할을 한다고 주장하였다(원석조, 2010). 사회보험은 피보험자의 보험료로 운영되기에 급여자격을 획득하기 위해서는 기여를 해야 하므로, 노동자의 자존심을 손상시키지도 않아 자유주의자가 선호하는 자조의 미덕에도 합치되었다. 또한 산업화로 인한 노동자에 대한 탄압과 억압 등과 같은 자본주의의 모순에 반대한 사회주의 물결도 영국이 사회보험을 시작하게 된 원인으로 작용하였다.

한편, 미국의 사회보험의 역사는 1929년 대공황으로 인해 결정적인 변화를 맞게 된다. 대공황으로 인한 실업과 빈곤의 원인을 개인이 아니라 사회구조의 결함에서 찾게 됨으로써 사회복지에 대한 연방정부의 역할을 강조하였다. 루스벨트 대통령의 뉴딜(New Deal) 정책으로 인해 여러 가지 노동입법 등이 제정되었고, 특히 사회보장법(Social Security Act, 1935년)을 통해 사회보험뿐만 아니라 공공부조의 큰 틀이 만들어졌다. 이 법은 연방정부가 관장하는 노령보험, 주 정부가 관장하고 연방정부가 재정을 보조하는 실업보험, 공공부조와 사회복지서비스로 구성되어 있다(원석조, 2009).

3) 복지국가 시대

복지국가의 출현배경은 나라마다 상이하지만, 본격적인 복지국가의 출발점을 제2차 세계대전 이후로 보는 것이 일반적이다. 자본주의 경제체계의 모순과 세계대공황, 그리고 두 차례의 세계대전 등이 복지국가 형성에 큰 영향을 주었다. 하지만 이러한 외적 충격만으로 복지국가의 구체적 구조와 내용이 자동적으로 확보된 것은 아니다. 16세기 이후의 구빈법과 1883년부터 시작된 비스마르크의 사회보험 도입, 그리고 19세기 이후 발전된 민간 자선사업의 전통 등이 다양한 진화과정을 거치면서 확대된 결과라고 할 수 있다. 그럼에도 불구하고, 복지국가 발달에 중요한 영향을 미친 것들은 다음과 같다(감정기·최원규·진재문, 2004).

첫째는 노동조합과 사민주의의 정치적 세력화를 들 수 있다. 미국의 민주당, 영국의 노동당, 유럽대륙국가의 사회민주당 등 진보적 정당이 등장하여 집권에 성공하면서 다양한 사회복지 입법이나 제도 형성에 큰 영향을 미쳤다.

둘째는 케인스주의의 영향이다. 케인스(Keynes, 1883~1946)는 미국의 1929년 대공황 사태를 해결하기 위해 소비를 진작시켜야 하며, 이러한 역할의 핵심이 정부의 개입이라고 판단했다. 대부분의 기업이 파산하고 실업이 증대된 당시의 상황에서 시장의 소비를 증가시킨다는 것은 어려웠다. 루스벨트 대통령은 키네스(Keyness)의 이론에 따라 뉴딜 정책을 실시하여 일자리를 늘리고 실업을 줄여 소비능력을 증진시켰으며, 사회보험 급여를 확대해 소비자의 구매능력을 확충하였다. 이러한 과정에서 복지국가 제도 및 프로그램이 형성되었다.

셋째는 복지국가의 청사진이며, 복지국가의 골격이라 할 수 있는 1942년 영국의 베버리지 보고서이다. 베버리지(Beveridge)는 통일되고 보편적인 사회보험 체계를 구축하기 위해 영국의 사회문제를 5대악, 즉, 궁핍(want), 질병(disease), 무지(ignorance), 불결(squalor), 나태(idleness)로 규정하고, 이를 해결하기 위해 사회보험 및 관련 서비스의 필요성을 주장하였다. 베버리지는 사회보험이 성공하기 위한 세 가지 전제조건으로 완전고용, 포괄적 보건서비스, 가족수당을 제시하였다. 가족수당은 가족의 크기와 소득을 고려하여 결정되어야 하며, 보건서비스는 치료와 예방을 포괄적으로 제공하여야 하고, 실업수당으로 인한 재정 손실을 감안하여 완전고용을 강조하였다.

사회보험 운영의 기본원칙은 첫째, 행정의 통합화 원칙으로 하나의 통일된 체계로 통합하여 행정운영의 낭비를 최소화하도록 하였다. 둘째, 적용범위의 포괄화로 포괄적인 사회보험을 제안하였다. 셋째, 동일갹출의 원리로 소득의 높고 낮음에 관계없이 동일한 보험료를 납부하는 원칙을 제시하였다. 넷째, 모든 수급자에게 동일한 급여를 제공하는 원칙을 제시하였다. 다섯째, 수급자의 기본욕구를 충족시킬 수 있는 모든 급여의 적절성 원리와 여섯째, 수급자 분류의 원리로 노인, 아동, 자영자, 피용자, 주부, 무직자 등 여러 가지 범주로 구성하였다(오정수 외, 2010). 즉, 베버리지 보고서는 전 국민을 위한 사회보장제도를 출현시키는 결정적인 계기가 되었으며, '요람에서 무덤까지'의 새로운 복지철학을 만들게 되었다.

이처럼 복지국가 시대는 전 국민을 대상으로 보편적 서비스 확대와 국가개입을 통한 복지확대를 추구하는 시대라 할 수 있다. 이러한 복지국가 발달을 설명하는 여러 변인이 있지만, 노동조합과 노동계층, 그리고 사민주의의 정치적 세력화, 케인즈 이론의 적용, 베버리지 보고서 등이 복지국가로의 발달을 진척시켰다고 볼 수 있다.

4) 복지국가의 후퇴

자본주의 호황과 정치적 안정 하에 1930년대부터 1960년대까지 복지팽창은 지속되었지만, 1973년과 1979년의 석유파동(oil shock)에 따른 스테그플레이션(stagflation)으로 인해 복지국가 위기론이 등장하였다. 국가개입을 통한 복지국가는 관료화, 비효율, 의존성 증대 등의 부정적인 결과를 야기하며, 경제발전의 활력을 상당 부분 소진시킨다 하여 시민으로부터 외면을 당하기 시작했다(원석조, 2010). 결국 케인스주의는 무력화되고 통화주의 경제사회 복지정책을 수용하게 되면서, 복지국가는 계획적이며 적극적으로 재편되었다.

이러한 복지재편의 시발점은 영국의 대처(Thatcher) 정부와 미국의 레이건(Reagan) 행정부이다. 이들 정권은 과도한 사회복지 지출이 경제성장을 둔화시키고 정부의 재정위기를 초래한다고 보았다. 따라서 복지비용의 삭감, 공공부문의 민영화 및 기업에 대한 규제 완화, 지방정부의 역할 축소, 노조를 포함한 사회세력의 약화 등을 정책의 기조로 삼았다(윤철수 외, 2008). 이로 인해 복지국가가 후퇴하기 시작하였고, 그렇게 만든 가장 큰 요인은 노동자 계급의 힘의 약화에 있다고 보았다. 영국의 경우, 노동자 계급의 분열과 노동당 내의 좌우 대립, 연이은 총선 패배, 반노조 입법의 저지 실패, 노조 공격에 대한 저항 실패 등이 있었다. 노동당은 자신을 진보적 계급정당으로 만들었던 케인스주의와 복지국가 주의마저 포기하게 되어 신자유주의의 물결에 휘말리게 되었다(류상열, 2005). 미국의 레이건 정부 역시 연방정부의 사회복지비 삭감으로 가난한 자에 대한 재정적 급여 및 사회서비스는 대폭 감축되거나 없어졌다. 그 예로 건강보호 수준의 감축, 실업자를 위한 직업훈련과 직업알선 프로그램의 축소, 그리고 식품권(Food Stamp), 의료보호(Medicaid), 요보호아동가족부조(AFDC)와 같은 재정적 급여도 삭감되었다(남기민, 2010).

여전히 신자유주의가 강세를 보이는 가운데, 영국의 블레어(Blair) 수상과 미국의 클린턴(Clinton) 대통령이 집권하면서 복지국가는 새로운 국면을 맞게 되었다. 블레어는 사회민주주의적 복지국가 노선(제1의 길)과 신자유주의적 시장경제노선(제2의 길)을 지양한 새로운 정책 노선인 '제3의 길'을 제시하였다. 이러한 복지노선의 핵심은 '일하는 복지(welfare to work)'로, '의존형 복지'에서 '자립형 복지'

로의 전환이다. 클린턴 정부도 개인책임과 근로기회조정법(Personal Responsibility and Work Opportunity Reconciliation Act, 1996)을 통과시켜 요보호아동가족부조(AFDC)와 교육 직업훈련프로그램(JOBS)을 없애고 빈곤가족 일시부조(Temporary Assistance to Needy Families : TANF) 프로그램을 실시하였다. 빈곤가족 일시부조 프로그램은 빈곤가족이라 할지라도 평생 최대 5년 동안만 수급이 가능하도록 규정함으로써 최대한 자립할 것을 요구하고 있다(남기민, 2010). 즉, 국가가 제시한 자립을 위한 조건이 점차 강화되면서 복지수급자가 급여를 받지 못하는 상황이 발생할 우려가 높아졌음을 의미한다. 복지국가의 후퇴기는 빈곤에 대한 개인책임 강화, 국가의 복지예산 축소 및 민영화 추진, 노동계급의 약화 및 노동의 유연성이 나타나는 시기로 이해할 수 있다.

03 한국 사회복지의 역사

우리나라의 복지역사를 구분하는 기준은 매우 다양하여 시대 구분이 쉽지 않지만, 다음의 네 단계로 구분하여 살펴보고자 한다(권중돈 외, 2012).

1) 전근대적 복지행정시대(1948~1959)

해방 후 우리나라 정부의 구호정책은 일제나 미군정시대에 실시했던 정책을 부분적으로 답습하는 수준이었다. 구호재정의 대부분은 정부가 아닌 민간부문의 해외원조에 의존하였다. 특히 6·25 전쟁으로 사회보장제도를 구체화할 수 없었으며, 급격히 증가한 전쟁이재민과 요보호대상자의 생명유지를 위한 최소한의 응급구호 외에는 별다른 대책이 없었다. 전쟁은 고아, 기아, 미아 등 요보호아동의 증가와 이들을 보호하기 위한 시설의 증가로 이어졌다. 1950년대의 사회복지시설의 약 76%가 아동보호시설이었으며, 이들 대부분은 민간이 설립한 시설이었다. 또한 1953년 근대적 노동법인 「근로기준법」을 제정하여 생존권적 기본권을 보장하기 위한 조치가 구체화되었으나, 실제적인 효력은 1987년 민주화선언 이후 발생하였다(유광호·이혜경·최성재, 2005). 이 시기의 구호사업은 국가적·전문적 차원이라기보다는 민간주도의 자발적인 차원으로 영세적이고 비전문적이었으며, 시설의 운영은 종교단체나 외국원조단체에 의하여 주도된 시기라 할 수 있다(유광호 외, 2005).

2) 사회복지제도 도입시대(1960~1979)

한국 사회보장제도의 태동에 결정적인 계기가 된 시기는 박정희 정권부터라고 볼 수 있다. 박정희 정권은 산업화 추진으로 급격한 경제성장을 일으켰으며, 군사정권의 정당성을 확보하기 위한 노력으로 다양한 사회복지제도의 입법을 추진하였다.

근대적 사회보장제도의 효시로 볼 수 있는 「공무원연금법」(1960)을 시작으로 1960년대 초반에 상당수의 법제정이 이루어졌다. 1961년 한 해 동안 제정된 법은 「군사원호보상법」, 「윤락행위 등 방지법」, 「공무원재해보상규정」, 「근로기준법」(개정), 「생활보호법」, 「아동복리법」 등이 있다. 또한 5차 헌법개정(1961년)을 통해 생존권보장 조항 및 인간다운 생활을 할 권리를 추가하였으며, 사회보장 및 사회복지 증진에 대한 국가의 의무를 명시하였다. 그리고 우리나라 공공부조를 대표하는 「생활보호법」이 65세 이상의 노쇠자, 18세 미만의 아동, 임산부, 불구폐질자 및 심신장애자를 보호하기 위하여 제정되었다. 1963년에는 「군인연금법」, 「산업재해보상보험법」, 「사회보장에 관한 법률」, 「의료보험법」(임의가입) 등이 제정되었다. 「군인연금법」은 1960년에 제정된 「공무원연금법」에 포함되었다가 1963년도에 분리된 것으로, 그 당시 군사정권의 지지 세력이었던 군인 및 그 유족의 경제적인 생활안정과 복지향상에 기여하기 위한 제도였다. 또한 산업재해보상보험은 근로자의 산업재해에 대해 신속 공정하게 보상하여 근로자를 보호하기 위해 제정되었다. 이처럼 1960년대는 사회보험, 공공부조 그리고 사회복지서비스의 제도적 기반을 구축한 시기라 할 수 있다.

1970년대는 산업화가 가속화되어 경제성장에 자신감이 생긴 정부는 성장의 해택을 사회에 환원시킬 필요가 있음을 인정하며, 점차적으로 예방적이며 제도적인 복지모델로의 전환을 도모하였다(유광호 외, 2005). 예컨대, 임의가입이었던 1963

년 의료보험을 강제가입의 의료보험(1977년)으로 전환하였으며, 산재보험 적용대상을 확대하려는 노력을 시도하였다. 또한 저소득계층을 위한 「의료보호법」(1977)을 제정함으로써 의료보장체계를 구축하였다. 그러나 1973년의 「국민복지연금법」은 중화학공업 중심의 산업육성을 위한 내자동원 방법으로 착안되었는데, 당시 석유파동으로 인한 사회 전반의 경제적 어려움과 정부에 대한 국민의 강한 불신으로 시행되지 못하다가, 1986년도에 「국민연금법」으로 제정되었다. 1970년대 복지정책은 1960년대 제정된 다양한 제도가 내실화되는 시기였으나, 경제개발 우선정책에 밀린 상태에서 더디게 진행되었다고 평가할 수 있다.

3) 사회복지제도 확대기(1980~1996)

사회복지제도의 확대기는 대상별 접근을 시도한 서비스법이 등장하였으며, 국민연금 도입과 전 국민의 의료보험제도 구축, 그리고 「최저임금법」과 「고용보험법」 제정 등으로 복지제도의 확대를 이룬 시기이다.

대상별 접근을 시도한 법으로는 「노인복지법」(1981), 「심신장애자복지법」(1981), 「아동복지법」(1981), 「영유아복지법」(1991)이 있다. 또한 저소득계층을 대상으로 한 「생활보호법」의 개정(1982)으로 자활조성과 최저생활보장의 목표를 명문화하여 공공부조의 상당한 진전을 보인 시기라 할 수 있다.

이 시기의 사회보험제도는 괄목할 만한 성장을 이루었다. 우선 노후생활보장을 목적으로 한 국민연금이 1986년에 도입되어 과거 특수직역(공무원, 사립학교 교직원, 군인)에 국한되었던 연금제도가 일반 국민에게까지 확대되었다. 연금 초기에 상시 10인 이상의 근로자를 사용하는 사업장에서 실시되었으나, 1992년부터는 5인 이상, 1995년에는 농어촌지역 주민, 1999년에는 도시지역 자영업자로 확대되면서 전 국민 연금시대를 맞이하게 되었다. 2003년에는 1인 이상 사업장에 대해서도 당연적용을 실시하게 되었다. 연금제도의 실시는 전 국민의 노후를 연금급여방식으로 보장하게 됨으로써, 장기적이고 안정적인 노후의 소득보장을 가능하게 했다는 데 큰 의미가 있다.

우리나라 의료보험제도는 1977년 7월 500인 이상을 고용하는 사업장을 대상으로 강제가입이 시작되어 1988년에는 5인 이상 사업장까지 확대되었다. 특히 1989

년에는 도시지역주민으로 적용대상을 확대하여 전 국민 의료보험시대를 맞이하게 되었다. 그러나 이 시기의 의료보험은 각 사업장과 지역마다 조합을 구축하여 운영하는 조합주의 방식이었기에 통합주의 논쟁이 끊이지 않았다. 이는 조합주의 방식으로는 사회위험에 공동으로 대처함으로 재분배효과를 극대화시키는 데 한계가 있기 때문이다. 그럼에도 우리나라 대부분의 국민을 포괄하는 의료보험 제도의 기틀을 마련했다는 점에서 의미가 크다.

「고용보험법」은 1993년에 제정되어 1995년부터 시행됨으로써 4대 사회보험의 기틀이 마련되었다. 고용보험이 시작된 동기에는 사회보장적 함의보다는 산업구조조정이라는 상황적 특성이 담겨 있다. 1980년대 말부터 나타난 세계 경제적 여건의 변화로 인해 '저임금 장시간 노동체제'를 기반으로 하는 한국 경제가 더 이상 대외경쟁력의 우위를 점할 수 없게 되자, 국가경쟁력 강화를 위한 방편으로 노동의 기능적 유연성과 임금유연성을 제고하여 경쟁적인 노동시장 발달을 이루려는 목적에서 고용보험이 도입되었다. 즉, 고용보험제도에는 노동력의 공급과 수요를 관리하고 노동인력을 신축적으로 운용하여 경제 위기에 유연하게 대처하겠다는 의미가 담겨 있다(박석돈, 2010).

4) 사회복지제도의 성숙기(1997년~현재)

우리나라는 1997년 외환위기로 대량실업 및 빈곤문제에 직면하게 되었으나, 오히려 고용보험과 실업 및 빈곤대책이 확대되어 기존 제도의 내실화를 이루었다. 1990년대 후반의 핵심적인 제도 변화로는 고용보험의 급속한 확대, 「생활보호법」의 폐지와 「국민기초생활 보장법」의 제정, 직장조합과 국민의료보험공단이 국민건강보험공단으로 단일화된 국민건강보험제도의 도입이 있다.

고용보험의 경우, 1995년 당시 상시 30인 이상 사업장에 적용되었으나, 외환위기의 영향으로 대량실업과 고용불안 상태가 지속되자 1998년 1월에는 상시근로자 10인 이상, 3월에는 5인 이상, 10월에는 근로자 1인 이상을 고용하는 전 사업으로 적용범위를 확대하였다. 고용보험 시행을 통해 실업 예방, 고용 촉진 및 근로자의 직무능력 개발과 향상을 도모하게 되었다(권중돈 외, 2012).

또한 빈곤정책의 일환으로 국민기초생활보장법이 제정됨으로써 우리나라 공공부조에 근본적인 변화가 나타났다. 이 법은 시혜적 단순보호차원의 생활보호제도에서 저소득층의 수급을 권리로 인정하고, 빈곤에 대한 사회책임을 강조하고 있다. 구체적으로 대상자 선정에서 인구학적 기준을 철폐하고, 소득인정액이 최저생계비 이하인 빈곤층은 누구나 수급자가 될 수 있도록 하였다. 또한 근로동기의 유지 및 자활조성을 위한 근로연계복지를 실시하였고, 긴급생계지원 및 주거급여를 신설하여 수급권자의 지원체계를 강화하였다.

의료보장제도는 과거 조합주의 방식에서 1999년 건강보험법이 제정됨으로써 통합주의 방식으로 전환되었다. 먼저 건강보험 조직의 통합이 이루어졌고, 2003년에는 지역과 직장 재정의 통합으로 완전한 통합이 이루어졌다. 1997년 이후 의료보장제도는 보험급여 수급자의 확대 및 보험적용 범위의 포괄성 그리고 서비스 질 향상을 이루기 위해 노력하였다. 그러나 직장가입자와 지역가입자의 보험료 부과에 대한 형평성 및 건강보험재정의 악화문제가 끊임없이 제기되고 있다.

2000년대 초·중반에는 국가책임 강화와 참여복지를 내세운 복지정책의 이념에 기반을 두었다. 특히 긴급위기 발생 시 신속한 생활지원을 골자로 한 긴급복지제도(2005년)와 저임금 또는 차상위 계층에게 조세를 통한 현금급여정책인 근로장려세제(EITC)가 실시되었다. 2000년대 후반부터는 친기업적 시장주의와 능동적 복지를 강조하였다. 능동적 복지는 시장과 효율을 강조하는 것으로서 공급자 및 중앙정부 중심에서 수요자와 현장의 요구를 중심으로, 정부주도방식에서 민간이 함께 협력하는 방향으로의 전환을 통해 위험에 처한 사람들이 일을 통해 제기할 수 있도록 돕고 경제성장을 함께 만들어 가는 복지를 말한다(오정수 외, 2010). 또한 노인장기요양보험의 실시로 치매 및 노인성 질환으로 인한 노인문제에 대비할 수 있는 기틀을 마련하였다. 노인장기요양보험은 2005년 7월부터 6개 시·군·구에서 1차 시범사업이 실시되었고, 2007년 4월에 노인장기요양법이 법률로 제정되면서 2008년부터 시행된 사회보험이다. 이러한 노인장기요양보험은 고령이나 노인성 질환으로 목욕이나 집안일 등 일상생활을 혼자 수행하기 어렵고 장기요양보호가 필요한 노인에게 신체활동 또는 가사지원 등을 수행함으로써, 노후의 건강증진 및 생활안정을 도모하고 그 가족의 부담을 덜어 줌으로써 국민의 삶의 질을 향상시키기 위한 제도이다. 노인장기요양보험제도로 인해 장기요양이 필요한 노인에 대한 보호장치가 마련되었으나, 수급대상자의 범위를 확대하거나 전문성 확보를 통한 서비스 질을 담보해 내지 못한다는 평가를 받고 있다. 이 외에도 저출산 고령사회에 대비한 다양한 사회보장제도와 다문화가족, 한부모가족, 새터민, 이주노동자 등 시대 상황을 반영한 다양한 복지제도가 마련되고 있다.

CHAPTER 07

복지국가와 복지사회

01 복지국가의 개념

오늘날의 복지국가는 19세기 말에서 20세기 초 사이에 서구 자본주의 국가에서 사회보험제도의 확립을 계기로 태동하기 시작하였다. 그러나 복지국가라는 말은 1954년 영국 옥스퍼드 대학의 학자였던 짐메른(Zimmern)이 파시스트 독재자들의 무력국가에 대조적으로 사용함으로써 생겨났고, 1941년 영국 요크 시 주교였던 템플이 『시민과 성직자(citizen and churchman)』라는 책에서 나치스 전쟁국가에 대조적으로 사용함으로써 성문화되었다(김상균 외, 2002). 그 후 1942년 영국의 비버리지 보고서가 발표되고, 2차대전 후 1943년 정권을 잡은 영국의 노동당 정부가 비버리지 보고서에 입각해서 광범위한 사회보장과 완전고용을 실현하는 것을 국가의 책임으로 하면서 복지국가란 용어가 구체적인 의미를 가지고 사람들의 주목을 받게 되었다(남기민, 2011).

복지국가의 기본 사상은 다양하다. 프랑스 혁명으로부터 자유·평등·박애의 개념이 도출되었다면, 벤담(Bentham)의 공리주의 철학으로부터 최대다수의 최대행

복이라는 개념이 제공되었다. 또한 비스마르크와 베버리지로부터 사회보험과 사회보장의 개념을 얻었으며, 페비안 사회주의자들로부터 국가의 기본적 서비스에 대한 국유의 원리가 나왔고, 토니(Tawney)로부터 사회적 평등의 원리를 배웠다. 또한 케인즈는 경기순환을 통제하여 대량 실업을 막기 위한 경제 이론을 제공하였으며 웨브 부부로부터 빈곤의 원인을 소멸시키고 사회의 기반을 깨끗하게 하는 제안이 있었으며 이외에도 많은 철학자, 사상가, 종교지도자, 사회개혁자 등에 의해 복지국가 건설이 주장되었다(전재일·배일섭·정영숙, 2000).

복지국가가 국제적 용어로 통용되면서 그 의미는 더욱 혼란스러워졌다. 왜냐하면 나라별로 사회복지제도를 둘러싼 정치 상황, 발전 과정, 문화적 배경뿐만 아니라 재정 및 운영 방식도 서로 달랐고, 복지국가의 본질과 목표에 대한 생각도 서로 달랐기 때문이었다.

현재 복지국가에 대한 완벽한 정의는 없다. 복지국가를 좁게는 정부의 사회복지 정책을 지칭하기도 하고, 정치체제 또는 전체 사회(자본주의체제와 사회주의체제가 혼합된 국가)와 동일시하기도 한다(원석조, 2013). 이를 감안하여 로우(Lowe, 1993)는 실용주의적 입장에서 복지국가를 세 가지 측면에서 정의하였다.

첫째, 복지국가는 좁게는 사회서비스를 넓게는 시민의 복지를 위해 정부가 제공하는 모든 사회경제적 서비스를 의미한다.

둘째, 연대기적으로(chronologically) 정의할 수도 있다. 이 경우 복지국가는 1940년대의 창조물이다. 1940년대 산업국가들은 대부분 정부정책을 획기적으로 변화시켰는데, 국가와 시민 간의 관계를 전혀 다른 각도에서 보기 시작했다. 이는 베버리지 보고서에 가장 잘 반영되어 있다. 베버리지 보고서는 역사상 처음으로 모든 시민을 '요람에서 무덤까지(from cradle to grave)' 보장하였다. 이 신문기사 제목은 국가가 이전까지는 부자들만의 특권이었던 자유를 모든 이에게 부여하고, 또 가난의 공포로부터 해방시켜 준다는 것을 의미했다.

셋째, 기능이다. 즉 이러한 새로운 실체의 핵심 기능은 무엇인가라는 것이다. 브릭스(Briggs)는 복지국가를 다음과 같이 정의했다. "복지국가는 적어도 세 가지 방향에서 시장의 힘을 교정하려는 노력을 담고 있다. 첫째, 개인과 가족에게 노동이나 재산의 시장 가치에 관계없이 최저소득을 보장하는 것이고, 둘째는 개인과 가족이 사회적 위험(예컨대, 질병, 고령, 실업 등)을 극복할 수 있도록 함으로써 비보장의 범위를 줄이는 것이며, 셋째는 모든 시민이 지위와 계급과는 무관하게 합의된 사회서비스를 향유하게 최선의 기준을 제공하는 것이다." 첫째와 둘째 목표는 전간 기간(제1, 2차 세계대전 사이)의 사회복지정책 목표와 다를 바 없다. 셋째는 보편주의와 '최적(optimum)' 수준의 개념을 함축하고 있는데, 복지국가의 특징을 잘 나타내고 있다.

02 복지국가의 특징과 유형

1) 복지국가의 특징

복지국가의 특징을 요약하면 다음 네 가지를 들 수 있다(남기민, 2011).

첫째, 경제제도로서의 수정자본주의 또는 혼합경제체제의 운용이다. 흔히 야경국가라 불리는 19세기 서구 자본주의 경제는 개인주의와 시장경제체제의 기반 위에 전적으로 민간부문에 의존하는 체제였다. 그러한 체제 하에서는 자본 및 부의 횡포와 빈부의 격차 문제는 하등의 문제로 인식되지 않았기 때문에 문제해결을 위한 국가의 개입은 생각할 수도 없었고, 따라서 정부의 복지예산이라는 것도 불필요했다. 그러나 복지국가에서는 자본과 노동 사이의 균형을 모색하거나 빈부의 격차를 감소시키며, 고용확대를 촉진시키고, 저임금도 해소시키는 등 여러 가지 경제정책의 실시를 통해 국가는 민간 부분과 시장경제에 개입한다(김상균, 1987). 이와 같은 수정자본주의 경제는 국가의 통제를 받는 공산국가들의 사회주의 경제와는 구별되나, 자본주의의 2대 요소인 사유재산제도와 이윤추구의 보장은 그대로 지속된다. 혹자는 자본주의 경제에 사회주의 경제를 혼합 가미 시켰다 하여 이를 혼합경제체제라 부르기도 한다.

둘째, 정치제도로서의 민주주의이다. 국민의 물질적 생활은 보장하지만 개인 기본권을 인정하지 않는 전체주의 국가를 복지국가라고 할 수 없다. 만약 억압적이고 권위적인 군주에 의해 지주와 이전의 자유, 사상과 표현의 자유, 결사의 자유를 비롯한 일련의 자유권과 선거권을 비롯한 정치권 등이 박탈된 채 국민들에게 다소 향상된 물질적 보장이 이루어진다고 하면, 그러한 상태를 참된 복지의 상태라고 할 수 없다(김태성·성경륭, 2000). 권위주의 국가와 공산주의 국가에서 복지를 제공한다 하더라도, 그러한 국가를 복지국가라고 부르지 않는 것은 바로 자유권과 정치권을 핵심으로 하는 민주주의가 그러한 국가에서 부정되고 있기 때문이다. 복지국가의 성립과정을 볼 때도 선거권 확대를 통한 민주주의의 신장은 일련의 복지개혁을 통한 복지국가 수립에 결정적으로 기여했다고 할 수 있다.

셋째, 최소한 국민최저수준의 보장이다. 1942년 베버리지 보고서에서 제시된 이 개념은 복지국가의 책임범위를 규정하는 매우 중요한 기준이다. 여러 학자들이 모든 국민들의 삶의 안전과 기본욕구 충족을 위해, 적어도 '국민최저수준'을 보장하는 국가를 복지국가라고 파악한 것은 이들이 모두 비버리지의 기준을 복지국가 성립의 중요한 근거로 채택하고 있다는 것을 뜻한다(김태성·성경륭, 2000). 또한 복지국가가 모든 국민의 삶의 안전을 위해 적어도 국민최저수준을 보장한다고 하는 것은 복지국가의 책임 범위뿐만 아니라, 특정의 빈곤층만을 대상으로 열등수급의 원칙에 따라 빈민구제를 실시했던 과거의 국가와 복지국가를 구별하는 기준이 된다는 점에서도 큰 의의를 지닌다고 할 수 있다.

넷째, 국민 개개인의 복지에 대한 국가의 막중한 책임이다. 퍼니스와 틸톤은 미국을 복지국가라고 부르기를 거부하였다(Furniss & Tilton, 1977). 그 이유는 국민 개개인들의 복지증진을 목적으로 하는 사회복지예산이 상대적으로 적게 책정되었기 때문이다. 한 국가의 경제력이 아무리 클지라도 국민총생산 중에서 사회복지에 대한 정부 지출비가 상당수준 이상이 되지 않는다면 복지국가라고 부를 수 없게 된다(김상균, 1987). 윌렌스키는 사회보장비가 국민총생산 중에 차지하는 비율을 복지국가의 기준으로 설정하고, 그것이 15% 이상인 국가는 복지선진국, 10~14%는 북지중진국, 5~9%는 복지후진국이라고 정의하였다(Wilensky, 1975; 김상균, 1987; 재인용).

2) 복지국가의 유형

제2차 세계대전 이후 복지국가는 자유진영 이념이 우월성의 상징으로, 모든 나라들의 국가 이념으로 수용하기에 이르러 20세기는 복지국가의 시대라고 해도 과언이 아니다. 이러한 복지국가를 동일한 실체로 보지 않고, 복지국가들 안에서도 여러 가지 유형으로 구분될 수 있다는 것을 윌렌스키(Wilensky)가 처음 제시한 이래 복지국가 유형이 학자에 따라 다양하게 제시되고 있다, 다음에서는 미쉬라(R. Mishra), 에스핑-안데르센(G. Esping-Anderson)의 견해를 알아보도록 한다.

(1) 미쉬라의 유형

미쉬라는 1980년대의 복지국가는 심각한 위기에 처해 있다고 보면서, 이러한 위기 극복을 위한 대안을 조합주의에서 찾고 있다. 이와 같이, 미쉬라가 복지국가의 모형을 개발하게 된 동기는 복지국가의 위기론에서 기인된다.

또한 미쉬라는 1970년대 말 오일쇼크로부터 시작된 복지국가 위기의 해결책으로써 당시 우파에서는 자유방임주의에로의 복구를 주장했고, 좌파에서는 자본주의의 철폐를 주장하였으나 양자는 모두 복지국가의 발전적 방향모색이라고 볼 수 없다고 생각하고, 조합주의에 입각한 새로운 형태의 통합적 복지국가에 대칭되는 개념이라고 볼 수 있다. 미쉬라가 유형화한 통합적 복지국가와 분화적 복지국가의 차이는 정치, 경제, 사회의 영역에서 양자가 뚜렷이 구별된다.

통합적 복지국가의 경제는 수요와 공급의 측면 즉 이윤, 투자, 임금수준 인플레이션, 노동시장의 조건에서의 광범위한 경제조절 및 합의형성을 이루게 된다. 사회복지정책은 경제 및 경제정책으로부터 자율적인 영역으로 간주하지 않고, 사회적인 것과 경제적인 것 간의 상호의존성과 상호관계를 인정하고 제도화 한다. 여기서 경제적인 것과 사회적인 것 간의 기능적 관계와 상충관계가 정책결정에 영향을 미친다. 정치는 중앙집권적 다원주의의 성격을 보이며, 광범위한 경제 및 사회정책에 걸쳐 주요 이해집단의 대표와 최고 조합들 간의 협상을 강조하고, 경제집단의 상호의존성이 인식되어 계급협력과 사회적 합의의 형태로 제도화된다. 주요 경제 집단은 사회적 책임성을 가지며 의회주의적 정부형태를 보이고, 완전한 시민적·정치적 자유를 부여한다. 미쉬라는 이러한 통합적, 분화적 복지국가 모형상의 분류는 극히 이상형에 지나지 않다고 전제하면서도, 이 모형을 기존의 복지국가들 가운데 몇 나라에 대해 예시적으로 적용시켜 오스트리아, 스웨덴, 서독, 네덜란드는 통합적 복지국가에 가장 근접한 나라라고 결론을 내리고 있다. 한편,

통합적 복지국가들의 공통적 특성은 사회 민주운동이나 노동운동이 고도로 발전된 결과 조합주의가 정착될 수 있다고 주장하는가 하면, 이탈리아나 프랑스와 같이 공산당 세력이 상대적으로 큰 자본주의 국가들 역시 조합주의를 발전시키는데 실패했다고 보고 있다.

미쉬라가 지적하는 분화적 복지국가의 경제는 수요관리 측면에서 경제를 조절하게 되는데, 정부는 지출정책, 적자정책, 수요를 자극하는 재정 및 통화정책의 조치를 취하게 된다. 사회복지영역에서는 경제와 구별되는 상대적인 자율성을 유지하게 되고, 국가의 서비스 제공은 경제와 관련하여 뚜렷한 연계를 거의 갖지 않고 사회적 지향성을 갖는다. 정치의 형태로는 이익집단의 다원주의적 성격으로 특징지을 수 있다. 정치형태 및 사회의 의사결정과정에서 자유경쟁 또는 시장 모델을 적용하고, 산업분야에서의 자유로운 집단협상 방식을 선택하게 된다. 조직화된 집단, 정당 및 의회를 통한 분파적 이익을 추구하고 사회적 책임이 결여된 경제력을 행사한다. 이는 의회주의적 정부 형태이며 완전한 시민자유(자유권)와 정치적 자유를 갖는다. 이러한 시각의 대표적인 국가는 미국, 영국 등 의 분화된 복지국가를 들 수 있다.

(2) 에스핑-안데르센의 유형

복지국가의 유형화에서 가장 최근의 논리적이고 보다 체계적인 연구는 '에스핑-안데르센'에 의해 이루어졌다. 그는 개인의 복지가 시장에 의존하지 않고도 삶을 영위할 수 있는 탈상품화의 정도와 복지국가 정책에 의한 사회계층체제의 형태를 기준으로 자유주의적 복지국가, 조합주의적 복지국가, 사회민주적 복지국가의 세 가지 유형으로 구분하고 있다.

첫째, 자유주의적 복지국가에서는 소득조사에 의한 공적부조프로그램이 상대적으로 중시된다. 따라서 급여의 대상을 저소득층에 초점을 맞추는 경향이 있다. 이러한 상황에서 복지의 확대는 전통적인 자유주의적 노동윤리 규범에 의해 크게 제약을 받는다. 이러한 국가에서 복지의 한계는 노동 대신에 복지를 택하는 한계성과 일치한다. 즉, 일을 안 하면 벌을 받는 것으로써 복지를 받게 된다. 따라서 자격기준은 까다롭고 엄격함으로써 결과적으로 치욕과 밀접한 관계를 갖는다, 이러한 결과로 이들 국가에서는 탈상품화의 효과는 최소화되고 당연히 사회권의 영역은 제한되며 다차원의 사회계층체제를 야기한다. 다시 말해 소수의 국가로부터 차이가 나는 복지를 수혜하게 됨으로써 이러한 두 계층은 대립적인 관계가 되는 이중구도가 형성된다. 이러한 복지국가는 사회보장에서 매우 제한된 국가개입을 함으로써 엉성한 사회안전망으로 존재하고 있다. 또한 완전고용을 달성하기 위한 적절한 제도적 메카니즘을 갖고 있지 않으면서 형식적으로 완전고용을 보장하는 의무만을 지니고 있다. 여기에 복지정책은 정치적 그리고 경제적인 목표를 달성하는 수단으로써의 의미만을 지니고 있다. 이러한 복지국가 유형에 적합한 국가들로는 미국, 캐나다, 오스트레일리아를 꼽을 수 있다.

둘째, 조합주의적 복지국가유형은 자유주의적 복지국가의 주된 관심사인 시장의 효율성과 노동력의 상품화의 문제가 중요하지 않은 것으로 본다. 여기에 사회복지의 제공은 하나의 사회권으로 하느냐 안하느냐는 중요한 쟁점이 될 수 없다. 이러한 복지국가유형에서는 사회복지의 제공이 사회적 지위의 차이를 유지하는데 있다. 따라서 사회복지급여는 사회적 계층과 지위에 밀접한 관계가 있다. 이 유형에서는 국가가 주된 사회복지 제공자의 역할을 한다. 따라서 자유주의적 복지국가 유형과는 달리 민간보험이나 기업복지의 역할이 상대적으로 덜 강조된다.

그러나 사회복지정책을 통해서 사회적 지위의 차이가 유지된다는 것을 강조함으로써 국가복지의 재분배효과는 거의 없다. 즉, 이러한 국가들은 보험원칙을 강조하는 사회보험에 크게 의존한다. 이러한 사회보험에 의한 혜택은 시장에서의 지위 차이에 따라 크게 차이가 난다. 다시 말해, 탈상품화의 효과에는 한계가 있다. 이러한 유형에 속하는 국가들은 오스트리아, 프랑스, 독일, 이탈리아 등이다.

셋째, 스웨덴이 그 전형인 사회민주적 복지국가유형은 사회적 평등과 전국가적 사회연대성의 제고를 위해 국가가 적극 개입한다. 조세, 임금 격차 축소 정책(임연대성), 각종 복지급여, 적극적인 노동시장정책(직업 훈련, 실업자를 내지 않는 기업에 대한 임금 보조 등) 등 각종 국가정책을 통해 소득의 평등이 확대되고 모든 시민들이 평균적인 생활수준을 향유한다. 복지급여는 보편주의적이고 높은 수준을 유지한다(Eeping-Andersen, 1990).

이러한 세 유형의 복지국가는 그가 개념화한 탈상품화 점수(de-commodification score)로 뒷받침되었다. 탈상품화 점수란 연금, 건강보험, 실업보험 등 3대 사회보험에 있어서 ① 최저 급여액의 평균 임금에 대한 비율, ② 평균 급여액의 평균 임금에 대한 비율(소득대체율을 의미), ③ 급여 수급 자격 요건(가입 기간), ④ 전체 재정 중 수급자 부담의 비중, ⑤ 전체 인구 중 실제 수급자의 비율 등이 가장 높게 나왔고(사회민주적 복지국가), 이탈리아, 일본, 프랑스, 독일, 필란드, 스위스가 중간이었으며(코포라티스트 복지국가), 호주, 미국, 뉴질랜드, 캐나다, 아일랜드, 영국이 가장 낮게 나타났다(자유주의 복지체제). 자유주의 복지체제 국가군을 복지국가라 하지 않고 복지체제(welfare regime)라 부른 것은 이들 국가를 복지국가라 할 수 없기 때문일 것이다(원석조, 2013).

3) 복지국가 발달이론

복지국가 발달이론은 정치사회적, 경제사회적 측면 등 다양한 측면에서 다양한 이론이 제기되고 있다. 국제사회적 관점은 산업화 이론, 독점자본으로 구분되며, 정치사회적 관점은 자유민주주의 제도 발전에 따른 관점, 이해집단의 저항운동의 영향에 따른 관점, 행정부의 역할 증진에 따른 관점으로 구분할 수 있다. 각 이론들을 간략히 정리해보면 다음과 같다.

- 산업화 이론 : 복지국가는 산업화의 산물
- Marxist 이론 : 복지국가는 독점자본의 필요에 의해 발전
- 사회민주주의 이론 : 복지국가의 발전은 노동운동의 성과
- 다원주의론(이익집단정치이론) : 복지국가는 민주정치 구도 하의 이익집단정치의 산물
- 국가중심이론 : 복지국가 발전은 관리자로서 국가구조 발전의 산물
- 시민권론 : 사회복지제도의 변천이 시민권의 분화현상과 사회권의 확립이라는 진화적 과정의 산물
- 사회양심론 : 타인에 대한 사랑이 국가를 통해 구체화된 것
- 음모이론 : 사회안정 및 질서의 유지와 사회통제에 따라 영향 받게 된다고 주장
- 확산이론 : 사회정책의 확산과정에 의해서 발달

이러한 복지국가의 발전이론은 모두 부분적인 타당성만을 갖고 있음을 확인할 수 있으며, 각 이론에서 강조하는 변수는 다결합 원인을 형성해야만 의미를 갖는다고 말하기도 한다.

(1) 사회양심론(the social conscience theory)

사회양심론이란 1950년대 영국 사회정책학의 통설로서 애용되었을 뿐 아니라, 오늘날 다수의 사회복지사들과 박애주의자들로부터 지지 받고 있는 이론이다. 타인에 대한 사랑이 국가를 통해 구체화된 것이 사회복지제도이며, 사회적 의무감의 확대와 사회적 욕구에 대한 국민들의 인식 제고라는 두 요인에 의해 변화한다는 맥락을 갖고 있다. 이러한 사회양심론에 대한 비판을 살펴보면 다음과 같다.

첫째, 사회복지제도의 자비적 특성을 지나치게 강조한 나머지, 국가의 역할이나 서비스 제공자의 역할에 관한 왜곡된 견해를 갖게 함으로써 사회적 과정에 대한 정확한 이해를 방해할 수 있다.

둘째, 사회복지제도의 변천과정을 직선적, 그리고 낙관적으로만 봄으로써 국가간의 비교가 피상적인 수렴이론으로 비약될 여지가 많다.

셋째, 인간 본성의 일부인 선(善)은 동서고금을 막론하고 존재해 왔음에도 불구하고, 사회복지제도를 유독 현대사회의 산물로서 설명하려는 것은 무리이다.

넷째, 실시되지 않은 사회복지제도와 관련된 아이디어나 정책대안들은 분석의 대상이 될 수 없다는 것이다.

(2) 산업화 이론

이 이론은 사회복지제도 생성 및 변화의 배경을 현대사회의 산업화라는 맥락에서 찾고 있다. 즉, 어떤 형태의 사회이든 산업화되는 과정에서는 필연적으로 각종 사회문제가 파생되는데, 이때 합리적 이성을 지닌 인간이 고안해 낸 합리적 문제해결책이 사회복지제도라는 것이다. 이러한 성격에 비추어 산업화 이론은 합리적 결정론(합리이론)이라고도 불려진다. 따라서 이 이론은 자본주의 사회의 속성인 생산양식, 노동력 재생산, 자본축적, 계급관계 등을 무시하면서, 자본주의

사회든 사회주의 사회든 산업화만 되면 사회복지가 필요하게 된다는 점을 강조한다. 따라서 영국의 경우 산업혁명에 의해 야기된 사회적 변모는 당시 존재하고 있던 미약한 국가 차원의 구호제도에 대한 결정적 도전으로 이어졌기 때문에, 사회복지제도의 확대 및 개선을 당시 영국의 사회문제에 대한 합리적 반응이었다는 것으로 설명한다. 이러한 주장에 대한 비판을 살펴보면 다음과 같다.

첫째, 사회문제의 대책으로 합리만이 유일한 원동력으로 간주됨으로써 마치 문제의 인식과 해결책에 관한 사회적 합의가 존재하는 것처럼 오해를 불러일으킬 수 있다는 점이다.

둘째, 어떻게 해서 사회문제가 특정 시점과 특정 상황에서 비로소 사회문제가 되는가에 관한 설명이 부족하다. 너무나 정태적이고 가치중립적 분석이기 때문에 특정 집단이 계속적으로 고통당하고 있는 데도 그것이 사회문제화 되지 않을 경우에는 그 이유를 설명할 수 없다는 것이다.

셋째, 사회복지제도가 사회적 또는 경제적 변화에 수반되는 문제의 해결책뿐 아니라, 사회변동의 능동적 변수가 될 수 있다는 사실이 간과되고 있다는 점이다.

(3) 시민권론

사회복지제도의 변천을 시민권의 변천이란 측면에서 진화론적으로 설명하는 것이 시민권론이다. 이때 시민권이란 완전한 사회구성원으로서 인정되는 지위의 향유라고 해석되는데, 과거의 인류역사로 거슬러 올라갈수록 시민권의 미분화 현상이 현저하다. 그러나 영국의 경우, 18세기에서 19세기에 걸쳐 공민권이 확립되었고, 이어 19세기와 20세기 사이에는 정치권이, 그리고 사회권은 20세기 중반까지 조성되었다. 그리하여 복지국가로 지칭되고 있는 현대사회는 개인의 생활수준이 그 사람의 계급적 신분이나 경제적 교섭능력과는 무관하게, 다만 정치적 결정에 의해 합의된 수준으로 보장된다는 것이다. 결국 시민권론은 사회복지제도의 변천이 시민권의 분화현상과 사회권의 확립이라는 진화적 과정에 따라 개선 및 확대되는 것으로 설명한다. 여기서 시민권론에 대한 비판과 관련하여 제기되는 쟁점은 두 가지가 있다.

첫째, 시민권론이 공공 서비스의 바람직스런 분배기준으로 주장될 수 있을지

모르지만, 그와 같은 분배 체계와 그것이 의미하는 가치가 시장경제의 실체 및 관련 이념의 많은 부분과 상호 모순관계에 놓이게 됨을 과소평가하고 있다는 것이다. 예컨대, 낙인(stigma)의 문제와 선별주의와 보편주의의 논쟁, 복지행정에서의 수혜자 참여 요구 등의 현상은 그러한 모순관계를 잘 말해준다.

둘째, 복지의 개념을 법에 규정된 권리, 즉 사회권으로만 파악하는 것은 너무 제한적이라는 점이다. 예컨대 직업복지, 민간복지 및 자선사업 등과 같은 영역들의 변천에 관한 설명이 불가능하기 때문에 사회구조와 복지제도 사이의 관계를 설명해 줄 수 있는 이론으로서는 부족하다는 것이다

(4) 사회민주주의 이론

이 이론은 독점자본이론처럼 자본주의에서의 계급갈등에 초점을 맞추고 있지만, 독점자본이론이 계급갈등에서 자본의 일방적인 이익추구라는 관점에서 설명한 것과 달리, 사회민주주의 이론은 노동의 정치적 세력 확대의 결과로 사회정책 발달을 설명한다. 즉, 사회정책은 노동자계급을 대변하는 정치적 집단의 정치적 세력이 커질수록 발달한다는 것이다.

이러한 사회민주주의 이론은 사회정책발달을 설명하는 데 몇 가지 장점을 가지고 있다.

첫째, 사회민주주의 이론은 전술한 산업화 이론과 독점자본이론이 무시한 정치적 요소들에 대한 분석이 중요하다는 것을 보여준다. 특히 이 이론은 의회민주주의에서의 계급들 간의 힘의 역학관계가 변할 수 있다는 점을 보여주는데서 뛰어나다.

둘째, 사회민주주의 이론은 독점자본이론과는 달리 사회복지 발달을 설명하는데 실증적인 연구에 의하여 뒷받침된다는 점이다. 특히 이 이론은 실증적인 연구를 통해 산업화 이론을 비판하고, 그 한계를 극복한다. 이에 반면, 사회민주주의 이론은 다음 두 가지의 한계점을 갖고 있다.

첫째, 많은 나라에서의 복지국가 프로그램들-특히 복지국가 발전의 초기 단계는 사회민주주의 세력에 의해서보다는 그 반대세력-자유주의자 혹은 보수주의자(독일의 Bismark의 사회입법, 미국의 사회보장법)에 의하여 시작되었다는 점이다.

오히려 사회민주주의 세력-특히 노동조합은 복지국가의 확대를 반대하였는데, 그 이유는 사회복지의 확대는 노동조합의 자율권과 통합성을 약화시킬 수 있거나, 혹은 임금을 억제하기 위한 수단으로 보았기 때문이다. 따라서 사회민주주의 이론은 특정 몇 나라의 사회복지 발달을 설명하는데 적합할 뿐 일반화하기에는 어렵다는 점이다.

둘째, 사회민주주의 이론의 가정은 노동자계급의 계급의식이 강해서 그들의 조직력이 강하고, 따라서 그들의 이익을 대변하는 뚜렷한 정당이 있으며, 이러한 정당이 집권하면 노동자계급의 이익을 대변하는 사회복지의 확대가 이루어진다는 것이다. 그러나 많은 연구들은 이러한 가정을 비판하여 노동자들의 계급의식의 동질성은 비교적 약하고, 또한 순수 노동자계급을 위한 정당은 집권을 하기에는 그들의 지지세력이 많지 않아 오히려 집권을 위해서는 다른 계급(특히 중산층)의 이익도 반영해야 하기 때문에 순수한 전통적인 노동자 계급만을 위한 정당이 존재하기 어렵다고 본다. 또한 유사하게 오늘날의 정당은 전통적인 계급구분을 뛰어넘어 인종적, 언어적, 종교적, 문화적 차이가 더 중요한 결정요인이 될 수 있기 때문에, 사회복지에 대한 정당들의 정책 차이는 적다는 것이다. 다시 말해, 사회민주주의 정당 이외의 정당도 집권을 위한 득표를 위하여 사회정책의 확대를 표방할 수 있어 정당들 간의 사회정책의 차이가 별로 없다는 것이다.

(5) 이익집단 정치이론

사회민주주의 이론이 막시스트 이론의 계급갈등의 정치적 측면을 강조했다면, 이익집단 정치이론은 산업화 이론의 정치적 측면에 초점을 맞추었다고 할 수 있다. 즉, 사회민주주의 이론은 전통적인 계급, 즉 자본과 노동의 정치적인 권력투쟁에서 사회복지의 발달을 설명하는 반면, 이익집단 정치이론은 다양한 이익집단들의 정치적 힘에 초점을 맞춘다. 이러한 이익집단 정치이론이 다른 이론과 비교하여 복지국가 발전을 설명하는 데 기여한 점은 다음과 같다.

첫째, 복지국가 발전을 전통적인 계급관계 자본 대 노동을 넘어서 다양한 집단의 정치적 경쟁에 초점을 맞춘 점이다. 이것은 현대 산업사회에 존재하는 다양한 이익집단들, 그리고 이러한 이익집단들 사이의 치열한 경쟁을 볼 때 적절하다.

둘째, 이 이론은 오늘날의 선진 산업사회 민주주의 제도에서의 정당정치의 현실을 좀 더 정확히 파악했다고 볼 수 있다.

셋째, 이 이론은 특히 노인들을 위한 복지국가 프로그램의 확대를 설명하는 데 적합하다. 이에 반면, 이익집단 정치이론은 다음과 같은 단점을 갖고 있다.

첫째, 세계의 많은 나라의 복지국가 발전을 설명하고 일반화하기에는 한계가 있어, 주로 선진복지국가들, 특히 이 가운데서도 정치적으로 다원화된 민주주의 국가(예, 미국)에만 적용할 수 있다. 즉, 이 이론은 민주주의 제도가 발전이 안 된 국가들 혹은 민주주의 제도 하에서도 이익집단들의 정치적 상대적으로 중요하지 않은 국가들에서의 복지제도 발달현상을 설명하는 데 어려움이 있다. 전자의 예는 민주화 이전의 국가조합주의 성격이 강한 남미 국가들이고, 후자의 예는 사회민주당의 세력으로 설명되는 스칸디나비아 국가들이다.

둘째, 이익집단 정치이론은 사회복지 지출이 선거에서의 득표를 위한 경쟁에서 결정된다고 주장하는데, 이러한 선거정치에 의한 복지국가 설명에도 한계가 있다. 일반적인 정부지출은 점증적으로 변화하는 경향이 있기 때문에 선거에서의 득표경쟁으로 인한 정부지출의 차이는 많지 않다는 것이다. 또한 사회복지 지출은 경제적, 사회적 여건에 따라 한계가 부여되기에, 단순한 선거정치에 의한 사회복지 지출 증가의 설명은 한계가 있다

(6) 국가중심적 이론

이 이론은 산업화, 독점자본, 이익집단, 노동자계급 등의 요인들이 복지국가 발전에 영향을 준다는 것은 인정하나, 이 이론이 강조하는 점은 이러한 영향들이 독립적인 국가조직에 의해서 매개된다는 점이다. 지금까지의 이론들에서 복지국가 발전에서의 국가의 역할은 단순 시행자(산업화 이론)가 아니면, 자본가의 하수인(독점자본이론)이 아니면, 다양한 이익집단들 요구의 중재자(이익집단이론), 혹은 노동자계급 요구에의 타협자(사회민주주의 이론)로서의 소극적인 역할이었다. 반면에 국가중심적 이론은 국가의 적극적인 역할을 강조하여, 상기의 복지국가 발전을 설명하는 거시적, 사회적인 배경과 구체적인 한 국가의 사회복지정책 사이의 관계는 각 국가들이 갖고 있는 국가구조의 특수성에 의하여 결정된다고 본다.

국가중심적 이론이 갖고 있는 장점은 첫째, 사회에서의 사회복지 수요, 즉, 산업화로 인한 수요, 자본가계급의 수요, 노동자계급의 수요, 그리고 이익집단들의 수요에만 초점을 맞추는 이른바 사회중심성에서 벗어나, 사회복지를 제공하는 공급자로서의 국가를 강조함으로써 사회정책 발달에 대한 설명의 폭을 넓혔다는 점이다. 둘째, 이 이론은 사회정책 발달에서의 각 국가들이 갖고 있는 국가구조의 특수성을 역사적인 발달과정의 맥락에서 분석하는 장점을 갖고 있다. 셋째, 이 이론은 지금까지의 소극적인 국가역할에서 벗어나 적극적인 행위자로서의 국가를 강조한 점도 복지국가에 대한 이해의 폭을 넓힌 것이다.

반면에 단점으로는 국가의 구조적 특수성을 강조하기 때문에 이 이론을 통해 복지국가발전을 일반화하기 어려운 점이 있다. 즉, 많은 국가들을 대상으로 적용될 수 있는 체계화된, 그리고 구체적인 가설을 정립하기 어렵다는 점이다. 이 이론은 사회복지에의 욕구가 어떻게 발생하는 가를 설명하기보다는, 그러한 욕구에 대한 대응을 국가에 따라 어떻게 하느냐만 초점을 맞추기 때문에 사회정책 발달에 대한 본질적인 원인에 대해서는 등한시하는 한계가 있다.

(7) 음모이론

음모이론은 사회복지제도의 변천은 인도주의나 사회양심의 실현에 따라 좌우되는 것이 아니고, 사회안정 및 질서의 유지와 사회통제에 따라 영향을 받게 된다고 주장함으로써 사회양심론에 정면으로 도전하는 입장을 취하고 있다. 사회정책의 변화 시기를 지배계층이 기존의 사회질서가 위협 받고 있는 시기라고 본다. 또한 사회복지제도의 변천을 줄곧 진화의 과정을 밟아 발전만 하는 것이 아니라, 개선과 악화의 양면이 교차되는 것으로 해석한다. 반면에 이러한 음모이론에 대한 비판은 다음의 네 가지로 요약된다.

첫째, 정책결정자의 숨은 의도를 너무 중시한 나머지 정치적 현실을 과소평가하고 있다는 점이다. 사회정책은 복잡한 과정의 결과로서 그러한 과정 자체는 사전에 예측하지 못했거나 또는 비의도적 결과를 초래할 수 있다는 것이다. 따라서 정책과정을 일사불란한 것으로 일반화시킬 수 없다고 지적한다.

둘째, 대중의 소요와 같이 사회질서가 위협받을 때 사회정책의 실시와 같은 간접적 사회통제가 아니라, 경찰이나 군 병력을 사용하는 보다 직접적인 통제를 가할 수도 있기 때문에 체제 유지의 필요성이 발생하면 항상 자동적으로 사회정책의 실시가 수반되지 않는다는 점도 제기되고 있다.

셋째, 사회안정에 대한 위협을 조성하지 않는 집단이면서도 사회복지제도의 확충으로 인한 혜택을 받게 되는 경우를 적절하게 설명할 수 없다는 것이다. 예컨대 노인, 아동, 그리고 환자들과 같이 노동시장에서 제외된 대상자들은 사회정책의 결정자들에게 위협적인 존재라고 보기 힘들다.

넷째, 권력에 대한 견해가 모순적이라는 점이 지적된다. 한편으로는 지배 엘리트가 빈곤의 압력에 반응하여 행동하는 것처럼 가정하면서도, 또 다른 한편으로는 전체 권력을 장악하여 구호체계의 확대 및 축소를 결정할 수 있는 것처럼 본다는 것이다. 이뿐만 아니라, 중간 계층이 정책결정에 미치는 영향을 분석의 대상에서 제외하고 이는 사실도 단점으로 지적되고 있다.

(8) 확산이론

확산이론은 사회정책의 확산과정을 바탕으로 하는데, 즉 개별국가의 사회정책 발달이 인접한 국가 간에 공간적으로 확산되는 경우(독일 사회보험의 유럽으로의 확산), 혹은 선진국의 사회복지제도가 후진국으로 확산된다는 위계적 확산 등의 논리가 그것이다. 이 논리의 핵심은 사회정책의 도입을 모방과정의 결과로 인식하며, 각 나라들은 선구적인 복지국가의 노력들을 복사한다는 것이다. 그러나 이러한 사회정책의 확산이론은 두 체제 간의 모순적 관계를 강조하는 진영모순 개념과 근본적으로 상이할 뿐만 아니라, 냉전체제가 사회복지에 미친 복잡한 과정을 설명하기에는 근본적 한계를 갖는다.

03 복지사회

복지사회의 개념은 복지국가에 대한 불만과 비판의 대안적 산물로서 등장하였다. 복지국가가 국민 모두에게 최저한의 인간다운 생활을 보장해야 할 국가의 책임에 초점을 맞춘 개념이라면, 복지사회는 국가와 시민사회 간의 새로운 균형을 강조한다. 복지국가와 복지사회의 구별을 시도한 대표적인 학자로서는 티트무스와 롭슨(Titmuss & Robson)을 들 수 있다. 두 사람은 복지국가로부터 벗어나 그것과는 다른 복지사회를 지향하는 것이 현대국가의 사명이라고 주장한 점에서 의견의 일치를 보이고 있지만, 구체적으로 어떠한 것이 복지사회인가에 대해서는 견해 차이를 보이고 있다.

티트무스는 복지사회를 복지국가의 후속적 확대 개념으로 파악하고 있다. 그는 영국의 복지국가를 공공부담의 복지 모형에 지나지 않는다고 결론지으며 보편주의의 예방적 성격을 띤 공공복지 서비스가 확대되는 국가를 복지사회로 보고 있는가 하면, 더 나아가 국제적 시각에서 국가 간의 불평등이 없는 균형적 발전의 개념인 복지세계를 제시하기도 하였다(Titmuss, 1968; 김상균, 1987 재인용).

한편, 롭슨은 복지사회를 복지국가의 전제조건으로 파악하고 있다. 즉, 그는 복지국가의 도덕성 결핍현상이 초래된 원인을 복지사회의 기반 없이 맹목적으로 복지국가를 추구하였기 때문이라고 보고 있다(Robson, 1976; 김상균, 1987 재인용). 따라서 이타주의와 같은 도덕성이 충만한 복지사회의 기반이 갖추어질 때, 진정한 복지국가가 도래한다는 결론을 도출하고 있다.

복지국가 위기 이후, 1980년대 말부터 서구 학자들 사이에서는 복지 다원주의에 입각하여 롭슨류의 복지사회론이 본격적으로 등장하기 시작하였다. 복지다원주의자들에 의하면, 복지국가는 정부의 역할을 지나치게 강조하고 있는데 복지국가의 비대화에 따른 지나친 관료주의와 재정팽창을 극복하기 위해, 그리고 정부의 시장경제에 대한 과도한 개입을 줄이기 위해 정부의 복지기능을 축소하고 비공식적, 자발적, 상업적 부문의 기능을 강화해야 한다는 것이다. 복지사회는 정부를 포함한 이와 같은 다원적인 복지주체의 협동적인 참여를 통해 최저한의 소득보장뿐 아니라, 사회구성원 개개인의 성장을 극대화하여 복지국가의 논리만으로는 충족될 수 없는 '사회의 인간화'를 추구해 나가는 것이다. 복지사회는 일반 시민들의 복지에 대한 권리에 상응하는 책임을 강조하며, 범죄 및 환경오염 대책과 같은 비경제적 복지에도 관심을 갖는다(남기민, 2011).

또한 '복지사회'라는 용어는 영국의 템플이 제2차 세계대전 당시의 나치독일을 '전쟁국가'라 부르고, 영국의 국가이념을 '복지국가'라 이른 데서 비롯된 것이라고 한다. 사전적 의미의 복지사회란 모든 사회구성원이 쾌적한 생활환경 속에서 안녕과 행복을 누리고 사는 사회, 즉, 모든 사람들이 행복하고 인간다운 삶을 누릴 수 있도록 보장하고, 어떤 특수한 장애나 어려움에 있는 사람들을 보호해주는 사회를 말한다. 복지사회는 복지국가와 대비되는 경우가 많은데, 제2차 세계대전 후 국민의 복지 증진을 목표로 정하고 완전고용·사회보장·사회복지를 실현하는 국가를 복지국가라 하며, 복지국가의 사회적 기반을 복지사회라 한다. 또한 사회 발달단계의 하나로서 산업사회를 벗어난 후기산업사회를 복지사회라고 부르기도 한다. 진정한 복지사회는 물질적 풍요와 정신적 성숙이 조화를 이루어야 실현될 수 있다. 이러한 복지사회의 목표는 사회구성원들이 빈곤으로부터 벗어나 개성적 삶을 추구할 수 있는 기회를 보장하는 것이므로, 소득의 공정한 분배뿐 아니라 각 개인이 창의적으로 자아를 실현할 수 있는 사회환경과 조건을 마련하는 것도 중요하다. 복지사회의 요건으로는 인간의 존엄성 보장, 완전고용의 실현, 소득의 공정한 분배, 최저생활의 보장, 기회균등, 깨끗한 환경, 자아실현 등을 들 수 있다.

오늘날 복지사회를 실현하는 대표적인 국가로는 서유럽의 영국, 프랑스, 독일 등과 앞서 언급한 스웨덴을 비롯한 스칸디나비아의 국가들을 들 수 있다.

CHAPTER 08

사회복지실천대상과 실천방법

01 사회복지실천대상

사회복지실천은 사람들이 필요한 서비스를 받을 수 있도록 돕고, 개인, 가족, 집단을 위한 상담과 심리치료를 제공하며, 집단이나 지역사회에 사회복지 및 보건의료서비스가 제공될 수 있도록 지원하고, 유관 입법 활동에 참여하는 것 등을 목적으로 사회복지실천의 가치, 원칙, 기술을 전문적으로 적용하는 것이다. 이를 위해 사회복지실천은 인간발달과 행동·사회적·경제적·문화적 제도들, 이러한 제반 요인들 간의 상호작용에 관한 지식을 필요로 한다(Zastrow, 2000).

따라서 일반적으로 사회복지실천은 사회복지사가 서비스 대상자의 사회적 안녕 상태를 도모하기 위해 필요한 구체적인 서비스들을 그 서비스가 요구되는 현장에서 실천에 옮기는 작업을 말한다(엄명용·김성천·오혜경·윤혜미, 2005).

이런 작업은 보통 사회복지사가 클라이언트를 직접 만나서 실천하는 직접실천(direct practice)과 클라이언트의 삶에 영향을 미치는 전체 사회나 국가의 복지체계를 대상으로 개입하는 간접실천(indirect practice)으로 구분할 수 있다. 이와 같이, 사회복지실천은 다양한 사회복지실천 현장에서 사회복지사가 어떤 활동을 어떻게 해야 할 것인지에 대한 내용, 즉, 사회복지실천 방법에 관해 상세히 살펴보는 분야이다(권중돈 외, 2012).

일반적으로 사회복지실천 내용은 클라이언트 체계의 수준, 즉, 체계의 크기 또는 규모에 따라 미시적 수준(micro level), 중간적 수준(mezzo level), 거시적 수준(macro level)의 실천으로 구분된다.

첫째, 미시적 수준의 실천은 개인의 가장 친밀한 상호작용 과정에 개입하는 사회복지사의 활동으로, 대체로 클라이언트를 직접 만나서 이루어지기 때문에 직접실천이라고 불린다.

둘째, 거시적 수준은 클라이언트의 삶에 영향을 미치는 주변 체계나 환경에 개입하여 문제를 예방하거나, 문제해결에 도움을 주는 자원과 지지를 얻기 때문에 간접실천으로 불리기도 한다.

셋째, 중간적 수준은 미시와 거시적 수준의 중간 수준에서의 활동으로 지역사회 자원의 발굴 혹은 연계활동, 자조집단 및 치료집단의 조직 및 운영 등을 통한 사회복지실천 활동을 일컫는다(엄명용 외, 2005).

따라서 이러한 내용과 수준을 바탕으로 볼 때 사회복지실천이란 상담, 서비스 제공, 자원 개발 및 연계 등 사회복지사의 전문적 활동으로 개인, 집단, 가족, 지역사회의 문제해결과 변화를 돕는 직접적 실천이 가능하고 효율적으로 실시되도록 지원하는 간접적 실천을 포괄하는 종합적인 전문 활동으로 정의할 수 있다(최해경, 2009).

02 사회복지의 미시적 실천방법

1) 개인 대상 실천방법

개인과의 사회복지실천의 개념은 클라이언트와의 일대일 관계 속에서 이루어지는 직접적인 실천의 개념으로 한정하여 사용하도록 한다(권중돈 외, 2012). 따라서 개인과의 사회복지실천은 개인적 또는 사회적 문제에 직면해 있는 개인을 일대일로 만나 문제해결을 원조하는 활동으로서, 클라이언트로 하여금 주변 환경에 적응하도록 도움을 제공하거나 개인에게 영향을 미치는 사회·경제적 결핍 상태를 완화시켜 주기 위한 활동으로 보고자 한다.

개인 대상 실천은 클라이언트의 생각, 감정, 행동, 자세 등을 수정하려 할 뿐만 아니라, 클라이언트의 문제에 직간접적으로 영향을 미치는 환경에 개입하여 변화를 시도한다. 이러한 개인을 대상으로 직접적인 개입을 하는 사회복지실천의 특징을 정리해보면 다음과 같다(김혜란·홍선미·공계순, 2006).

첫째는 클라이언트 체계의 특징으로서, 개인 대상의 사회복지실천은 한 사람의 클라이언트 체계를 중심으로 그 클라이언트가 직면한 문제에 초점을 두고 클라이언트와의 개별화된 원조과정을 진행하게 된다. 개인의 존엄성과 자기결정권이라는 사회복지실천의 기본가치를 바탕으로 개별 클라이언트와의 협력적 문제해결 과정에서 클라이언트의 선택권을 중요시하며, 개인의 개별 욕구와 특성, 상황 등에 알맞은 방법과 전략을 선택하게 된다.

둘째는 클라이언트의 문제를 해결하기 위해 클라이언트와 사회복지사 간의 전문적 관계를 변화의 매개체로 활용한다. 즉, 개인을 대상으로 직접적으로 개입할 때, 사회복지사는 클라이언트와의 일대일 관계 속에서 대인관계의 기수을 활용하여 클라이언트의 문제해결을 돕는다.

셋째는 개인의 적응과 변화를 위해 다양한 모델과 개입방법을 활용한다. 이론적으로 개인 대상의 사회복지실천은 역동심리, 자아심리, 행동주의 심리학 외에도 사회학, 사회심리학, 정신치료 등 다양한 이론을 토대로 접근한다. 따라서 사회복지사는 이러한 이론을 적용시킨 다양한 실천모델을 활용하여, 개인의 변화 또는 개인과 환경의 상호작용을 변화시키기 위해 노력한다.

2) 가족 대상 실천방법

가족과의 사회복지실천이란 가족을 단위로 서비스를 제공하는 사회복지실천 활동을 의미한다. 여기서는 가족단위 문제가 주요 실천 대상이 될 수 있으며, 경우에 따라서는 개인의 문제를 해결하기 위해 가족 단위의 개입이 이루어질 수 있다(권중돈 외, 2012). 이처럼 가족을 단위로 사회복지실천을 하기 위해서는 사회 단위로서의 가족에 대한 이해가 필요하다. 특히 가족을 대상으로 실천하는 사회복지사는 가족을 시간과 공간의 관점에서 이해할 필요가 있다. 가족을 시간의 관점에서 이해한다는 것은 가족은 생애주기에 따라 계속 변화할 뿐만 아니라, 가족의 문화, 가치, 관계유형 등은 세대 간 전승된다는 것을 이해하는 것이다. 또한 가족을 공간의 관점에서 이해한다는 것은 가족을 하나의 사회체계로 이해하는 것이다. 즉, 가족은 개별 구성원으로 이루어진 상위체계임과 동시에 확대가족, 지역사회, 문화 등과 지속적으로 상호작용하는 하위체계로 이해하는 것이다. 이와 같이, 가족은 하나의 사회체계인 동시에 생애주기에 따라 계속 변화되어 세대 간 전승된다는 점이다(김혜란 외, 2006). 특히 가족 자체를 하나의 개입단위 혹은 변화의 주체로 본다는 점에서 가족 대상의 실천은 개인 및 집단실천과의 차이가 있다.

가족과의 사회복지실천은 가족성원 간의 관계나 가족성원 중 한 사람의 행동 또는 정서·심리상의 문제에 개입하여 문제를 해결 또는 경감하기 위한 노력이다. 개인을 단위로 하는 것보다 가족을 단위로 개입할 때 개입효과가 더 크다고 판단될 때, 또는 클라이언트의 문제해결을 위해서는 가족 모두의 협조와 노력이 필요하다고 판단될 때 가족과의 사회복지실천을 택하게 된다. 이러한 가족과의 사회복지실천은 주로 부부갈등, 부모·자녀 간의 문제, 아동문제, 다세대 간의 갈등 등을 중재 및 해결하기 위해 사용된다.

또한 가족대상의 사회복지실천은 가족문제를 해결하기 위해 모든 가족성원의 관심과 변화 및 노력을 중요하게 여긴다. 가족을 대상으로 직접적으로 개입하는 사회복지실천의 특징을 요약해보면 다음과 같다(권중돈 외, 2012; 성정현·이지영·우국희·최승희, 2009; Briar-Lawson, Lawson, Hennon, & Jones, 2001).

첫째, 가족이 관심의 단위가 된다. 제시된 문제가 가족의 특정한 부분에만 관련되어 있다고 하더라도 전체 가족이 사정·계획·개입의 초점이 된다.

둘째, 가족과 사회복지사 간의 파트너십과 협력을 중요하게 고려한다. 즉, 사회복지사와 가족성원은 동등한 동반자 관계에서 문제해결에 협력하도록 요구된다. 이를 위해 사회복지사는 가족과의 관계에서 자신의 전문 지식과 전문성을 가져오고, 가족은 자신들에 대한 정보와 지식을 제공한다.

셋째, 가족의 선택을 중시한다. 즉, 가족의 소망과 선택에 맞게 가족원조 방법을 조직하는 것을 의미하며, 가족복지실천에서는 의사결정을 할 때 가족의 의견을 일차적으로 중시한다.

넷째, 가족의 강점을 중요하게 고려한다. 이는 문제를 유발하거나 클라이언트의 성장에 방해가 되는 사람으로 가족성원을 바라보는 관점을 수정하게 한다. 나아가 가족과 사회복지사 간의 협력이라는 개념과도 일치하며, 가족의 역량강화를 촉진한다.

다섯째, 문제가 있는 가족성원뿐만 아니라 모든 가족성원에게 가족복지실천서비스가 제공된다. 따라서 가족의 욕구에 초점을 두고, 가족의 상황·관심·자원에 대한 총체적 관점이 요구된다.

여섯째, 가족단위로 개별화된 서비스를 제공한다. 이는 모든 가족을 하나의 공식적인 틀에 맞추기보다는 개별 가족에게 맞는 서비스를 제공하는 것을 의미한다. 다시 말해, 개별 가족의 구조적·문화적 독특성을 존중하면서 그 가족에게 적합한 서비스를 제공한다.

일곱째, 민주적 과정과 양성평등을 촉진한다. 즉, 가족복지실천은 가족 내에서 혹은 가족 간에 영향력을 평등하게 하는 데 관심을 갖는다. 예를 들면, 가족 내의 여성, 노인 및 취약한 가족성원이 동등한 목소리를 내도록 하며, 자원접근의 측면에서도 공평성을 보장한다.

3) 집단 대상 실천방법

집단과의 사회복지실천은 유사한 목표를 가지고 있는 개별성원을 하나의 집단으로 묶어, 그 집단을 대상으로 사회복지사가 집단이라는 환경과 집단 내의 역동성을 활용해 집단성원의 개별목표와 집단 공동의 목적을 달성하기 위해 노력하는 실천방법이다. 집단에서는 상호원조가 작용하는데, 이것이 사회복지실천에서 다른 방법과 집단사회복지실천을 구별하는 일차적인 요인이다. 즉, 사람들은 타인과의 관계 및 상호작용을 통해 성장하고 발전하는데, 사람은 사람을 필요로 한다는 사실이 집단사회복지실천의 존재 이유이다(권중돈 외, 2012).

이러한 집단을 활용한 대표적인 개입방법은 집단치료(group therapy)와 집단활동(group activity)으로 구분할 수 있다. 이들의 근본적인 목적은 동일하지만 활동이라는 매체를 통해 상호작용을 강조하고, 적응력이나 대인관계기술 개발에 초점을 둔 집단활동과 집단성원 자신이 치료매개체가 되고, 문제의 감소와 관리 등 증상 지향적인 집단치료는 과정에서 차이를 보인다. 집단활동의 내용 및 초점은 집단의 목적에 따라 다양하지만 일반적으로 음악, 미술, 무용, 다양한 주제에 대한 토론 등으로 구성된다. 반면에 집단치료는 집단성원의 상호작용이나 집단 내의 역동성을 활용하여 개인이 가지고 있는 사회적, 정서적, 행동적 문제를 해결 또는 경감할 수 있도록 하는 활동이다(백종만 외, 2004).

집단 대상 실천은 의도적인 집단경험을 통해 사회적 기능을 향상시키며, 당면 문제에 대해 보다 효과적으로 대처하도록 돕는 기능을 한다. 이처럼 집단을 대상으로 직접적으로 개입하는 사회복지실천의 특징을 요약해보면 다음과 같다(조학래, 2006; 권중돈 외, 2012).

첫째, 목적 지향적인 활동이다. 집단사회복지실천에서 추구하는 목적에는 집단성원의 지지와 교육, 사회화와 개인적 성장, 문제해결, 지도력 개발, 사회환경의 변화, 조직 및 지역사회에 대한 통제력 증진 등이 포함된다.

둘째, 집단성원, 전체 집단, 집단이 속한 환경이라는 세 가지 초점 영역을 가지고 있다. 즉, 개별성원의 목표는 물론 전체 집단의 목적에도 초점을 두며, 기관의 서비스 전달체계 및 자원과 정책·지리적 위치 등의 영향을 받는다.

셋째, 주로 소집단과 활동한다. 즉, 소집단은 집단성원으로서 정체감을 가지고 있고, 상호작용에 참여하며, 언어적 또는 비언어적 의사소통과정을 통해 집단성원 간의 사고와 감정을 교환할 수 있다.

넷째, 고통 받는 개인뿐만 아니라 건강한 개인으로 구성된 집단을 대상으로 활동한다. 즉, 집단성원의 예방에서부터 재활에 이르는 다양한 활동이 포함된다.

다섯째, 치료집단(treatment group)과 과업진단(task group)의 활동 영역을 모두 포함한다. 즉, 집단이란 수단을 통해 집단성원의 욕구충족과 전체 집단의 목적달성을 원조하는 직접적인 서비스인 치료집단과 위원회의 운영, 치료회의, 요원교육 등 간접적인 서비스인 과업집단을 포함한다.

여섯째, 전문가인 사회복지사의 지도와 원조 하에 이루어진다. 사회복지사는 개인과 집단에 대한 과학적 지식과 실천경험을 토대로 개인과 집단 그리고 집단환경을 사정하며, 원칙에 따라 기술적인 도움을 제공한다.

일곱째, 일정한 형식에 따라서 체계적인 하나의 과정으로 진행된다. 좋은 결과를 얻기 위해 집단성원을 다그치는 것이 아니라, 집단에서의 계속적인 시행착오라는 과정을 통해 집단성원은 배우고 성장한다는 것이다.

03 사회복지실천원칙과 개입이론

1) 사회복지실천의 원칙

사회복지실천의 과정은 기본적으로 사회복지사와 클라이언트의 관계에서 이루어진다. 사회복지사와 클라이언트와의 원조관계에서 사회복지사 능력에 관한 신념, 변화에 합일하는 클라이언트 능력에 대한 신념, 클라이언트의 존엄성에 관한 신념이 기반이 되어야 한다(박경일 외, 2014). 이러한 원조관계 기반 위에서 사회복지실천의 성공적 결과를 위해서는 다음과 같은 원칙으로 이루어지는 것이 바람직하다(Biestek, 1957).

(1) 개별화

개별화(individualization)란 인간은 개별적 존재이며 한 사람의 불특정한 인간으로서가 아니라, 다른 사람들과 똑같지 않은 그 나름대로의 차이를 지닌 특정한 개인으로서 처우되고 욕구가 있다는 것을 중요한 원칙으로 하고 있다. 개별화를 위해서 사회복지사는 편견이나 선입관에서 벗어나야 하며, 인간행동에 관한 지식에 정통해야 한다. 또한 클라이언트가 하는 말을 경청할 수 있는 관찰할 수 있는 능력을 지녀야 하고, 인간의 감정을 꿰뚫어 볼 수 있는 직관력과 장래를 예측할 수 있는 해안이 필요하다.

(2) 의도적 감정표현

의도적 감정표현은 사회복지사가 클라이언트를 원조함에 있어서 클라이언트가 자신의 감정, 특히 부정적 감정을 자유로이 표현하고 싶은 욕구를 가지고 있다는 인식을 하고 이를 존중하며, 자유로이 표현할 수 있도록 해야 한다는 것이다. 따라서 사회복지사는 이러한 감정표현을 의도적으로 경청하고, 이를 방해하거나 비난하지 않아야 한다.

의도적 감정표현(purposeful expression of feeling)은 사회복지사가 클라이언트를 원하는 데 있어서 클라이언트를 압력이나 긴장에서 완화시켜 주고, 클라이언트의 문제나 그 사람 자체를 이해하는 데 도움이 되며, 문제에 대한 처리방법과 대책을 강구할 수 있게 함은 물론 그러한 감정표현을 경청하는 것만으로도 심리사회적 지지가 되기 때문에 사회복지사와 클라이언트의 관계를 더욱 돈독하게 하는 이점이 있다.

(3) 통제된 정서적 관여

통제된 정서적 관여(controlled emotional involvement)는 사회복지사가 클라이언트의 감정에 민감하게 대처하고, 그 감정의 의미를 이해하며, 클라이언트의 감정에 의도적 목적을 가지고 적절히 반응하는 것을 말한다. 그러나 이때 사회복지사는 클라이언트의 감정 흐름에 휩쓸려서는 곤란하며, 그 사례의 전체적인 목적과 클라이언트의 변화욕구, 그리고 진단적 사고(思考)에 따라 방향을 설정하고 그에 맞춰 적절히 통제된 정서적 관여를 해야 한다. 이를 위해 사회복지사는 클라이언트가 나타내는 언어적·비언어적 모든 차원에서 그 사람의 감정을 알아챌 수 있는 민감성과 클라이언트 및 그의 문제와 관련된 감정의 의미를 이해하는 능력, 그리고 클라이언트의 감정에 대해 적절하고 개별화된 반응을 할 수 있어야 한다.

(4) 수용

사회복지사가 클라이언트의 강점과 약점, 바람직한 성격과 그렇지 못한 성격,

긍정적 감정과 부정적 감정, 건설적 행동과 태도 및 파괴적 행동과 태도 등 그 사람의 있는 그대로를 이해하고 다루어 나가는 하나의 행동상의 원칙을 말한다. 수용(acceptance)은 클라이언트의 잘못된 태도나 행동을 옳은 것으로 시인하는 것이 아니라, 하나의 실체로서 있는 그대로의 클라이언트 현실을 받아들이는 것이다. 사회복지사가 인간행동에 관한 충분한 지식을 갖고 있지 못하거나 편견 및 선입관에 사로잡혀 있을 때, 또 클라이언트를 존중하는 마음이 없을 때 반응적 수용은 이루어질 수 없다.

(5) 비심판적 태도

사회복지사는 클라이언트에게 비심판적 태도(the non-judgemental attitude)를 지니는 것이 필요하다. 클라이언트의 문제나 욕구발생의 원인에 대해서 클라이언트는 대부분 심판을 받지나 않을까 하는 두려움을 가지고 있는 경우가 많기 때문에, 비판에 대해 극도로 민감하다. 이처럼 민감한 상태에 있을 경우, 대부분의 클라이언트는 자기방어적 태도를 취하는 수가 많다. 비판을 받을 위험을 느끼지 않을 때 클라이언트는 사회복지사에게 신뢰감과 자존심을 갖고 자신 자신을 있는 그대로 표현할 수 있으며, 진정한 자신의 욕구와 문제를 자유로이 토의할 수 있다. 그러나 사회복지사가 클라이언트의 태도, 행동, 가치기준 등에 대해 평가적 판단을 내리는 것도 필요하다. 사회복지사가 클라이언트에 대해 비심판적 태도를 지니고 있음을 전달하는 것은 매우 중요한데, 이를 위해서 사회복지사는 선입관이나 성급한 결론 유도 등을 배제해야 한다.

(6) 클라이언트의 자기결정

클라이언트의 자기결정(client self-determination)원칙은 사회복지실천의 원조과정에서 클라이언트가 자기선택 및 결정을 내릴 수 있는 자유를 누릴 권리와 욕구를 실제로 인식하는 것을 말한다. 이 원칙에 따르면, 사회복지사의 임무는 클라이언트가 가진 문제를 직접 해결해주는 것이 아니라 클라이언트가 지역사회 및 자신의 인성에서 잠재적으로 활용 가능한 자원을 발견 및 활용할 수 있도록 원조한다. 또한 자기가 나아갈 방향을 자기 스스로 결정하려는 클라이언트의 권리와 욕구를 존중하는 것이다. 왜냐하면 대부분의 클라이언트가 바라는 것은 자신의 주체성을 회복하기 위해 도움을 받고자 하는 것이지, 주체성을 포기하고 사회복지사에게 그것을 양도하는 것은 아니기 때문이다. 그러나 이 원리를 적극적·건설적 결정을 내릴 수 있는 클라이언트의 능력 및 법률, 도덕의 테두리, 그리고 사회복지사가 일하고 있는 기관의 테두리에 따라 제한받는다.

(7) 비밀보장

자신의 비밀이 지켜지기를 원하는 것은 모든 사람의 근본적 바람이며, 기본권리이다. 따라서 사회복지사는 자신을 믿고 도움을 구하는 클라이언트의 비밀을 보장할 윤리적 의무가 있다. 만일 비밀보장(confidentiality)에 대한 믿음이 없다면 사회복지사와 클라이언트 사이에 신뢰관계가 형성될 수 없으며, 효과적 결과를 기대할 수도 없다.

그러나 상황에 따라서는 사회복지사가 클라이언트의 비밀에 대해 절대적으로 보장할 수 없는 경우도 있다. 예를 들어, 클라이언트의 문제해결을 위해 다른 전문가나 관련자에게 협조 또는 지원을 요청해야 할 때(집단비밀, 이 경우에도 비밀을 공유하는 모든 사람에게 비밀 보장의 의무가 주어진다), 비밀유지에 대해 클라이언트 자신에게 내부적 갈등이 있을 때, 비밀을 보장함으로써 다른 사람, 또는 사회복지사 자신, 그가 속한 기관, 사회 등의 권리와 충돌하게 될 때 등을 들 수 있다. 이 경우 사회복지사는 어떤 편이 더 중요한지 상황판단을 명확히 하여 대처해야 한다.

2) 사회복지실천의 개입이론

(1) 심리사회모델

심리사회모델(psychosocial model)은 1920년대의 사회경제적 상황, 퍼스낼리티 이론, 사회화 이론 등의 대두에 크게 영향을 받아 왔다. 이 모델은 인간을 생리적, 심리적으로뿐만 아니라 인간을 둘러싼 사회·경제적인 상황을 포함한 전체적인 시각으로서, '심리사회적' 관점을 지니는 특색이 있다. 즉, 인간은 주체성을 지닌 자주적 존재지만, 동시에 환경의 영향을 받아 상황의 지배하에 생활하게 된다는 것이다(박용순, 2008).

(2) 기능모델

기능모델(functional model)은 1930년대에 펜실베이니아 사회사업대학원의 교수들에 의해 사회복지실천의 이론적 접근으로 개발되었다. 진단주의 학파가 프로이트(S. Freud)의 정신분석론의 영향을 받아 인간을 기계적, 결정론적 관점에서 보는 반면, 기능주의 학파는 인간을 의지적, 낙관적 관점에서 '자신의 창조자'(creator of himself)로 보고 있다(박용순, 2008).

(3) 문제해결모델

문제해결모델(problem-solving model)은 시카고 대학의 펄먼(H. Perlman)교수가 창안한 사회복지실천의 한 방법이다. 이 모델은 다양한 학문의 배경으로 진단주의와 기능주의의 영향을 받아 절충주의적 입장을 취하고 있다. 따라서 문제해결모델은 활동적 구성요소로 몇 가지를 제시할 수 있는데, '문제'(problem), '사람'(person), '장소'(place), '과정'(process) 등의 4P 개념으로 이루어져 있다(Perlman, 1970).

문제해결모델의 특성은 클라이언트가 문제해결자(problem solver)가 되고, 클라이언트의 자아는 퍼스낼리티 문제해결을 시도하면서 자아개념을 중요시한다는 것이다(박용순, 2008).

(4) 행동수정모델

행동수정모델(behavioral modification model)은 1950년대 초 프로이트의 정신분석에 회의를 느낀 학자들이 연구한 행동주의적 접근방식이다. 이 모델에 공헌한 학자들을 살펴보면 다음과 같다(박용순, 2008).

❶ 스키너이론

스키너(B. Skinner)는 인간의 행동이 '긍정적 강화'와 '부정적 강화'에 의해 결정된다는 '행동강화원리'(behavioral reinforce principle)를 제시하였다.

❷ 에일런이론

에일런(T. Ayllon)은 정신병원에서 선구적이고 고전적인 행동 수정에 관한 연구에서 '대응경제체계'(token economy system) 방법을 제시하였다.

❸ 월프이론

월프(J. Wolpe)는 포괄적으로 사용되고 있는 '행동치료'(behavioral therapy), '체계적 탈감법'(systematic desensitization) 개념을 발전시켰다.

(5) 가족치료모델

가족치료모델(family therapy model)은 1950년부터 1975년까지 약 25년간 미국을 중심으로 발전되어 온 이론이다. 특히 가족을 단위로 한 치료방법의 타당성은 어떤 유형의 클라이언트에게 개발치료가 비효과적이고, 클라이언트가 치료되더라도 그 가족 구성원에게 문제가 발생할 수 있다는 것이다. 이는 클라이언트의 가족에게 장애요인이 존재함을 짐작할 수 있다(박용순, 2008).

(6) 위기개입모델

위기개입모델(crisis intervention model)은 1960년대 이후 단기적 사회복지실천의 치료에 관심을 두고 개인이나 가족에게 접근하는 이론이다. 이 모델은 기존의 지식과 임상적인 측면이 결합되어 있다는 점에서 전통적인 사회복지방법의 이론보다는 실천에 더욱 가까이 접근하고 있다. 이는 클라이언트가 위급한 상황에 직면한 경우 일시적이고 신속하게 개입하는 방법이다(박용순, 2008).

(7) 사회화모델

사회화모델(socialization model)은 1960년대에 사회복지실천의 새로운 지식과 기법 개발, 전문교육의 재조직 차원에서 인식된 이론이다. 이 모델의 대상 집단을 세 가지로 분류해 보면 '사회화되지 못한'(unsocialized) 경우, '특정하위문화에 사회화된'(socialized to specific subculture) 경우를 말한다.

04 사회복지실천과정과 기술

1) 사회복지실천의 과정

사회복지실천의 과정은 클라이언트의 문제해결에 실질적인 도움을 제공하고 대처능력을 향상시킨다는 궁극적 목적을 지니고 있으면서, 각 단계별로 고유의 목표와 이를 수행하기 위한 주요 과업과 기술이 필요하다. 사회복지실천의 단계는 이론적 기반에 따라 지향점이 다르지만, 사회복지사의 입장에서 효과적인 개입활동을 할 수 있도록 목표와 과업에 초점을 두고 실천과정을 정리해보면 다음과 같다(권중돈 외, 2012; 엄명용 외, 2005; 이영분 외, 2001; 최선화, 2006).

(1) 초기단계

초기단계는 접수, 자료수집과 사정, 목표설정 및 계약 등을 포함한다. 먼저 접수(intake)는 사회복지기관을 찾아온 사람이 그 기관의 서비스를 받을 자격요건을 갖추었는지의 여부를 판단하는 과정이다. 이 과정을 통해 해당 기관에서 적절한 서비스를 제공할 수 없다고 판단되면, 필요한 서비스를 받을 수 있는 다른 기관으로 의뢰하게 된다. 이때 접수를 담당하는 사회복지사는 편안한 분위기를 만들어서 잠재적 클라이언트가 잘 왔다는 마음을 가질 수 있게 만들고, 따뜻하고 친절하게 대함으로써 정서적 문제를 처리할 수 있도록 돕는다.

기관에서 서비스를 제공하기로 한 경우에는 그 사람의 상황이나 관련된 문제에 대한 기본적인 자료수집이 이루어진다. 수집해야 할 자료를 요약하면 개인의 신상정보와 생육사를 파악하며, 제시된 문제와 관련된 개인의 자원, 현재의 사회적 상황의 자원과 제한점, 그리고 기관의 자원과 한계점 등을 파악한다. 이 과정에서 사회복지사의 따뜻하고 인간적이며 전문적인 자세와 상대방에게 도움이 되고자 하는 진심 어린 태도가 나타나야 한다.

자료수집이 끝나면, 수집된 자료를 해석하고 의미를 부여함으로써 최종으로 문제를 규정하고 실천 방향을 정하는 사정(assessment)이 이루어진다. 자료수집이 클라이언트와 그의 문제를 이해하는 데 도움이 될 만한 많은 자료를 수집하는 작업이라면, 사정은 수집된 자료를 분석하고 심사숙고하여 문제를 규정해 내는 작업이다. 사정의 대상 영역에는 클라이언트의 정서·심리상태, 역할수행상의 문제, 클라이언트의 생활력, 자아방어기제, 클라이언트의 강점과 대처방법, 가족의 구조와 기능, 사회적 지지 등이 있다. 특히 클라이언트와 그의 환경을 사정할 때 약점이나 역기능보다는 장점이나 순기능적인 부분을 중심으로 사정하여, 클라이언트의 강점을 강화하거나 개발해야 할 환경체계를 규명하는 것이 중요하다.

클라이언트의 사회환경과 관련된 정보는 가계도(genogram)와 생태도(ecomap)를 사용하여 정리할 수 있다. 먼저 가계도는 개인이 속한 가족관계에 대한 정보를 파악하기 위해 활용한다. 즉, 클라이언트의 양육환경, 특히 가족관계를 간단히 도식화함으로써 가족구조와 가족성원에 대한 정보를 얻고, 가족성원 간의 관계를 기술하여 가족 상황을 보다 일목요연하게 파악할 수 있다. 다음으로 생태도는 사회적 맥락에서 개인의 위치를 파악하는 것이다. 즉, 클라이언트를 둘러싸고 있는 환경 속의 체계들과 클라이언트의 가족이 어떤 관계를 맺고 있는지를 파악함으로써, 가족 내부에 대한 이해와 외부와의 연결 및 적응 정도를 이해하게 된다. 이러한 가계도와 생태도는 클라이언트와의 면접 내용을 근거로 해서 사회복지사와 클라이언트가 공동으로 작성하는 것이 원칙이다.

한편, 계획수립을 위해 문제에 대한 이해를 사회복지사와 클라이언트가 공유하면 문제의 우선순위를 결정하고, 이에 근거하여 문제해결을 위한 개입 목표를 설정하게 된다. 목표는 클라이언트의 능력을 고려하여 구체성, 현실성, 측정가능성, 성취가능성, 그리고 시기적절성 등을 고려하여 설정한다. 이러한 표적문제와 목표가 설정되면, 서로의 의무와 과업, 구체적 실천 활동을 상호 약속하는 계약을 맺게 된다. 계약은 사회복지사와 클라이언트가 이해한 내용의 본질을 간략히 재검하는 것으로서, 계약당사자 및 관련된 주요 인물의 역할, 문제 목록과 목표의 우선순위, 최종목표, 사회복지사와 클라이언트의 과업과 책임, 개입방법과 개입의 구조적 요인 및 평가방법 등으로 구성된다.

(2) 개입단계

개입단계는 초기단계에서 설정된 목표를 달성하기 위해 클라이언트 또는 클라이언트 주변 환경에 변화를 가져오기 위한 개입활동이 수행되는 시기이다. 이 과정에서 명심해야 할 것은 문제해결을 위해 요구되는 과업의 상당 부분은 클라이언트의 몫이라는 것이다. 그러므로 클라이언트의 능력으로 충분히 수행할 수 있을 만한 과업에 대해서는 클라이언트 스스로 책임지도록 해야 하며, 그 능력을 넘어서는 과업에 대해서는 사회복지사가 도움을 줄 수 있다. 이것은 클라이언트가 무엇이든 사회복지사가 해결해주리라고 믿는 의존심을 갖게 되는 것을 방지하고, 또한 과업의 성취를 통해 클라이언트의 개인적 성장을 도모하도록 해 준다.

이 단계에서 사회복지사의 개입활동의 핵심은 문제를 해결하려는 클라이언트의 변화노력을 지원하기 위해 구체적인 변화전략을 수립하는 것이다. 이러한 개입은 필요에 따라 상담, 지역사회와의 자원연계, 새로운 자원 개발, 사회적 지지집단의 활용, 교육, 역할극 등 다양한 전략으로 구성할 수 있다. 또한 사회복지사는 계획대로 문제해결과정이 진행되고 있는지를 끊임없이 점검(monitoring)하면서 잘 진행되도록 인도하고, 도와주면 지지와 환류를 제공해야 한다.

(3) 종결단계

사회복지실천 과정의 최종단계인 종결은 원조관계의 해체를 위한 체계적 절차를 의미한다. 종결이 어떤 이유에서 이루어져야 하는지, 또 계획된 것인지 계획되지 않은 것인지에 따라 클라이언트와 사회복지사의 반응은 달라지기 때문에 상호 계획된 종결을 하도록 한다. 사회복지사는 종결과 관련해 클라이언트가 어떤 감정을 가지고 어떤 반응을 나타내고 있는지를 주의 깊게 파악하여, 클라이언트가 이런 감정을 제대로 표현하고 처리할 수 있도록 도와야 한다. 이와 함께 종결에 대한 사회복지사 자신의 감정에 대해서도 검토에 보아야 한다. 또한 개입과정을 통해 획득한 효과의 유지와 강화를 위해 클라이언트로 하여금 문제해결의 기본 원칙을 파악하도록 도와주거나, 필요한 경우 사후관리(follow-up services)를 통해 클라이언트가 잘 적응하고 있는지를 점검해야 한다.

종결단계에서는 개입활동 전반에 대한 평가가 병행된다. 평가는 사회복지실천과정에서 계속하여 일어나는 일로서, 사회복지실천의 목적과 목표의 달성 정도를 결정하는 동시에 목적과 목표를 달성하기 위해 사용된 수단의 적합성을 심사하는 과정이다. 이 단계에서 평가는 일어나도록 기대된 일이 정말로 일어났는지를 확인하는 것이다. 즉, 완성된 개입과정을 관찰하고 사용된 특정 수단과 전략이 선택된 이유와 실제로 효과가 있었는지를 확인하는 것이다. 평가는 사회복지사와 사회복지기관이 클라이언트와 지지자원, 그리고 사회성원에게 책무성을 증명하기 위해 실시해야 하는 작업이다. 따라서 사회복지사는 목적달성 정도를 평가하는 효과성 평가, 비용의 결과를 따지는 효율성 평가, 결과를 중심으로 보는 총괄평가, 그리고 과정의 적절성을 중심으로 보는 형성평가를 함께 실시해야 한다.

2) 사회복지실천기술의 유형

(1) 의사소통기술

의사소통기술이란 사회복지사와 클라이언트의 대면관계 속에서 각종 의사소통을 통하여 클라이언트의 감정 및 사고체계에 개입함으로써, 사회복지사와 클라이언트의 관계에 변화를 유도하는 기술이다(박경일 외, 2014). 다시 말하면, 클라이언트의 정서적 안정과 인지구조의 변화, 클라이언트 자신과 문제상황, 자원 등에 대한 상황인식능력의 향상을 위해 이 기술이 사용될 수 있다(이경희, 2007).

❶ 재보증 기술

재보증(reassurance) 기술은 자신의 상황이나 능력에 대해 회의하고 있는 클라이언트에게 사회복지사가 신뢰를 전달함으로써 클라이언트의 자신감을 회복, 향상시키는 기술이다. 예를 들어, 전처 아들의 반항으로 어려움을 겪고 있는 새어머니에게 "당신의 사랑을 깨달으면 그 아이는 조만간 좋아질 수 있을 겁니다."라고 하는 것은 그 어머니에게 아들과의 관계개선을 위해 다시 도전할 수 있는 자신감을 불어넣어 줄 수 있다. 그렇지만 지나치게 많은 재보증이나 비현실적 재보증은 사회복지사에 대한 클라이언트의 신뢰를 감소시킬 수 있기 때문에 삼가야 한다.

❷ 격려기술

아동을 치료하는 데 있어서 중요한 방법일 뿐만 아니라, 어려운 과업에 직면해 있다든지 자신감이 결여되어 있고 불안한 상황에 처해 있는 성인, 즉 위기에 처해 있는 클라이언트에게도 유용하게 활용할 수 있는 기술이다. 특히 클라이언트가 위기에 직면하여 무력감과 절망감을 가지고 있을 때에 활용될 수 있는 기술이다. 격려(encouragement)기술은 클라이언트의 행동이나 태도를 인정해주고 칭찬해주는 등의 방법을 주로 사용한다. 예를 들어, 좋지 않은 친구들과 거리에서 배회하며 말썽을 피우는 중학생에게 "지난 면접 이후 한 번도 그 친구들을 만나지 않았다니 그 결단력이 대단해."라며 칭찬하는 것은 클라이언트인 그 학생에게 생활태도 개선을 위한 보다 큰 동기를 부여한다. 그러나 이 기술을 사용할 때에는 정직한 평가와 거짓칭찬이나 아첨 등을 구별하도록 유의해야 한다. 이 기술은 수용이나 재보증 등의 다른 지지적 기술과 함께 사용되는 경우가 많다.

❸ 일반화 기술

일반화(universalization) 기술은 자신의 문제를 지나치게 심각하게 생각하고 있는 클라이언트에게 비슷한 상황에 있는 경우라면 누구라도 그런 문제를 가질 수 있으므로 보편적 현상이라는 것을 지적해 줌으로써, 클라이언트의 죄의식이나 불안 또는 일탈감을 감소시켜 줄 수 있는 기술이다. 예를 들어, 폭력적 남편에 대해 살의를 느끼고 있는 반면 이러한 살의에 대해 지나친 죄의식을 가지고 있는 클라이언트에게 "어떤 여자라도 그런 폭행을 당하는 순간에는 상대방에 대해 살의를 느낄 수 있지요. 남편이 아니라 아버지라 할지라도."라고 하는 것은 마음속의 남편 살해에 대한 클라이언트의 지나친 죄의식을 감소시켜 줄 수 있다. 그러나 지나친 일반화는 클라이언트의 문제행동을 조장하는 결과를 초래할 수 있으므로, 그 수위를 조절해야 한다.

❹ 환기법

환기법(ventilation)은 클라이언트의 억압되어 있는 감정, 특히 부정적 감정인 분노, 증오, 슬픔, 죄의식, 불안 등이 문제해결을 방해하거나 감정 자체가 문제가 되는 경우 이를 표출하도록 함으로써 감정의 강도를 약화시키거나 해소시키려는 기법이다. 정서적 정화는 위기를 적극적으로 처리하는 중요한 수단이 되므로, 사회복지사는 종종 억제된 감정을 환기하도록 클라이언트를 격려해야 한다. 자발적이든 격려를 해서든 이 표현은 그 자체가 안도감을 가져올 수 있다. 언어적 표현은 감정을 감소시키는 하나의 중요한 방법이다. 이 기술을 활용하는 주된 목적은 클라이언트가 내면적으로 강한 감정을 가지고 있는 경우, 그것에 관하여 이야기하도록 하고, 감정을 발산하도록 돕는 데 있다.

이 기술을 적용할 수 없는 경우는 자기통제가 불가능한 클라이언트이다. 이런 클라이언트는 감정표현을 너무 많이 함으로써, 그로 인해 더욱더 불안해지거나 불안정해질 수 있으므로 어느 정도 통제하는 것이 바람직하다.

❺ 관심의 구체적 표현 기술

지지에 대한 클라이언트의 욕구가 강하거나 불신이나 불안이 심한 클라이언트의 경우, 사회복지사의 관심과 호의를 표시하기 위해서는 말보다는 어떤 구체적 서비스가 필요하다. 이 기술은 특히 아동에게 효과적이다. 작은 선물은 아동, 특히 유아와 사회복지사의 긍정적 관계를 맺는 수단이 된다. 어린이에게 과자를 주거나 무릎에 앉히며 안아 주는 것 등이 도움이 될 경우가 있다. 이와 비슷한 과정은 성인에게도 필요한 경우가 있다. 접근하기 어려운 클라이언트에게 적절한 호의를 베푸는 것, 예를 들어 병원에 함께 가 주는 것, 면접시간을 연장하는 것 등과 같은 구체적인 일을 해줌으로써 클라이언트의 신뢰를 획득할 수 있다.

⑥ 직면기술

직면(confrontation)기술은 자신의 문제를 부정하거나 회피하고 합리화하여 변화를 거부하고 개입을 피하려고 하는 클라이언트에게 주로 사용된다. 예를 들어, 자신의 성적이 나쁜 것은 다른 학생들이 모두 하고 있는 커닝(cunning)을 하지 않았기 때문이라고 말하는 학생인 클라이언트에게 그가 하루 중 몇 시간을 공부하고 있는지, 영어단어를 제대로 암기하고 있는지, 수업시간 중 무엇을 생각하고 있는지에 대해 이 직면기법을 이용할 수 있다. 직면기법은 주로 클라이언트의 행동이 자기에게도 도움이 되지 않으면서 타인에게 위협이 될 때, 이를 재인식하도록 하기 위해 사용된다.

⑦ 조언기술

이 기술은 앞에서 설명한 다른 기술들과 달리 지시적 기법에 속한다. 일반적으로 클라이언트는 자신의 문제 및 문제해결에 대해 사회복지사가 조언(advice)해 주기를 바란다. 자아력이 약한 클라이언트나 문제상황으로 혼란되어 있는 클라이언트에게는 조언이 효과적일 수도 있다. 그러나 이 기술을 너무 많이 사용하면 문제해결을 위한 클라이언트의 의지를 약화시킬 수도 있고, 클라이언트의 문제해결능력을 강화시키는 데 방해가 될 수 있다. 또한 부적절한 조언은 결과에 대한 책임을 추궁당하거나 사회복지사에 대한 클라이언트의 신뢰를 약화시킬 수 있다.

(2) 상담면접기술

상담면접은 클라이언트로부터 필요한 정보를 얻고, 클라이언트에게 필요한 정보를 제공하는 목적을 지니며, 이를 보다 효과적으로 진행하기 위해서는 의사소통이 매우 중요하다(박경일 외, 2014). 효과적 면접을 위한 기술은 관찰기술, 경청기술, 질문기술, 초점·안내·해석기술, 분위기 조성기술로 나뉜다(Johnson, 1989). 면접의 목적이나 대상, 행해지는 장에 따라 다소 차이가 있겠지만, 여기서는 존슨(Johnson)의 분류를 토대로 해서 관찰기술, 경청기술, 질문기술, 요약·해석기술, 분위기 조성기술의 다섯 가지에 관해 개괄해보도록 한다(이경희, 2007).

❶ 관찰기술

클라이언트는 물론 대부분의 사람들은 비언어적 방식으로 많은 정보를 전달한다. 특히 호감, 불쾌감, 혐오감, 초조함, 불안, 두려움, 기쁨 및 슬픔 등 정서적인 면과 관련된 정보는 표정, 손놀림, 눈 마주침, 몸짓, 어조, 억양 등의 비언어적 의사소통을 통하여 표현되는 경우가 많다. 사실 비언어적 의사소통은 언어적 방식으로 표현된 것보다 더 많은 내용과 더 많은 진실을 드러낸다. 자신이 가진 문제에 대해 죄의식이나 수치심, 밝히고 싶지 않은 사실이나 정보를 마음속에 담고 있거나, 앞으로 직면하게 될 장래에 대해 불안을 가진 클라이언트의 경우 이런 경향이 더욱 두드러지는데, 면접에 임하는 사회복지사는 클라이언트의 언어적 표현뿐 아니라 비언어적 표현에도 민감해야 한다.

❷ 경청기술

면접상황에서 클라이언트가 말하는 것과 질문에 대해 응답하는 것을 듣는 것은 가장 중요한 기술이다. 경청이란 단순한 듣기가 아니라 상대방의 말을 귀 기울여 들음으로써 그가 가진 생각, 사고방식, 감정 등을 이해하고 이에 공감하며 적절한 반응을 해 가는 적극적 청취활동이라 할 수 있다.

이러한 경청을 통하여 클라이언트가 지금 무엇을 표현하고 있는지, 그가 어떤 감정을 가지고 있고 어떤 생각을 하고 있는지 감정이입적 이해를 통하여 파악해 가는 것이 중요하다. 사회복지사가 자신의 말을 경청하고 있다는 것을 확인하는 것만으로도 클라이언트는 안도감을 느끼며, 감정의 정화(catharsis)를 경험할 수 있다. 경청에서 주의해야 할 것은 침묵을 다루는 방법이다. 면접에 서툰 사회복지사일수록 침묵을 부담스러워 한다. 클라이언트의 침묵이 사회복지사 자신의 잘못 때문인 것으로 받아들여서 클라이언트를 재촉하거나 자신이 서둘러서 얘기를 해 버리는 경우가 종종 있다. 그러나 면접에서의 침묵은 클라이언트가 할 말이 없어서일 수도 있지만, 격해진 감정을 추스르기 위해서일 수도 있고, 생각을 정리하기 위해서일 수도 있다. 클라이언트가 말하는 것을 제대로 경청하고 있었다면, 대부분의 경우 그 침묵의 의미를 파악할 수 있다. 클라이언트가 침묵할 때 그것이 의미하는 바가 무엇인지 제대로 파악하여, 이에 대해 적절히 대응하는 것이야말로 경청기술의 가장 중요한 부분이라 할 수 있을 것이다.

❸ 질문기술

이 기술은 클라이언트로부터 필요한 정보를 끌어내기 위해 사용되는 경우가 많다. 또한 질문은 말하기 곤란한 주제에 대해 머뭇거리는 클라이언트를 돕기 위해, 산만해진 대화의 초점을 바로잡기 위해, 토론의 주제를 좁혀 나가기 위해서도 행해질 수 있다. 적절한 시점에서 적절한 양의 질문을 적절한 형태를 통해 행하는 것은 면접의 질을 최대한 높이는 데 있어 매우 중요한 일이 된다. 질문은 클라이언트의 속도에 맞춰 행해져야 한다. 너무 많은 질문을 하면 클라이언트는 혼란을 느끼며, 질문을 너무 적게 할 경우에는 클라이언트가 면접의 부담을 느낀다. 이러한 질문에는 개방형 및 폐쇄형이 있다. 개방형 질문이 보다 많은 사실을 알게 해주므로 사회복지실천의 장에서는 개방형 질문을 일반적으로 권장한다.

❹ 요약·해석기술

이 기술은 클라이언트가 얘기한 것을 사회복지사의 언어로 간단히 정리해 주며, 클라이언트가 미처 깨닫지 못한 사실을 지적해주는 것이다.

첫째, 요약은 클라이언트의 생각, 행동 및 감정을 사회복지사가 몇 마디 말로 정확하게 정리해 줌으로써 클라이언트가 하는 말을 사회복지사 경청하고 있었음을 보여주는 동시에, 사회복지사가 잘못 이해하고 있는 부분이 없는지를 확인하는 수단이 된다.

둘째, 해석은 클라이언트가 제대로 인지하지 못했던 부분을 클라이언트로 하여금 이해할 수 있도록 도와주는 방법이다. 이를 위해 사회복지사는 클라이언트의 행동과 대화를 통해 제시된 다양한 실마리를 가지고 해석을 해야 한다. 클라이언트는 자신의 문제를 제대로 파악하지 못하고 있거나, 그 문제의 근본원인에 대해 직접적 정보를 주지 못하는 경우가 많다. 사회복지사는 클라이언트 문제의 근원을 발견하기 위해 지속적으로 다양한 가설을 구성하고 재구성해야 하지만, 자신이 세운 초기 가설에 대해서는 가능한 한 클라이언트에게 섣불리 얘기하지 않는 것이 좋다. 왜냐하면 클라이언트로부터 계속해서 쏟아지는 정보들은 초기 가설에 대해 상당한 수정을 요하는 경우가 많으므로, 빈번한 가설의 수정으로 자칫하면 사회복지사에 대한 클라이언트의 신뢰를 감소시킬 우려가 있기 때문이다. 일반적으로 해석은 신뢰관계가 충분히 수립된 후에 해야 하며, 너무 많은 해석이나 노련하지 못한 해석은 오히려 하지 않은 것보다 못한 결과를 초래할 수 있으므로 주의를 요한다.

❺ 분위기 조성기술

이 기술은 원활한 면접을 위해 심리적으로 편안한 분위기를 만드는 기술이다. 크게 보면 사회복지사가 면접을 위해 행하는 다양한 준비도 이에 속할 수 있다. 조용하고 집중이 가능한 면접실의 환경이나 클라이언트의 심리적 부담을 줄여 줄 수 있도록 신경을 쓴 면접실의 집기 배치, 안온한 분위기를 연출하는 조명 등에 대한 배려는 분위기 조성을 위한 간접적 기술이라고 할 수 있다.

성공적인 면접을 위해서는 무엇보다도 클라이언트가 편하고 자연스럽게 자신의 관심사를 이야기할 수 있는 분위기를 조성하는 것이 중요하다. 면접을 마치는 것과 관련해서도 이 기술이 요구되는데, 면접진행시간을 미리 알려 줌으로써 클라이언트로 하여금 시간을 효과적으로 사용할 수 있게 해 준다든지, 정해진 면접시간이 다 되기 전에 남은 시간을 알려 줘서 클라이언트로 하여금 마무리를 위한 준비를 시킨다. 그리고 이번 면접에서 다룬 내용을 요약해주고 다음 면접에서 다룰 주제를 미리 정하면서 면접을 끝내는 것은 클라이언트에게보다 적극적으로 참여할 수 있는 동기를 부여할 수 있다.

CHAPTER 09

사회복지의 중범위 거시적 실천방법

01 지역사회복지

1) 지역사회복지의 개념과 이해

지역사회복지(community welfare)란 주민이 지역사회에 있어서 자립된 생활을 할 수 있도록 하기 위해 필요한 서비스의 통합·조정, 복지의 증진과 예방활동, 복지환경의 증진, 주민참여활동의 지원 등을 통하여 복지커뮤니티 형성을 지향하는 복지활동의 총체를 말한다. 이는 지역사회의 복지를 증진시키기 위한 사회복지의 한 실천방법이기 때문에, 지역사회복지의 초점은 지역사회(community)에 있다(박경일 외, 2014).

사회복지에서 지역사회 혹은 지역의 문제에 관심을 가져야 하는 이유는 무엇보다도 '환경 속의 개인'이라는 관점이 사회복지실천과정에서는 중요하기 때문이다. 즉, 지역사회는 상당수의 사람들이 사는 곳이고, 문제들이 존재하며, 동시에 문제해결에 활용될 수 있는 자원들이 존재하는 곳이다. 또한 지역사회 수준에서 변화가 일어나도록 하기 위해서는 지역사회의 역사와 전개과정뿐 아니라, 현 상황에 대한 이해도 필요하다. 마지막으로, 지역사회는 끊임없이 변화하는 곳이라는 것이다. 즉, 지역의 권력구조, 경제구조, 주민의 문제 및 역할 등에 따라 변하기 때문에 지역사회에 대한 이해는 이러한 변화를 인식하고 해석하는 데 도움이 된다.

지역사회는 보는 관점에 따라 다양하게 규정될 수 있지만(Anderson & Cater, 1990), 기본관점은 물리적 장소를 강조하는 정도에 따라 크게 두 가지로 구분된다. 먼저 지역사회를 장소(as place)로 이해하는 경우가 있다. 이 경우 지역사회는 "주거와 생계를 위해 제한된 영역상의 공간을 공유하며, 이러한 공간 속의 공유과정에서 생겨나는 특징적인 사회적 행동양식을 마련함으로써 공통의 욕구를 충족시키기 위한 기능을 수행하는 곳"이다. 반면에, 지역사회 비장소성(as non-place)을 강조하기도 한다. 지역사회는 "주요한 사회기능(즉, 재화와 서비스의 생산-분배-소비, 사회화, 사회통제, 사회참여, 상호부조 등)을 수행하는 사회적 단위체와 체계의 결합"이기도 하고, 또는 "장소와는 직접적 관계없이 다른 구성원과 나누고 있는 연대의식이나 정체감"을 중심으로 지역사회가 형성되기도 한다. 즉, 지역사회는 지리적 영역과 기능적 요소뿐 아니라, 심리적 측면까지도 포함하는 사회조직체로서 이해할 수 있다.

2) 지역사회복지의 목표

지역사회복지가 사회복지의 중요한 실천방법으로 추구하도록 하는 목표는 이상적 지역사회(ideal community), 혹은 능력 있는 지역사회(competent community)를 형성하는 것이다. 지역사회의 능력을 "문제를 성공적으로 해결하기 위해 노력할 수 있는 힘"이라고 한다면, 능력 있는 지역사회란 "지역사회에 존재하는 다양한 구성요소들이 지역사회의 욕구와 문제를 밝혀내기 위해 협력할 수 있고, 목표와 우선순위에 대한 잠정적 합의를 이끌어 낼 수 있으며, 합의된 목표를 달성하기 위한 수단과 방법에 동의할 수 있고, 필요한 조치를 협하에 취할 수 있는 것"(Cottrell, 1976)이다.

이러한 능력 있는 지역사회가 되기 위해서는 첫째, 지역주민이 자신의 지역사회에 대해 관심을 가지고 있어야 하고, 둘째, 지역사회 관련 이슈에 관해 효과적으로 의사를 표현할 수 있어야 하며, 셋째, 주민이 목표를 달성하고 이를 달성하는 과정에 참여할 수 있어야 하며, 넷째, 지역 내 다양한 집단 사이에서 비롯될 수 있는 갈등을 처리할 수 있는 절차가 마련되어 있어야 한다(박경일 외, 2014).

이러한 목표 이외에도 여러 학자들이 <표 9-1>과 같이 지역사회복지의 목표를 제시하고 있다.

〈표 9-1〉 **학자별 지역사회복지의 목표**

학자	목표	내용
Dunham (1970)	과업중심의 목표	지역사회의 특정 요구를 충족시키거나 특정 문제를 해결하기 위해서 취하는 구체적 과업완수에 역점을 둠
	과정중심의 목표	지역주민의 문제를 해결할 수 있는 능력을 갖도록 해줌
	관계중심의 목표	지역사회 구성요소 건의 사회관계에 있어서 변화를 시도하는 데 역점을 둠
Rothman (1974)	과업중심의 목표	지역사회에 한정된 문제해결 자체에 초점을 둠
	과정중심의 목표	지역사회의 일반적 능력향상에 관심을 둠
Perlman & Gurin (1972)	지역사회참여와 통합의 강화	집단과 조직 간의 적응과 협동적 관계
	문제대처능력의 고양	의사소통과 상호작용의 수단 향상
	사회조건과 서비스의 향상	욕구충족과 문제해결을 위한 서비스와 방법 개발
	불이익집단의 이익 증대	역량과 참여강화를 통한 이익증대
Well & Gamble (1995)	지역주민의 삶의 질 향상	철도 건널목 설치, 장애인을 위한 교육기회 확보 등
	지역사회의 이익 대변	장애아동, 여성 등의 사회적·정치적 권리 확보
	인간중심의 사회경제적 개발	의사결정과정에 주민참여보장과 풀뿌리 지도력 구축
	서비스와 프로그램 계획	학대당하는 여성을 위한 서비스 개발 등
	서비스의 통합	기존의 서비스를 지방, 전국적 차원에서 통합
	정치 및 사회행동	평등실현을 위한 제도변화 노력
	사회정의의 실현	일본군 위안부에 대한 지원책 마련 등

출처 : 최일섭·류진석(1997: 40-44) 재구성.

3) 지역사회복지의 실천모델

지역사회사업의 전통적인 모델은 <표 9-2>에서와 같이 지역개발 또는 지역사회개발, 사회계획, 사회행동으로 나뉜다. 로스먼과 트롭맨(Rothman & Tropman)에 의하면, 지역개발 또는 지역사회개발이란 전 지역사회에 참여함으로써 경제적·사회적 진보의 조건을 형성 및 향상시키기 위한 한 과정이다. 사회계획은 사회문제를 해결하도록 하는 지역사회의 장기적인 계획으로, 지역사회 계획자와 사회복지사들이 사회계획의 목표를 달성하기 위해 상호 원칙적으로 간학문적 팀 안에서 기능하는 기술적인 과정을 포함한다. 사회행동은 교량적 목표로서 사회 변화를 추구하며, 사회행동가들은 자신의 역할을 지역사회의 맥락에서 변화를 촉진시키는 것으로 보고, 종종 기존의 권력 배열과 구조에 도전한다(최일섭·류진석, 1996). 이 세 가지 접근에 대한 설명이 바로 지역사회복지를 중범위 이상의 사회복지 접근으로 이해하는 데 도움을 주는 지역사업의 내용적 측면을 구성한다(윤철수 외, 2012).

〈표 9-2〉 전통적인 지역사회복지실천모델

구분	지역사회개발	사회계획	사회행동
개념	지역사회 주민의 적극적인 참여와 주민들이 가능한 한 최대의 주도권을 갖고 전 지역사회의 경제적·사회적 조건을 향상시키기 위한 과정	비행, 주택, 정신건과 같은 사회문제를 해결하도록 하는 기술적인 과정	지역사회의 불우계층에 처한 주민들이 사회정의와 민주주의에 입각해서 보다 많은 자원과 향상된 처우를 지역사회에 요구하는 행동
목표	과정 중심 목표	과업 중심 목표(문제해결)	과업 또는 과정 중심 목표
지역사회 구조와 문제 상황에 관한 전제	• 주민들의 문제를 해결할 수 있는 능력과 기술의 결여 • 상호 고립으로 인한 아노미, 소외, 정신병적 증상 • 전통을 고수하고, 소수의 전통적인 지도자에 의한 비민주적인 피지배 형태	지역사회는 수많은 사회문제를 안고 있음	혜택과 권한의 분배에 따른 계층으로 유지되는 지역사회 때문에 무력한 주민들은 억압받고, 박탈당하며, 무시당하고, 정부나 대기업, 사회의 기본체제 등의 부조리와 착취에 의해 고통 받고 있음
변화를 위한 기본 전략	모두 모여 문제해결 방안을 논의함	객관적인 사실을 취합하여 논리적인 다음 단계를 모색함	자신들을 억압하는 것들을 없애기 위한 조직을 구성함
변화를 위한 전술과 기법	합의(개인, 집단, 파당 간의 의사 교환)	사실의 발견과 분석	갈등이나 대결(성토, 시위, 협력 거부, 피케팅)

구분	지역사회개발	사회계획	사회행동
사회복지사의 역할	• 조력자(enabler) • 격려자(encourager)	보다 기술적이고 전문가적인 역할	• 옹호자(advocator) • 행동가(activist)
변화의 매개체	과제 지향적 소집단	공식집단과 자료	대중 조직과 정치적 과정
권력구조에 대한 견해	권력집단도 지역을 향상시키려는 목적을 위해 노력하는 대상집단	전문가의 후원자 및 고용기관	클라이언트 집단 외부의 반대 세력이나 강압 세력
클라이언트 집단/수혜자 규정	전 지역사회	지역사회 내의 특수 지역 및 일부 계층	지역사회의 일부로서 고통당하는 집단
클라이언트 집단에 대한 개념	개발되지 않은 잠재력을 지닌 정상인	서비스 혜택을 받는 소비자	체제의 희생자

출처 : 윤철수 외(2012: 152).

최근의 양상은 사회운동적 성격을 지닌 지역사회운동 모델의 실천이다. 이는 지역사회와 함께, 그리고 개인적으로는 그 구성원들과 함께 평등주의적인 양식 내에서 활동하는 기술을 의미한다. 지역사회복지의 활성화를 위해서 가장 많이 사용되는 용어가 '주민 참여'라는 것이다. 주민 참여는 모든 주민, 특히 공식적인 정부의 의사결정 과정에서 소외되어 왔던 주민들의 욕구에 정부가 반응하도록 만드는 제도적 장치로 이해할 수 있으며, 단순히 정보를 획득하는 것에서부터 정보와 권고를 제시하고, 정책 결정에 참여하며, 또한 통제를 가하는 활동까지 포함된다(Stenberg, 1972).

일반적으로 지역사회운동은 사회적 상황에 따라 다양한 양상으로 발생하며, 그 특성에 따라 여러 가지 유형으로 구분될 수 있지만, 여기서는 최근 우리 사회에서 보다 주요한 의미를 가진다고 할 수 있는 지역노동운동, 지역사회운동, 지역환경운동을 소개하도록 한다(윤철수 외, 2012). 다음 <표 9-3>은 이 세 가지 유형의 지역사회운동을 운동 발생의 구조적 배경과 가시적 이슈 및 운동 주체, 장소, 이념, 대상, 조직 형태 및 특성 등의 측면에서 요약하였다. 이상에서 제시한 세 가지 유형은 각각 상이한 특징을 가지고 있기는 하지만, 여러 측면에서 주요한 공통점을 가지고 있다. 첫째, 지역사회운동은 자본주의 축적과정을 배경으로 한다. 둘째, 지역사회운동은 국가의 역할을 배경으로 한다. 셋째, 지역사회운동은 사회적으로 불평등한 자원 분배와 연계된다. 따라서 지역사회운동은 변혁적 운동의 성격을 가지며, 직접적 정치운동은 아니지만 사회적 힘의 관계를 변화시키고자 하는 정치적 운동의 성격을 가진다.

이러한 특징 때문에 지역사회운동이 사회복지의 전문 분야로 포함되는 것은 여러 갈등적 요소를 동반하고 있다고 볼 수 있다. 무엇보다도 우리나라의 사회복지 활동은 다양한 지향을 가진 여러 민간조직에서 이루어지기보다는 관 주도나 위탁 구조 하에서 경직되고 일률적으로 이루어지고 있는 실정이기 때문에 더욱 그러하다. 그러나 우리 사회가 변혁, 진보, 시민의 힘을 지향하는 방향으로 전환되고 있는 현 실정을 감안해보면, 이에 상응하는 사회복지계의 변화가 병행되어야 할 것이며, 그러한 입장에서 지역사회운동 모델과 같은 다양한 실천모델이 사회복지현장에서 적용되어야 할 것이다.

〈표 9-3〉 지역사회운동 실천모델

구분	지역노동운동	지역사회운동	지역환경운동
구조적 배경	• 자본에 의한 지역 생산 수단의 독점 • 지역 노동력의 착취를 통한 가치 증식	• 국가가 제공하는 지역 생활 수단의 한계와 불평등한 배분	• 자본 축적을 위한 상품 생산 및 소비 과정에서 지역적으로 한정된 자연환경의 파괴와 오염
가시적 이슈	• 저임금 • 열악한 작업 조건 • 경영 등에서 배제(소외)	• 생활수단(주거, 의료, 교통 등)의 부족과 열악성	• 지역사회 자원의 고갈과 부족 • 생존 및 생활환경 파괴 • 오염에 의한 피해
운동 주체	• 산업노동자(생산직, 사무직, 기술직 포함)	• 생활수단이 결핍된 도시 주민(저소득층)	• 피해 지역 주민 • 직·간접 피해에 노출된 시민
운동 장소	• 산업체 내 작업 공간(생산 영역)	• 일상(주거)생활 공간(소비 영역)	• 피해 지역 및 시민 생활공간
운동 이념	• 경제적 권리의 쟁취 • 사회경제 체제의 전환	• 생활수단 확보 및 개선 • 국가정책의 변화	• 생존권 보장 • 생활환경 개선 • 생활양식 전환
운동 대상	• 자본(기업)	• 국가(생활수단 제공의 일차적 책임자)	• 기업 • 국가 • 시민
운동 조직 및 성격	• 정형화되고 지속적인 조직체계 • 계급운동	• 사안별 비정형적 조직체계 • 준계급적 운동	• 정형화·비정형화된 조직체계의 혼재 • 범계급적 운동

출처 : 윤철수 외(2012: 154).

4) 지역사회복지의 추진방법

지역사회복지의 증진을 위한 구체적 실천방법은 다양하게 제기되고 있으나, 여기서는 대표적인 것을 중심으로 제시하도록 한다(上野谷加代子·山縣文治·松端克文, 編, 2004; 박경일 외, 2014).

(1) 지역사회복지의 추진원칙

첫째, 지역의 복지욕구에 따른 원칙이다. 지역의 복지욕구에는 긴급하게 대응해야 할 필요가 있는 욕구와 현행 제도나 서비스로서는 대응할 수 없는 것, 제도적·재정적으로 대응하기 곤란한 것 등이 존재한다. 따라서 지역주민의 문제가 복잡하게 연계되어 있으므로 현재 필요한 것을 중심으로 접근해야 한다.

둘째, 지역주체의 원칙이다. 지역사회복지를 추진하는 데 있어서 이를 해결하기 위한 주체는 주민조직이나 관계기관(시설) 등이 있다. 한편 각 지역은 환경, 역사, 문화적 배경이 다르게 나타나고 있고, 문제해결을 위하여서도 활동의 방법이나 조직의 운영이 다르게 나타나고 있다. 따라서 지역주민의 생활습관이나 가치관을 중시하며, 돕는 자는 측면적 원조가 되어야 한다.

셋째, 조직화의 원칙이다. 지역에서의 모든 활동은 조직에 의하여 실행되고 있다. 따라서 한 사람에 의존하는 것이 아니라 조직에 의거하여 움직여야 한다.

넷째, 협동활동의 원칙이다. 목적이 다른 각종의 주민조직이나 관계기관·시설 등이 지역에서 공통의 복지과제를 해결하는 데 있어서 역할을 분담하여 활동하도록 원조하는 것이다. 이로 인하여 지역의 문제해결능력을 높일 수 있다.

다섯째, 공사협동·분담의 원칙이다. 지역사회의 복지문제를 해결하기 위하여서는 공사의 책임분담을 확실히 하고 문제해결을 위하여 파트너로서 협력 및 협동하는 것이 중요하다.

여섯째, 사회자원 활용·개발의 원칙이다. 지역의 복지문제를 해결하기 위하여서는 복지·보건·의료 등 여러 영역의 사회자원을 최대한 활용하거나 개발하여 서비스가 경직되지 않도록 할 뿐만 아니라, 주민의 변화하는 욕구에 따라 적절히 자원을 개발해야 한다.

(2) 지역사회복지의 추진과 욕구파악

지역사회복지를 추진하기 위해서는 해당 지역의 실정에 맞게 전개될 필요가 있다. 이를 위해 주민의 생활실태나 복지과제 등 복지욕구를 파악하기 위해 노력하여, 복지욕구에 의거하여 지역사회복지를 추진하는 것이 지역사회복지의 출발점이다. 이러한 지역사회복지욕구의 파악은 크게 세 가지로 나눌 수 있다.

첫째, 지역의 공통적인 사회적 복지요구를 분명히 하여 그 해결을 위하여 필요한 사회자원을 동원, 개발하여 서비스의 양적 부분과 질적 부분, 또는 환경개선을 위하여 실시하는 것이다.

둘째, 주민 개인의 구체적 생활욕구로부터 출발하고 이를 해결하기 위한 하나의 접근으로 지역사회를 염두에 두고 서비스 계획을 수립하고, 아울러 욕구를 보편화하여 이를 해결할 수 있는 활동을 전개하는 것이다.

셋째, 지역주민은 물론 관계자의 의식·태도 문제를 분명히 하여 이를 개선하고 욕구를 자각하여 더 나아가 문제해결을 위한 동기를 부여하는 것이다.

이처럼 주민의 생활과 가까운 기초지방자치단체를 중심으로 재가에서 생활이 가능하도록 복지가 전개 및 제도화되어야 한다(福祉士養成講座編集委員會 編, 1999).

(3) 사회자원 네트워크 구축

사회지원 네트워크란 개인을 둘러싼 가족, 친구, 이웃, 자원봉사 등에 의한 원조(비공식 지원)와 공적 기관이나 전문가에 의한 원조(공적 지원)에 기초한 원조관계의 총체를 말한다. 이것의 기초개념에는 사회 네트워크, 사회지원 등이 있다. 사회 네트워크란 개인을 중심으로 하는 가변적이고 유기적인 인간관계구조를 지향하여, 서로 간의 관계성에 의거하여 개인을 이해하는 것을 말한다. 한편, 사회지원이란 인간관계에서의 개인을 지지하는 기능을 지향하여 구체적 애정이나 신뢰와 같은 정서적 지원, 인적·물적자원이나 정보와 같은 수단적 지원의 교환으로 개인을 이해한다.

또한 사회지원 네트워크를 만든다는 것은 개인을 중심으로 한 비공식지원과 공식지원을 통하여 통합적 지원관계를 형성하여 가는 것을 말한다. 이는 이용자인 개인을 대상으로 하여 지역사회에 존재하는 원조자원을 동원하는 것뿐만 아니라, 생활자인 개인과 개인을 둘러싼 가족, 친구, 이웃, 자원봉사, 자조집단 등이 주체성을 갖고 이러한 원조관계를 형성하고 통합을 가능하게 하는 복지커뮤니티를 지향하는 과정이다(日本地域福祉學會 編, 2006).

(4) 주민참여

지역사회복지에서의 주민참여는 생활자인 주민이 그 생활을 영위하는 데 발생하는 여러 가지 문제를 협력 받아 스스로 해결하기 위해 필요하다. 지역사회복지에서의 참여에는 두 가지 측면이 있다. 이용자 자신의 참여와 지역주민 입장에서의 참여이다. 이를 강조하는 이유에는 여러 가지가 있으나, 중요한 것은 당사자와 주민문제에 이들이 배제된 가운데 서비스나 제도가 실시됨으로써 비효율적 문제 등이 발생할 수 있다는 것이다. 또한 제삼자에 의한 문제해결로 인하여 문제발생의 악순환이 나타날 수 있기에 이를 최소화하기 위한 방안이라고 할 수 있다.

지역사회복지에서의 참여는 여러 가지가 있을 수 있으나, 자원봉사활동에의 참여와 지역사회복지계획수립에의 참여, 복지서비스 평가에의 참여, 복지정책수립에의 참여 등 다양한 형태의 참여가 있을 수 있다.

(5) 지역사회복지계획

지역사회복지계획이란 복지서비스가 필요한 지역주민이 지역사회를 구성하는 일원으로, 일상생활을 영위하고 사회, 경제, 문화, 기타 모든 분야의 활동에 참가하는 기회가 주어지도록 지역복지의 추진에 관한 사항을 전체적으로 정한 계획이다. 이 계획은 지역주민의 욕구를 파악하여 이를 바탕으로 다양한 복지 과제를 지역사회에 제시하고, 이에 대응하기 위하여 지역의 복지자원을 동원하여 지역수준에서 복지과제의 해결과 지역주민의 욕구를 충족하기 위한 것이다(박태영, 2002).

첫째, 지역사회복지계획은 지역사회복지비전을 제시한다. 현실이 비록 어렵고 부정적 요소가 있다 하더라도 현재 가지고 있는 자원을 최대한 효과적·효율적으로 활용하면 우리의 복지수준은 나아질 것이라는 비전을 제시하고 이를 구체화하기 위해서 지역사회복지계획이 필요하다.

둘째, 사회복지서비스 총량의 확대이다. 지역사회복지계획은 체계적이고 과학적인 분석과 예측을 바탕으로 정부의 복지서비스 확충과 민간의 참여를 촉구함으로써 사회복지서비스의 총량을 확대하기 위해서 필요하다.

셋째, 민·관 파트너십 형성이다. 지역사회복지계획은 '공공-민간-주민' 3자 간의 지속적 논의와 조율을 바탕으로 계획을 수립, 시행하는 과정을 통해 민·관 파트너십을 형성하기 위해서 필요하다.

넷째, 종합행정으로서의 계획이다. 지역사회복지계획을 수립하고 시행하는 것은 국가 전반의 정책수립과 연관되는 '중앙정부-광역단위-기초단위'가 각각의 역할을 분담함으로써 전체 차원에서 바람직한 종합적 행정계획을 도모할 수 있으며, 또한 단위별로는 복지서비스의 '종합성'을 바탕으로 하는 계획을 수립하기 위해서 필요하다.

다섯째, 주민의 복지의식 및 참여제고를 통한 복지지역사회 건설이다. 지역사회복지계획은 궁극적으로 모든 지역주민의 복지의식이 높아지고, 활발한 참여가 이루어져 모두가 함께하는 복지지역사회를 건설하기 위해 필요하다.

여섯째, 자원조달과 적정배분이다. 지역복지계획을 수립하는 과정에서 보건·의료·복지·주택·고용·문화 등에 관련된 공공 및 민간기관, 공동모금이나 기부금 등의 물적자원, 사회복지시설 종사자와 일반주민 등의 인적자원을 개발 및 조달하는 방안이 제시되고 이것을 효율적으로 배분하기 위한 노력이 이루어진다.

일곱째, 지역사회복지서비스 공급주체의 다양화이다. 지역사회가 지닌 복지욕구와 문제는 공공부문만으로는 해결하기 어려우며, 다양한 민간단체들이 참여해야 한다. 지역복지계획은 중앙 및 지방정부뿐만 아니라 지역사회 내의 다양한 민간단체를 끌어들여서 복지서비스의 공급에 참여하도록 촉구하게 된다. 이 계획에서는 기존의 사회복지기관 및 시설이나 사회복지단체뿐만 아니라 자원봉사단체, 시민단체, 전문가단체 등도 복지서비스의 공급주체로 설정된다(오정수·류진석, 2004).

02 사회복지행정

1) 사회복지행정의 개념

사회복지행정의 개념은 협의의 개념과 광의의 개념으로 나누어 살펴볼 수 있다(윤철수 외, 2012). 협의의 사회복지행정은 사회복지조직(기관)을 운영하는 관리자의 활동과 관련되어 있으며, 목표 달성, 프로그램 기획, 자원의 동원과 유지, 성과의 평가 등에 사회사업적인 지식과 기술을 적용하는 과정이라고 볼 수 있다. 협의의 사회복지행정은 '사회사업행정'(social work adminstration)으로 불린다. 광의의 사회복지행정은 사회복지 전달체계와 관련된 개념으로서, 사회복지정책을 사회복지서비스로 전환시키는 데 필요한 사회복지조직의 총체적인 활동을 의미한다.

2) 사회복지행정의 필요성

사회복지행정의 필요성은 사회복지의 거시적 환경변화의 측면과 현대 사회복지가 가지는 특성의 측면에서 나타난다(박경일 외, 2014). 전자는 사회복지환경의 변화로 나타난 다양한 복지욕구와 그것을 충족시키기 위한 다양한 활동을 조직화하고 조정하여 사회복지 목적달성에 공헌하도록 하기 위한 체계적 노력이 불가피하기 때문이며, 후자는 현대 사회복지가 가지는 특성 중 일차적 조건이 공식적 조직에 의한 활동이라는 점과 사회복지활동과정에서 행정이 없을 경우에 나타나는 현상을 극복하지 않으면 사회복지가 존립할 수 없기 때문이다. 이에 바인바흐(Weinbach)는 사회복지행정은 다양한 사회복지활동을 조정하면서 조직의 활동을 통해 클라이언트에게 필요한 서비스를 지속적으로 제공하도록 할 뿐만 아니라, 조직 자체의 유지와 발전을 위해서도 필요하다고 주장하였다.

3) 사회복지행정의 영역

사회복지행정의 전체 영역을 이해하기 위해서는 트렉커(Trecker)가 제시하고 있는 사회복지행정가의 이해, 기술, 기능, 목표와의 상호 관계를 살펴보는 것이 보다 유용하다(박경일 외, 2014). 이러한 사회복지행정 영역에서 사회복지행정가의 직무내용은 ① 목표와 목적의 결정, ② 조직화된 직무환경의 제공, ③ 조직 내에서의 의사소통의 활용, ④ 상호 관계의 확립, ⑤ 기획과 협력, ⑥ 역동성과 변화, ⑦ 역동적 리더십과 역할 등을 내포하고 있다.

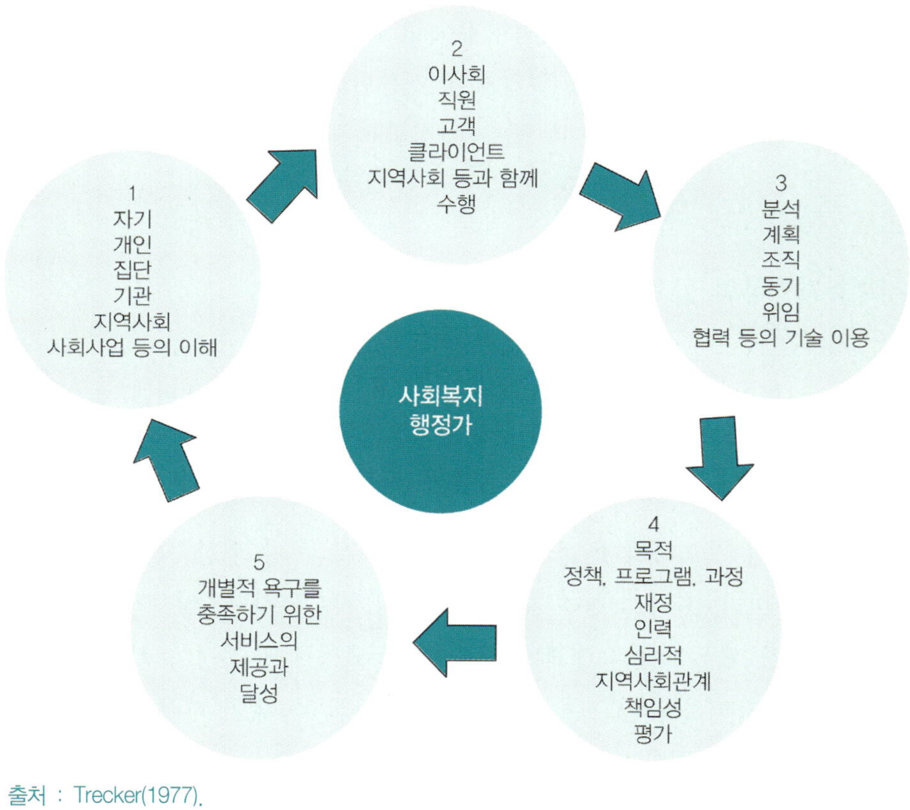

출처 : Trecker(1977).

[그림 9-1] 사회복지행정가의 이해, 기술, 기능, 목표와의 상호 관계

4) 사회복지행정의 이념

사회복지행정의 이념을 몇 가지 제시하면 다음과 같다(윤철수 외, 2012).

(1) 효과성

효과성(effectiveness)이란 사회복지조직에서 클라이언트의 욕구 충족을 위해 제공된 서비스나 프로그램이 클라이언트의 욕구 충족과 문제해결을 어느 정도 달성했는가에 관한 개념이다.

(2) 효율성

효율성(efficiency)이란 최소 자원의 투입(imput)으로 최대의 산출(output) 효과를 거두었는가에 관한 개념이다. 이 개념은 자원이 제한된 사회복지서비스의 공급에서 중요한 개념이다.

(3) 형평성

형평성(equity)은 동일한 욕구를 가진 클라이언트는 동일한 서비스를 받아야 한다는 개념이다. 즉, 사회복지서비스는 개개인의 욕구에 따라 형평성 있게 제공되어야 함을 의미한다.

(4) 접근성

접근성(accessibility)이란 클라이언트가 사회복지서비스를 쉽게 이용할 수 있어야 한다는 개념이다. 예를 들어, 클라이언트의 욕구 충족에 있어서 시설의 서비스가 요구된다면 그 시설이 클라이언트가 큰 어려움 없이 접근할 수 있는 위치에 있어야 함을 의미한다.

5) 사회복지행정의 특성

사회복지조직은 휴먼서비스 조직으로서의 특성을 갖고 있다. 일반적으로 휴먼서비스 조직은 조직의 원료가 인간이며, 도덕적 가치판단이 필요하고, 클라이언트와 조직 구성원 간의 관계가 효과성과 효율성에 중요한 영향을 미치는 등 다른 조직들과는 다른 특성을 갖고 있다(윤철수 외, 2012).

첫째, 사회복지행정은 국가의 이념, 개발 방향, 정책 등의 내용에 따라 결정되는 성격이 강하다.

둘째, 사회복지행정은 사회적으로 인지된 욕구충족을 위해 사용 가능한 자원을 동원하는 등 욕구충족을 위한 방법으로 사용된다.

셋째, 사회복지행정은 이윤추구 및 가격관리를 목적으로 하지 않고 클라이언트와 지역사회에 대한 윤리, 공적 책임, 전문인력 관리 등에 중점을 둔다.

넷째, 사회복지행정은 복지정책의 목표를 달성하는 수단, 방법과 선택, 서비스 제공 조직과 기구 등에 관심을 갖는다.

6) 사회복지행정의 과정

사회복지행정의 과정은 일반적으로 기획, 조직화, 인사, 지시, 조정, 보고, 재정, 평가로 전개되며, 알파벳의 첫 자를 따서 'POSDCoRBE'로 표현된다(윤철수 외, 2012).

(1) 기획

기획(Planning)은 사회복지행정가에 의해 수행되는 첫 번째 과정으로서 목표설정과 목표달성을 위한 과업 및 활동, 과업 수행을 위한 방법의 결정이 이루어지는 과정이다. 사회복지기관의 목적은 기관이 설립될 때 일반적으로 기술되는데, 공공기관의 경우에는 해당 법령에, 민간기관의 경우에는 정관에 나타나 있다. 과업 수행을 위해 사용되는 방법은 변화하는 목표에 따라 달라질 수 있으므로, 사회복지행정가는 변화하는 목표에 따라 필요한 과업을 계획하고, 목표 달성을 위해 요구되는 방법을 선정해야 한다.

(2) 조직화

조직화(Organizing)는 업무가 할당되고 조정되는 등 공식적인 조직구조가 설정되는 과정이다. 조직 구성에서 구성원 간에 갈등이 초래되지 않도록 구성원들의 역할과 책임을 분명히 해야 하며, 사회복지행정가는 구성원들에게 조직구조에 대해 명확히 이해시켜야 한다.

(3) 인사

인사(Staffing)는 직원의 채용과 해고, 직원 교육과 훈련, 우호적인 활동 조건의 유지 등이 이루어지는 과정이다. 사회복지기관의 행정 책임자는 공공기관의 경우에는 입법 또는 행정기관의 장이 채용되고, 민간기관의 경우에는 이사장(회장)이 채용한다. 사회복지기관의 행정 책임자는 직원의 임면과 교육 및 훈련에 대한 책임을 지며, 협동적인 분위기의 조성을 위해 구성원 간에 의사소통이 자유롭고 민주주적인 관계를 유지하도록 한다.

(4) 지시

지시(Directing)는 행정 책임자가 기관을 효과적으로 운영하기 위해 구성원에게 업무를 부과하는 과정이다. 행정 책임자에게는 합리적인 의사결정을 내리는 능력, 기관의 목적에 대한 적극적 관심과 그것을 달성하려는 헌신적인 태도, 구성원의 공헌을 칭찬하는 능력, 구성원에게 책임과 권한을 효과적으로 위임하는 능력, 개인과 집단의 창의성을 고취하는 능력 등이 요구된다.

(5) 조정

조정(Coordinating)은 기관 활동의 다양한 부분을 상호 연계시키는 과정이다. 조정을 위해 행정가는 기관의 여러 부서와 구성원들 간의 효과적인 의사소통 통로를 만들어야 한다. 이를 위해 가장 일반적인 방법은 위원회를 만들어 활용하는 것이다. 위원회에는 프로그램, 인사, 재정 등과 같은 활동에 관한 문제를 다루는 상설위원회와 긴급한 문제나 단기간에 수행할 수 있는 임시적 활동을 다루는 특별위원회가 있다.

(6) 보고

보고(Reporting)는 기관의 직원, 이사회, 지역사회 등에 기관에서 일어나는 상황을 알리는 과정이다. 기관의 보고를 위해 필요한 세 가지 주요 활동에는 인사 기록, 클라이언트 사례 기록, 전반적인 기관활동의 기록을 포함하는 기록 유지활동, 기관이 어떻게 기능하고 있는가를 보여 주는 장기적 감사활동, 기관의 서비스 수행 여부, 현재 서비스의 필요 여부 및 새롭게 요구되는 서비스 내용 등에 관한 조사·연구활동이 있다.

(7) 재정

재정(Budgeting)은 조직이 목표달성을 위해 필요한 재정지원을 합리적이고 계획적으로 동원하고, 배분하며, 효율적으로 사용 및 관리하는 과정이다. 이 과정은 크게 세 가지로 구분할 수 있는데, 예산편성 과정, 예산집행 과정, 예산집행에 대한 감사과정이 있다.

(8) 평가

평가(Evaluating)는 기관의 목표에 비추어 전반적인 활동의 결과를 사정(assessment)하는 과정이다. 평가에는 두 가지 척도를 적용할 수 있는데, 서비스에 대한 욕구와 관련하여 기관의 서비스가 수행된 정도를 사정하는 효과성 척도와 기관의 가용한 자원과 관련하여 기관의 서비스가 수행된 정도를 사정하는 효율성 척도가 있다.

03 사회복지정책

1) 사회복지정책의 개념

사회복지정책의 개념을 정의할 때 사회복지의 개념을 좁은 의미 혹은 넓은 의미로 설정할 것인지, 그리고 사회복지 주체가 공공기관인지 민간기관인지 등을 우선 고려해야 한다. 즉, 사회복지를 아동, 노인, 장애인 등과 같은 국가의 취약계층만을 대상으로 제공되는 선별적 복지로 이해할 것인지, 아니면 모든 국민의 의료, 주거, 소득, 사회서비스 등을 포괄하는 보편적 복지로 이해할 것인지에 따라 사회복지정책의 개념은 달라질 수밖에 없다. 또한 사회복지를 제공하는 주체가 중앙정부 및 지방정부 등과 같은 공공사회복지 주체만을 대상으로 할 것인지, 아니면 비영리단체 등 민간사회복지 주체를 포함시킬 것인지에 따라 사회복지정책의 개념이 달라진다(권중돈 외, 2012).

사회복지정책이란 요보호계층을 포함하여 모든 국민이 직면한 의료, 주거, 소득, 고용, 사회서비스 등과 관련된 사회문제를 해결하기 위해 중앙정부 및 지방정부가 책임지고 시행하는 일련의 계획, 원칙, 규칙, 지침 등을 의미한다.

이와 같은 접근은 윌렌스키와 르보(Wilensky & Lebeaux, 1958)에 의해 정의된 사회복지의 잔여적 개념과 보편적 개념을 동시에 포괄하는 것으로서, 사회복지정책의 포괄성과 공공성을 강조한 접근이다(권중돈 외, 2012).

사회복지정책이란 '사회복지'와 '정책'이 합성어이므로, 각 학자들이 제시한 사회복지정책의 개념을 참고하여 이를 몇 가지 개념으로 정리하면 다음과 같다(박경일, 2008; 박경일 외, 2014).

첫째, 사회복지정책은 인간의 기본적·사회적 욕구를 충족시키거나 사회문제를 해결하기 위해 중앙정부나 지방정부가 일차적 정책주체가 되어 행하는 국가의 정책이다.

둘째, 사회복지정책은 사회문제에 해결 또는 욕구충족과 같은 주요한 기능들을 수행하는 사회제도의 하나이다.

셋째, 사회복지정책은 인간다운 생활의 보장과 삶의 질을 향상시키기 위한 국가의 행동지침이나 지속적 계획이다.

넷째, 사회복지정책은 인간다운 생활의 보장이나 삶의 질을 향상시키기 위해 다양한 정책수단을 선택하는 의사결정과정이다.

다섯째, 협의의 의미로서 사회복지정책은 사회적 약자나 저소득층에게 소득이나 의료 및 서비스를 제공하기 위한 사회적 노력 혹은 집합적 활동으로 볼 수 있다.

여섯째, 사회복지정책은 모든 사람의 행복을 추구하기 위해 주택, 교육, 노동, 조세 및 환경정책까지 포함하는 광의의 개념으로 볼 수 있다.

2) 사회복지정책의 영역

사회복지정책의 영역에 대해서는 그동안 많은 학자가 분류를 시도하였다. 예를 들면, 타운샌드(Townsend, 1975)는 사회정책의 영역을 소득보장, 건강, 교육, 주택 및 사회서비스의 다섯 가지로 구분하였고, 디니토(DiNitto, 1995)는 소득보장, 영양유지, 건강 및 사회서비스의 네 가지 영역으로 구분하였다. 여기서는 이와 같은 기존 학자의 영역에 추가로 조세정책을 사회복지정책에 포함하였으며, 해당 정책 영역에 포함되는 우리나라 사회복지정책 영역의 제도 사례를 정리하면 <표 9-4>와 같다(권중돈 외, 2014).

〈표 9-4〉 사회복지정책의 영역 및 제도 사례

영역	제도 사례
소득보장정책	• 국민연금제도 • 산재보험제도 • 기초노령연금제도 • 고용보험제도(실업급여) • 국민기초생활보장제도 • 장애인연금제도
의료보장정책	• 건강보험제도 • 의료급여제도 • 노인장기요양보험제도
주거보장정책	• 저소득계층 대상 영구 및 공공임대주택제도
고용보장정책	• 고용보험제도(고용안정 및 직업능력개발사업) • 장애인의무고용제도
사회서비스정책	• 노인, 장애인, 아동 등에 대한 개별적 서비스
교육보장정책	• 특수교육제도 • 통합교육제도
조세정책	• 누진세 성격의 직접세를 통한 소득재분배 유도(소득세, 재산세, 법인세 등)

출처 : 권중돈 외(2012: 167).

3) 사회복지정책의 목표

사회복지정책의 기본목표는 인간의 존엄성을 유지하는 것이다. 인간의 존엄성 사상은 이미 오래전부터 현대사회에 이르기까지 중요시되고 있으며, 사회복지의 기본목표로 자리 잡았다. 사회복지정책의 목표를 사회 기능적으로 구분하여 보면 다음 여섯 가지로 요약해 볼 수 있다(박경일 외, 2014).

(1) 사회통합과 질서유지

사회복지정책은 사회적 약자의 어려움을 해결하여 사회통합과 질서유지를 시도하면서, 한편으로 이들을 사회적으로 격리하고 억제하여 현 상태의 파괴를 방지하고 유지하려는 기능을 가진다.

(2) 경제성장과 안정

❶ 경제성장 안정화

사회복지활동은 인적자본의 질적 수준을 향상시켜, 생산에서의 경쟁력을 확보함으로써 경제성장의 안정화에 기여한다.

❷ 경기변동 시 조정

사회복지는 경기가 호황이 되면 조세나 사회보장비의 부담을 증가시켜 경기를 진정시키고, 불황 시에는 조세나 사회보장비 부담을 감소시켜 경기를 자극하는 경기변동 시 조정을 기여한다. 이는 단기적으로 사회복지는 경제에 마이너스 효과를 가져오지만, 장기적으로 플러스 효과를 가져오는 것으로 인정된다.

(3) 개인적 자립과 성장

개인이 스스로 자신의 생활을 결정하고 영위할 수 있는 데까지 이르도록 자립을 지원하는 역할과 모든 사람이 제각기 능력에 따라 성장하고 발달할 수 있는 잠재력을 발휘할 수 있도록 원조하는 기능을 한다. 즉, 사회복지는 인간의 잠재력과 성장가능성을 인정하고 '자기결정권(self determination, potential power)'의 원리를 중시한다.

(4) 정치적 안정

사회복지정책을 통한 불평등 해소와 사회적 갈등 해소에 초점을 둔다. 최근 다원주의적 민주주의 발달로 인해 사회적으로 분파적 이익에만 급급하여 사회적 불평등을 야기한다. 이는 자신들의 이익을 정치활동에 투입하여 입법화와 정책화함에 있어 반성이 필요하다.

(5) 소득재분배에 의한 평등의 추구

소득의 재분배를 통하여 평등화 경향을 추구한다. 오늘날 사회복지정책은 재분배양식을 주된 목표로 추진하고 있으며, 소득재분배의 유형과 형태는 <표 9-5>와 같다.

〈표 9-5〉 소득재분배의 유형과 형태

유형		내용	형태
세대 간 재분배		• 노령세대 대 근로세대 • 근로세대 대 아동세대	• 연금 • 가족(아동)수당
세대 내 재분배	수직적 재분배	• 소득계층 간(고소득자에서 저소득자)	• 공공부조, 사회복지서비스
	수평적 재분배	• 위험, 미발생집단 대 위험 발생집단 • 건강한 자 – 병자 • 취업자 – 실업자 • 근로자 – 재해자	(편집부_공백으로 갑니다) • 국민건강보험 • 고용보험 • 산재보험

출처 : 박경일 외(2014: 224).

(6) 정상화 이념의 추구

정상화(normalization)는 1959년 덴마크에서 지적장애인을 대상으로 "지적장애인을 가능한 한 최대로 정상적 생활조건(normal living condition)에 가깝게 생존하도록 하는 것"이라고 정의한 「지적장애인법」에서 출발하였다. 이는 후에 미켈슨(Mikelsen)에 의하여 "지적장애인에게 주거, 교육, 일 취미활동 등을 포함하여 다른 모든 시민이 갖는 인간의 기본권을 제공하는 것"을 의미하는 개념으로 발전되었다.

1945년 이후 장애인을 위한 서비스 개발은 세 가지의 독특한 단계를 거치면서 발전하였다. 첫째 단계는 보호 차원의 배려에 중점을 두는 서비스 개발이며, 둘째 단계는 훈련과 교육에 중점을 두는 서비스 개발이다. 셋째 단계는 지역사회 내에서도 통합된 생활에, 즉 지역사회생활에 초점을 두는 서비스 개발이다.

CHAPTER 10

사회복지의 정책분야

01 사회보험

1) 사회보험의 개념과 특성

사회보험(social insurance)은 사회적 위험이 발생했을 때 현물 또는 현금 급여를 행하는 것으로, 사회보장 가운데 중핵을 이루고 있는 제도이다. 구체적으로는 피보험자가 사전에 소득이 있을 경우, 소득의 일부를 보험료로 지불하고 특정의 사태, 예를 들어 질병, 부상, 사망, 노령, 장애, 실업 등이 발생했을 때 급여를 지급하는 제도이다(윤철수 외, 2012).

우리나라는 19세기 말부터 사회보험을 도입한 유럽의 복지국가와 비교해 볼 때, 사회보험 도입시기가 매우 늦었지만, 보편적인 적용 대상 및 서비스 확대로 사회보험은 급속한 발전을 이루었다. 사회보험은 소득보장이란 점에서 공공부조와 동일한 목적을 갖지만, 민간보험은 물론 공공부조와 본질적으로 다르며 다음과 같은 특징을 가지고 있다(권중돈 외, 2012).

첫째, 사회보험은 모든 국민을 대상으로 행해지는 보편적인 제도로서 사회보험제도가 성숙되고 정착될수록 가입대상이 점차 확대되어 모든 국민을 포괄하는 제도로서의 특징이 있다.

둘째, 사회보험은 사회위험에 대비한다. 사회위험은 어느 특정 개인에게 국한된 문제가 아닌 사회 구성원이 경험하는 문제로서, 노령, 장애, 실업, 질병 등의 위험에 대처한다.

셋째, 사회보험은 미래에 닥칠 예견치 못한 상황에 대한 예방적인 특징을 가진다.

넷째, 사회보험은 보험방식으로 문제를 해결한다. 보험방식은 어떠한 위험에 닥친 다른 가입자에게 급여를 행하여 위험을 극복하는 것이다. 보험급여는 개인의 형평성보다는 모든 가입자에게 최저생계를 유지하도록 급여를 제공하는 사회연대 및 통합을 중시한다.

다섯째, 사회보험은 국민의 건강과 소득이 최저생활 이상의 문화적인 삶이 가능한 수준이 되도록 보장한다.

여섯째, 사회보험은 법에 의해 규정되고 실시되어 정부의 책임이 강하게 작동한다. 따라서 다른 민간보험에 비해 안정성을 유지할 수 있다.

2) 우리나라 사회보험제도

우리나라 사회보험은 대표적으로 노후생활에 대비한 국민연금, 질병과 출산으로 인한 국민건강보험, 산업재해로 인한 산업재해보상보험, 실업으로 인한 고용보험과 노후의 병 수발에 대비한 노인장기요양보험이 있다. 각 제도별로 살펴보면 다음과 같다(권중돈 외, 2012; 윤철수 외, 2012).

(1) 국민연금

국민연금제도는 국민의 노령, 장애 또는 사망 등과 같은 사회적 위험에 대비하여 가입자 및 그 유족에게 연금급여를 실시함으로써 그들의 경제적 생활안정과 복지를 증진시키기 위한 제도이다(국민연금법 제1조).

국민연금은 공적연금제도의 하나로, 우리나라에서 시행되고 있는 공적연금제도는 전 국민을 대상으로 하는 국민연금과 공무원 연금, 군인연금, 사립학교 교직원 연금이라는 일부 특수직역 종사자를 대상으로 하는 특수직 연금제도로 구분되어 있다.

우리나라의 국민연금제도는 1973년 12월에 「국민복지연금법」으로 통과하였으나, 그 당시 석유파동으로 인한 경제적 위기 및 정치·사회적 여건의 미비로 인해 시행이 유보되었다. 그러나 1980년대 경제가 호전되고 연금제도의 다양한 실행 가능성이 평가되면서 1986년 12월 「국민연금법」이 제정되었고, 1988년부터 시행되었다. 1988년에는 10인 이상 사업장을 중심으로 추진되다가 1992년 5인 이상 사업장으로 당연적용대상을 확대하였으며, 1995년 농어촌 지역주민, 1999년 4월에는 도시지역 자영사업자로 확대되어 전 국민연금제도를 실시하게 되었다. 또한 2003년에는 근로자 1인 이상 사업장으로 당연적용범위를 확대하였다.

국민연금의 가입 대상자는 국내에 거주하는 18세 이상 60세 미만의 국민이다. 또한 국민연금 가입 사업장에 종사하는 외국인과 국내 거주 외국인도 해당된다. 다만 특수직 연금에 가입하고 있는 자는 제외된다. 가입 대상은 반드시 가입해야 하는 당연 적용 가입 대상(의무 가입)과 본인의 선택에 의해 가입하는 임의 적용 가입 대상이 된다.

이러한 국민연금 급여의 종류는 노령연금, 장애연금, 유족연금, 반환일시금이 있다(국민연금법 제49조). 국민연금의 재원은 대부분 사용자의 부담금과 연금가입자의 기여금으로 충당된다. 연금가입자는 가입자의 기준소득월액에 연금보험료율(9%)을 곱한 금액을 연금보험료로 낸다. 사업장가입자는 사용자와 근로자가 절반씩 부담(각각 4.5%씩)하고, 자영업자는 전액(9%)을 본인이 부담한다. 국가는 농어민을 대상으로 국고 일부를 보조하고, 관리 운영비를 부담하고 있어 재정부담은 전형적인 사회보험 형태인 보험료로 충당되고 있다.

(2) 국민건강보험

우리나라는 국영의료방식이 아닌 사회보험방식의 국민건강보험을 실시하고 있다. 국민건강보험제도는 국민의 질병, 부상이라는 불확실한 위험에 대해 예방·진단·치료·재활을 실시하고, 출산·사망 등의 추가적 의료비용 지출에 대비함으로써 국민보건 향상 및 사회보장 증진을 위해 노력하기 위한 제도라 할 수 있다(국민건강보험법 제1조).

국민건강보험은 국민연금이 장기보험인 데 반해 단기보험으로 일 년 단위의 회계연도를 기준으로 수입과 지출을 예정하여 보험료를 계산하며, 지급 조건과 지급액도 보험료 납입 기간과는 상관없이 지급된다.

우리나라는 1963년 임의적 성격의 의료보험을 제정하여 시행하였으나, 실효를 거두지 못하다가 1976년 「의료보험법」이 전면 개정되면서 1977년 500인 이상 사업장을 대상으로 의료보험이 강제 적용되었다. 1979년에는 공무원, 사립학교 교직원을 대상으로 별도의 「의료보험법」이 실시되었다. 1988년에는 농어촌 지역주민으로 적용이 확대되었고, 1989년 7월에는 도시지역주민까지 적용이 확대되면서 전 국민 의료보험시대가 개막되었다. 이러한 발전과정에서 사업장과 지역마다 조합이 설립되어 수많은 의료조합이 생겨나게 되면서 통합주의 논쟁이 계속되어 왔으며, 실제로 많은 조합이 통합되는 과정을 거치게 되었다. 그러다 1999년에는 「국민건강보험법」이 제정됨으로써 직장의료보험까지 통합되었으며, 2000년에는 국민건강보험공단이 출범하여 완전통합을 이루게 되었다.

우리나라의 건강보험가입자는 국내에 거주하는 모든 국민으로 의료급여대상자를 제외한 가입자와 피부양자이다(국민건강보험법 제5조). 적용대상은 직장가입자와 지역가입자로 구분된다.

첫째, 직장가입자는 상시 1인 이상 사업장의 근로자와 그 사용자, 공무원 및 사립학교 교직원으로 임용 또는 채용된 자이다. 직장가입자의 피부양자는 배우자, 직계존속(배우자 직계존속 포함), 직계비속(배우자 직계비속 포함), 형제자매 등 직장가입자에 의하여 주로 생계를 유지하는 자로서 소득 또는 보수가 없는 자가 피부양자가 된다. 즉, 피부양자는 피보험자와 친족 관계 및 생계유지 관계에 있어야 하는 두 가지 요건을 동시에 만족시켜야 한다.

둘째, 지역가입자는 직장가입자와 그 피부양자를 제외한 농업 종사자 및 도시자영업자이다. 건강보험 급여는 법정급여와 부가급여로 구분된다. 법정급여는 요양급여, 요양비, 건강검진, 장애인 보장구 급여비 등이 있으며, 부가급여는 장제비, 임신출산진료비, 상병수당이 있다. 장제비와 상병수당은 현재 시행되지 않고 있으며, 임신출산진료비는 바우처 형태로 제공되고 있다.

이처럼 국민건강보험의 재정은 대부분 사용자와 근로자의 부담으로 이루어진다. 건강보험료의 보험료 산정 기준은 직장가입자와 지역가입자가 상이하다.

(3) 산업재해보상보험

산업재해보상보험(이하 '산재보험')은 근로자의 업무상 재해를 신속하고 공정하게 보상하며, 재해근로자의 재활 및 사회복귀를 촉진하기 위하여 필요한 보험시설을 설치·운영하고, 재해예방과 근로자 복지증진을 위한 사업을 시행하여 근로자를 보호하기 위한 제도이다(산재보험법 제1조). 즉, 산재보험의 목적은 산재근로자에 대한 신속·공정한 재해보상, 재해예방과 산재근로자에 대한 복지증진을 통한 인간다운 삶을 보장하는 것이다. 또한 산재보험은 무과실책임주의를 택하고 있어 사용자의 고의 또는 과실의 유무를 불문하므로 산재근로자에 대한 사업주의 부담을 경감시켜 안정된 기업 활동이 가능하도록 한 제도이다.

산재보험은 우리나라 최초의 사회보험제도로 1963년에 법이 제정되었고, 1964년부터 500인 이상 사업장을 대상으로 시행되었다. 산재보험은 적용범위도 점진적으로 확대되어 왔으며, 급여수준이나 급여범위에 있어서도 많은 발전이 이루어져 왔다. 2000년부터는 1인 이상의 근로자를 둔 사업장까지 확대되었다.

우리나라 산재보험의 적용 대상은 근로자를 사용하는 모든 사업 또는 사업장이 대상이 된다. 다만 재해보상이 행해지는 특수직역(공무원, 군인, 사립학교교직원 등)사업, 가사서비스업, 농업, 임업, 어업, 수렵업 등 법인이 아닌 자의 사업으로서 상시근로자 수가 5명 미만인 사업, 총 공사금액이 2,000만 원 미만인 소규모공사 등은 적용예외 사업장이 된다. 산재보험은 사업장 중심으로 관리되며, 보험혜택의 주 수혜자는 근로자가 된다.

또한 산재보험의 급여는 '업무상 재해'일 경우에 제공된다. '업무상 재해'로 인정받기 위해서는 업무기인성 및 업무수행성을 충족시켜야 한다. 즉, 업무를 수행하거나 업무에 기인한 재해임이 확인되어야 한다. 업무상 재해라 인정받은 산재급여는 재해발생에 따라 손해 전체를 보상하는 것이 아니라, 자신의 평균임금을 기초로 정률방식으로 산정한다. 산재보험의 급여는 요양급여, 휴업급여, 장해급여, 간병급여, 유족급여, 장의비, 상병보상연금, 직업재활급여로 구분된다. 또한 산재보험의 재원은 사업주가 부담하는 보험료로 이루어진다. 근로자와 사업주가 공동 부담하는 다른 사회보험과는 달리, 보험료 전액을 사업주가 부담하는 것을 원칙으로 한다. 보험료 책정은 근로자에게 지급한 임금총액에 업종별 차등 요율을 적용하여 산정한다.

(4) 고용보험

고용보험은 고용보험의 시행을 통하여 실업의 예방, 고용의 촉진 및 근로자의 직업능력의 개발과 향상을 꾀하고, 국가의 직업지도와 직업소개 기능을 강화하며, 근로자가 실업한 경우에 생활에 필요한 급여를 실시하여 근로자의 생활안정과 구직 활동을 촉진함으로써 경제 및 사회발전에 이바지하는 것을 목적으로 한다(고용보험법 제1조). 즉, 고용보험은 사후적·소극적 사회보장제도인 실업보험과 사전적·적극적 노동시장정책인 고용안정사업, 직업능력개발사업을 연계하여 통합적으로 실시하는 적극적인 노동시장정책이라 할 수 있다.

우리나라는 1993년 12월에 「고용보험법」을 제정하고, 1995년 7월 1일부터 상시근로자 30인 이상의 사업장에 적용하면서 사회보험제도의 기틀을 구축하게 되었다. 그 후 1998년 10월부터는 제도 시행 후 3년 만에 근로자 1인 이상을 고용하는 모든 사업장에 확대 적용하여, 모든 사업주는 의무적으로 가입하게 되었다.

「고용보험법」은 근로자를 사용하는 모든 사업 또는 사업장에 적용되지만, 산업별 특성 및 규모 등을 고려하여 대통령령으로 정하는 사업 또는 사업장에 대해서는 그 예외가 인정된다. 고용보험의 적용 관계는 산재보험과 같이 사업이 개시되어 적용 요건을 충족하게 되었을 때, 사업주의 가입 의사와 관계없이 자동적으로 보험 관계가 성립하는 당연적용사업과 사업주의 가입 의사에 따라 가입할 수 있는 임의적용사업으로 분류된다.

또한 고용보험은 크게 고용안정·직업능력개발사업과 실업급여, 육아휴직·출산전후휴가급여로 구분된다.

첫째, 고용안정·직업능력개발사업은 피보험자 및 피보험자였던 자, 그 밖에 취업할 의사를 가진 자에 대한 실업의 예방, 취업의 촉진, 고용 기회의 확대, 직업

능력 개발 및 향상의 기회 제공 및 지원, 그 밖에 고용 안정과 사업주에 대한 인력 확보를 지원하기 위하여 실시하는 사업이다.

둘째, 실업급여사업은 근로자가 실직한 경우에 일정 기간 동안 실직자와 그 가족의 생활 안정 및 원활한 구직활동을 위하여 지원하는 사업이다.

셋째, 육아휴직·출산전후휴가급여란 2001년 8월에 신설된 부분으로, 「남녀고용평등법」의 규정에 의한 출산전후휴가급여와 근로자의 육아휴직급여를 고용보험에서 지급할 수 있도록 하는 사업이다.

이러한 고용보험의 재원은 근로자와 사업주가 부담하는 보험료에 의해 마련된다. 산재보험은 사업주만 전액 부담하나, 고용보험의 경우 고용안정사업 및 직업능력개발사업은 사업주가 전액 부담하고, 실업급여는 사업주와 근로자가 보험료의 절반씩 각각 부담한다. 따라서 근로자는 실업급여만 부담한다. 고용보험의 보험료율은 보험수지의 추이와 경제 상황 등을 고려하여 1,000분의 30범위 내에서 고용안정, 직업능력개발사업의 보험료율 및 실업급여의 보험료율로 구분하여 결정한다.

10

(5) 노인장기요양보험

노인장기요양보험은 고령이나 노인성 질병 등으로 인하여 6개월 이상 동안 혼자서 일상생활을 수행하기 어려운 노인 등에게 신체활동 또는 가사지원 등의 장기요양급여를 제공함으로써 노후의 건강증진 및 생활안정을 도모하고, 그 가족의 부담을 덜어 주어 국민의 삶의 질을 향상시키기 위한 제도이다(노인장기요양보험법 제1조).

노인장기요양보험과 국민건강보험의 차이점은 국민건강보험은 질환의 진단, 입원 및 외래치료, 재활치료 등을 목적으로, 주로 병·의원 및 약국에서 담당하는 의료서비스를 제공하는 반면, 노인장기요양보험은 치매·중풍의 노화 및 노인성 질환 등으로 인하여 혼자 힘으로 생활하기 어려운 대상자에게 요양시설이나 재가장기요양기관을 통해 신체활동 또는 가사 지원 등의 서비스를 제공하는 복지서비스를 일컫는다.

노인장기요양보험은 우리나라 5대 사회보험 중 가장 최근에 제정된 법률로,

2007년 4월에 제정되고 2008년에 시행되어 그동안 가족 영역에 맡겨져 왔던 치매, 중풍 등 노인에 대한 장기간에 걸친 간병, 장기요양 문제를 사회연대원리에 따라 해결하게 되었다.

장기요양급여의 자격 대상은 65세 이상의 노인 및 65세 미만으로 치매·뇌혈관성질환·파킨슨병 등 노인성 질병을 가진 자로서, 장기요양보험가입자 또는 그 피부양자이거나 의료급여 수급권자여야 한다(동법 제1조, 제12조). 장기요양보험 가입자는 건강보험 가입자와 동일하다. 장기요양 적용을 받기 위해서는 공단지사(노인장기요양보험 지원센터)에 장기요양을 신청하면, 방문조사를 통해 등급판정을 받게 된다. 이러한 장기요양급여는 크게 재가급여, 시설급여, 특별현금급여로 나누어진다(동법 제23조).

또한 장기요양보험의 재원은 크게 장기요양보험료, 국가의 부담, 본인일부부담금으로 이루어진다(동법 제8조, 제40조, 제58조). 장기요양보험료는 건강보험료액에 장기요양보험료율을 곱해 산정하게 된다.

02 공공부조

1) 공공부조의 개념과 특성

공공부조는 "국가 및 지방자치단체의 책임하에 생활유지능력이 없거나 생활이 어려운 국민의 최저생활을 보장하고 자립을 지원하는 제도"를 말한다(사회보장기본법 제3조). 또한 공공부조는 자산조사를 통해 대상자를 선별하여 무상으로 급여를 제공하는 것으로, 「국민기초생활 보장법」, 「의료급여법」, 「긴급복지지원법」 등이 있다(권중돈 외, 2012).

공공부조는 2차적 사회안전망으로서, 노인 등 생활 유지 능력이 없거나 생활이 곤란한 저소득층의 최저 생활을 보장하고 자립을 지원하는 데 목적이 있다(윤철수 외, 2012). 이러한 공공부조의 특징은 다음과 같다.

첫째, 공공부조는 사회적 취약계층에 대한 최종적인 소득보장제도이다. 둘째, 선별적인 프로그램으로 자산조사를 실시한다. 즉, 법적으로는 모든 국민이 보호대상이지만, 실제로는 자산조사를 통해 일정한 빈곤선 이하이며, 가족이나 친족의 도움을 받을 수 없는 절대빈곤층을 대상으로 하고 있다. 셋째, 급여를 제공하기 위하여 필요한 재원은 일반조세로 충당된다. 넷째, 저소득층 빈민을 선별하여 급여를 제공하기 때문에 수급자에 대한 낙인감을 줄 수 있다.

한편, 공공부조의 일반적인 원칙은 다음과 같은 여섯 가지로 정리할 수 있다.

첫째, 최저생활의 원칙으로 생활이 어려운 자에게 생계·주거·의료·교육·자활 등 필요한 급여를 행하여 건강하고 문화적인 생활수준을 유지할 수 있는 최저한도의 생활이 보장되어야 한다는 것이다.

둘째, 보충급여의 원칙으로 수급자 스스로 자신의 능력·자산 및 모든 것을 최대한 활용하였음에도 최저생활을 유지할 수 없을 때 최종으로 그 부족분을 보충해 준다는 것이다.

셋째, 자립지원의 원칙으로 수급자의 잠재능력을 개발 육성하여 자력으로 사회생활에 적응하게 하는 원리이다. 이를 위해 근로능력이 있는 수급자에게는 자활사업에 참여할 것을 조건으로 급여를 지급한다.

넷째, 개별성의 원칙으로 급여수준을 정함에 있어서 수급권자의 개별적 특수상황을 최대한 반영하여 급여를 지급한다.

다섯째, 가족부양우선의 원칙으로 급여신청자가 부양의무자에 의하여 부양될 수 있는 경우에는 기초생활보장 급여에 우선하여 부양의무자에 의한 보호가 먼저 행해져야 한다.

여섯째, 타 급여 우선의 원칙으로 다른 법령에 의하여 보호를 받을 수 있는 경우에는 기초생활보장급여에 우선하여 다른 법령에 의한 보호가 먼저 행해져야 한다.

일곱째, 보편성의 원칙으로 수급자의 성, 종교 및 사회적 신분에 차별 없이 평등하게 보호를 받을 권리가 있다(보건복지부, 2010).

2) 국민기초생활보장제도

국민기초생활보장제도는 생활이 어려운 자에게 필요한 급여를 행하여 이들의 최저생활을 보장하고 자활을 조성하기 위한 것이다(국민기초생활 보장법 제1조). 국민기초생활보장제도 이전에는 「생활보호법」에 근거한 공공부조가 운영되었으나, 1997년 IMF 구제금융 사태와 구조조정으로 인한 대량실업으로, 빈곤문제 해결을 위한 근본적인 제도변화가 요청되었다. 공공부조제도의 도움을 받지 못하는 절대 빈곤층 문제가 심각하게 대두되는 상황에 대응하기 위한 제도로, 1999년 현재의 「국민기초생활 보장법」이 제정되었다. 이 법이 2000년부터 시행됨으로써, 지난 40여 년간의 시혜적 단순보호 차원의 생활보호제도에서 저소득층에 대한 국가책임을 강화하는 종합적 빈곤대책으로 전환되었다. 국민기초생활보장제도는 근로능력에 상관없이 빈곤선 이하의 모든 저소득층에게 최저생계비 이상 수준의 생활을 보장하는 계기를 마련했으며, 근로능력자에 대해서는 자활·자립을 강조하여 빈곤에서 스스로 벗어날 수 있도록 제도적 변화를 주었다(권중돈 외, 2012).

또한 국민기초생활보장제도의 수급자로 선정되기 위해서는 소득인정액 기준과 부양의무자 기준을 동시에 충족시켜야 한다. 단, 이러한 조건에 해당하지 않아도 생활이 어려운 자로서 일정 기간 동안 급여가 필요하다고 보건복지부 장관이 정하는 자는 수급권자가 될 수 있다(국민기초생활 보장법 제5조 제1항~2항). 소득인정액 기준은 산정 방식에 따라 가구별 소득평가액과 재산의 소득환산액을 합산한 금액을 말한다. 소득평가액은 실제소득에서 가구 특성별 지출비용[1]과 근로소득공제를 뺀 소득금액을 말한다. 소득환산액은 일반·금융재산의 종류별가액에서 기본재산액[2]과 부채를 뺀 금액에 소득환산율을 곱한 것을 말한다. 부양의무자 기준은 수급권자의 1촌의 직계혈족(부모, 아들, 딸 등) 및 그 배우자(며느리, 사위 등)을 기준으로 정한다. 수급권은 가구(세대) 단위로 보장하는 것을 원칙으로 하되, 특히 필요하다고 인정되는 경우에는 개인을 단위로 하여 급여를 행할 수도 있다(동법 제4조).

국민기초생활보장제도의 급여는 신청주의를 원칙으로 하고 있다. 생활이 어려

---

1) 가구 특성별 지출비용으로는 기초노령연금, 장애수당, 장애아동부양수당 등이 해당된다.
2) 기본재산액은 대도시(5,400만 원),중소도시(3,400만 원), 농어촌(2,900만 원)에 따라 차등 부과된다.

운 저소득 가구의 가구원, 그 친족 및 기타 관계인이 해당 가구의 급여를 신청하는 것이 원칙이다. 그러나 사회복지 전담공무원은 급여를 필요로 하는 자가 누락되지 않도록 관할지역 내에 거주하는 수급권자에 대한 급여를 본인의 동의를 얻어 직권으로 신청할 수 있다(동법 제21조). 급여는 수급권자 및 부양의무자의 소득과 재산 등에 관한 사항을 조사하여 급여실시 여부와 급여내용을 결정한다(동법 제22조).

또한 국민기초생활보장제도에서 제공하는 급여의 형태로는 생계급여, 주거급여, 의료급여, 교육급여, 해산급여, 장제급여, 자활급여 등 일곱 가지가 있다. 국민기초생활보장제도 재정은 전액 국고에서 조달된다. 국가 또는 시·도가 직접 행하는 보장업무에 소요되는 비용은 국가 또는 당해 시·도가 부담한다. 시·군·구가 행하는 보장업무에 소요되는 비용 중 인건비와 사무비 및 생활보장위원회의 운영에 소요되는 비용은 당해 시·군·구의 재정여건 및 사회보장비 지출 등을 고려하여 차등 분담한다.

CHAPTER 11

사회복지의 실천분야 I

01 아동복지

1) 아동복지의 개념

아동복지란 아동과 관련하여 실천되는 사회복지분야를 말한다. 아동을 위한 정책과 실천은 성인에 의해서 일방적으로 베풀어지는 것이 아니라 아동의 권리, 즉, 복지권의 강조를 뜻한다. 이는 여러 학자들에 의해 정의되었다.

첫째, 카두신(Kadushin, 1980)은 아동복지를 넓은 의미에서 "모든 아동들의 행복과 사회 적응을 위해 심리적·신체적 잠재력을 개발시켜 주기 위한 각종의 방법"을 말하며, 좁게는 "특수한 문제를 가진 아동과 그 가정을 대상으로 전문적인 기관에서 행하는 서비스"로 정의하고 있다.

둘째, 프리들랜더와 앱트(Friedlander & Apte, 1980)는 아동복지를 "빈곤, 방임, 유기, 질병, 결함 등을 지닌 아동 또는 환경에 적응하지 못하는 비행아동에게만 관심을 두는 것이 아니라, 모든 아동이 신체적·인지적·정서적 발달에서 안전하며 행복할 수 있도록 위험으로부터 보호하기 위하여 공공과 민간의 기관에서 실시하는 사회적·경제적·보편적인 제반 활동"으로 정의하였다.

셋째, 장인협과 오정수(2001)는 아동복지를 "사회 구성원으로서 아동의 기본적인 욕구를 충족시키고, 건전한 성장과 발달을 도모하기 위해 여러 가지 활동을 가능하게 하는 공적인 방법과 절차"라고 언급하고 있다.

이와 같은 아동복지 개념을 종합해 볼 때, 아동복지란 요보호 아동은 물론 모든 아동의 기본적 욕구 충족과 함께 아동의 신체적·정서적·사회적 측면에서 최적의 발달을 위해 치료적 혹은 예방적 차원에서 아동과 가족 및 관련자에게 직·간접적으로 실천되는 사회 전반적인 활동을 의미한다(권중돈 외, 2012).

2) 아동복지의 원칙

아동복지를 효과적이고 적절하게 구현하기 위해서는 아동복지원칙이 요구된다. 장인협과 오정수(2001)는 아동복지의 원칙으로 권리와 책임의 원칙, 보편성과 선별성의 원칙, 개발적 기능의 원칙, 포괄성의 원칙, 전문성의 원칙 등 다섯 가지를 제시하였다. 그리고 이혜원(2006)은 여기에 김성경 등(2005)의 예방성과 치료성의 원칙과 일본의 복지사양성강좌 편집위원회(福祉士養成講座編輯委員會, 2005)의 자기실현의 원칙, 아동권리협약(1989)의 무차별의 원칙, 아동 최선의 이익원칙, 생존보호발달의 원칙, 참여의 원칙 등을 추가하였다(권중돈 외, 2012).

(1) 권리와 책임의 원칙

아동은 가족과 지역사회와 국가로부터 보호를 받을 권리를 갖는 동시에, 스스로를 능동적 주체로 인식함으로써 아동은 책임의식을 갖고 사회의 기대에 충족하도록 노력해야 하며, 아동의 부모 또한 후견인으로서의 책임과 권리를 가져야 한다.

(2) 보편성과 선별성의 원칙

아동복지는 모든 아동을 대상으로 급여나 서비스를 제공하는 것으로, 포괄적이고 기회균등적인 서비스를 제공하는 보편성과 더불어, 빈곤계층 아동이나 장애아동 등과 같이 보충적이고 잔여적인 서비스를 제공하는 선별성이 함께 고려되어야 한다.

(3) 개발적 기능의 원칙

아동복지는 아동을 배제시키지 않고 사회와 국가 발전에 능동적으로 참여할 수 있는 기회를 제공함으로써 아동의 사회적 자립을 꾀하는 한편, 아동이 사회적 기여를 할 수 있게 해야 한다.

(4) 포괄성의 원칙

아동의 욕구와 문제를 적절히 해결하기 위해서는 부분적인 서비스 제공만으로 불가능하며, 아동의 건강한 성장발달에 필요한 다양한 서비스(안정된 가정생활, 경제적인 안정, 교육기회, 건강유지, 오락 활동, 특수보호 등의 프로그램)가 포괄적이며 통합적으로 제공되어야 한다.

(5) 전문성의 원칙

아동복지는 다원화된 사회의 복합적인 문제를 내포하고 있기 때문에 자원봉사 수준에서 효과를 거두기 어려우며, 아동복지를 효과적이고 효율적으로 전개하기 위해서는 아동복지 관련 분야의 전문적인 접근이 필요하다.

(6) 예방성과 치료성의 원칙

아동복지는 문제가 발생하기 전에 예방하는 것이 우선되어야 하며, 이미 발생된 문제에 대해서는 조기 치료 및 생애주기적 접근 등 시기적절한 치료적 개입이 필요하다.

(7) 무차별의 원칙

아동과 그의 부모 또는 법적 후견인의 인종, 피부색, 성별, 언어, 종교, 정치이념, 국적, 민족, 출시, 재산, 장애 출생 또는 기타 지위에 따라 차별받아서는 안 된다.

(8) 아동 최선의 이익 원칙

아동의 관련된 모든 정책과 활동에서 아동의 최선의 이익이 최우선적으로 고려되어야 한다.

(9) 아동의 생존보호 발달의 원칙

모든 아동은 생명에 관한 고유한 권리를 가지고 있으며, 아동의 생존과 발달을 보장하기 위하여 최선의 환경을 제공하여야 한다.

(10) 아동의 참여 원칙

아동에게 영향을 미치는 모든 사람은 아동의 관점에서 고려되고 결정되어야 하며, 아동은 자신의 견해를 자유롭게 표시할 권리를 보장받아야 한다.

(11) 자기실현의 원칙

모든 아동이 잠재적 능력을 최대한 발휘하여 자립할 수 있도록 지원해야 한다.

3) 아동복지의 필요성

경제적·정서적으로 문제가 없는 부모가 자신의 자녀를 가정에서 양육하고 교육기관에 보내 교육시키는 것이 아동에게 최선이다. 그러나 다음과 같은 이유로 아동복지가 필요한 가정이나 자녀가 있다(Popple & Leighninger, 2002; 원석조, 2013).

첫째, 부모역할의 결손(parental role unoccupied)이다. 한부모 가정이라고 해서 모두 자녀 양육과 교육에 문제가 있는 것은 아니다. 그러나 부모 중 한 명 또는 부모 모두 없을 경우 자녀 양육과 교육에 상당한 문제가 발생한다.

둘째, 부모 무능력(parental incapacity)이다. 부모가 수행해야 할 역할은 많다. 그러나 신체적·정신적·정서적 결함 또는 지식과 훈련의 결여로 부모 역할을 제대로 수행할 수 없는 경우가 있다. 이러한 부모의 무능력은 자녀를 위험에 빠트린다.

셋째, 역할 거부(role rejection)이다. 배우자 중 하나가 자녀를 원하지 않거나 의식적·무의식적으로 부모 역할을 거부하면 부모 역할수행에 실패하게 된다.

넷째, 역할 내 갈등(intra role conflict)이다. 부부가 남편과 아내 역할을 놓고 갈등에 빠질 수가 있다. 맞벌이 부부 사이에서 역할 내 갈등이 발생할 확률이 높다. 부부 갈등은 자녀의 복지를 위협한다.

다섯째, 역할 간 갈등(inter role conflict)이다. 부모 역할과 책임에 대한 사회적 갈등을 말한다. 예를 들어, 맞벌이 부부가 자녀 양육과 교육에 대해 어디까지 책임져야 하는 것을 놓고 사회적 갈등이 일어날 수 있는 것이다. 부모가 자신의 역할과 책임을 외면하고, 사회적 개입이나 원조를 기대하면 자녀가 위험에 처할 수 있다.

여섯째, 자녀의 무능력과 장애(child incapacity and or disability)이다. 신체적·정신적·정서적 문제가 있는 자녀를 둔 부모는 자녀 양육과 교육에 예외적인 부담을 갖는다. 이는 유능한 부모라도 힘들어 한다.

일곱째, 지역사회 자원의 결여(deficiency of community resources)이다. 자녀양육에 필요한 지역사회 자원이 부족해도 부모는 자신의 역할 수행에 애로를 겪게 된다. 예를 들어, 부모가 생계를 위해 일을 해야 하는데, 자녀를 안심하고 맡길

보육시설이 지역사회에 없으면 일을 포기하거나 아니면 자녀를 집에 보호자 없이 방치한 채 일하러 가야만 한다.

4) 아동복지서비스와 시설

(1) 아동복지서비스의 유형

아동복지서비스는 아동지원서비스(child supportive services), 아동대체서비스(child substitute services), 아동보호서비스(Child Protective Services, CPS)로 나뉜다(원석조, 2013).

첫째, 아동지원서비스란 부모와 아동이 자신의 지위에 맞는 책임을 완수하도록 그들의 능력을 지원하고 강화시키는 것을 말한다. 쉽게 말해서 가족 외부에서 가족의 기능을 강화시켜 주는 서비스가 지원서비스인 것이다. 기본적인 재정적·경제적 지원, 가족치료, 상담, 집단치료와 같은 정신보건치료, 아동보호서비스, 집중적 가족유지서비스(intensive family preservation services), 데이케어서비스, 가족생활교육(family life education) 등이 여기에 속한다(Kirst-Ashman, 2003).

둘째, 아동대체서비스는 아동의 가족을 대체해주는 서비스로서 일시적 또는 항구적으로 부모의 모든 역할을 대신해주는 것이다. 집중적 가족유지서비스로는 해결이 안 되는 결함을 가진 가족의 아동이 대상이 된다. 친척보호(kinship care), 위탁가정보호(foster family care), 그룹홈, 치료센터, 독립생활시설(independent living arrangements)과 같은 생활시설(residential settings), 입양이 여기에 포함된다(Kirst-Ashman, 2003).

셋째, 아동보호서비스는 위기에 빠진 아동(the child at risk)을 보호하는 데 목적을 둔 개입 방법이다. 위기에 빠진 아동이란 학대 또는 방임된 상태에 있는 아동을 말한다. 이 경우 아동보호서비스 기관은 아동학대나 방임에 관해 조사해 보고서를 작성하고 위기가 아동에게 어느 정도 해를 끼치고 있는지를 사정하며, 아동을 어느 곳에서 보호하는 것이 가장 적절한지를 결정하고, 가족이나 청소년법원과 긴밀하게 협력하여 아동의 안전과 복지를 위한 계획을 수립한다(Kirst-Ashman, 2003).

(2) 아동복지시설의 종류

우리나라 아동복지서비스를 제공하는 아동복지시설은 다음과 같다(아동복지법 제52조).

❶ 아동양육시설

보호대상아동을 입소시켜 보호, 양육 및 취업훈련, 자립지원 서비스 등을 제공하는 것을 목적으로 하는 시설이다.

❷ 아동일시보호시설

보호대상아동을 일시보호하고 아동에 대한 향후의 양육대책수립 및 보호조치를 행하는 것을 목적으로 하는 시설이다.

❸ 아동보호치료시설

- 아동에게 보호 및 치료 서비스를 제공하는 시설이다.
- 불량행위를 하거나 불량행위를 할 우려가 있는 아동으로서 보호자가 없거나 친권자나 후견인이 입소를 신청한 아동 또는 가정법원, 지방법원소년부지원에서 보호위탁된 19세 미만인 사람을 입소시켜 치료와 선도를 통하여 건전한 사회인으로 육성하는 것을 목적으로 하는 시설이다.
- 정서적·행동적 장애로 인하여 어려움을 겪고 있는 아동 또는 학대로 인하여 부모로부터 일시 격리되어 치료받을 필요가 있는 아동을 보호 및 치료하는 시설이다.

❹ 공동생활가정

보호대상아동에게 가정과 같은 주거여건과 보호, 양육, 자립지원 서비스를 제공하는 것을 목적으로 하는 시설이다.

❺ 자립지원시설

아동복지시설에서 퇴소한 사람에게 취업준비기간 또는 취업 후 일정 기간 동안 보호함으로써 자립을 지원하는 것을 목적으로 하는 시설이다.

❻ 아동상담소

아동과 그 가족의 문제에 관한 상담, 치료, 예방 및 연구 등을 목적으로 하는 시설이다.

❼ 아동전용시설

어린이공원, 어린이놀이터, 아동회관, 체육·연극·영화·과학실험 전시시설, 아동휴게숙박시설, 야영장 등 아동에게 건전한 놀이 및 오락, 그 밖의 각종 편의를 제공하여 심신의 건강유지와 복지증진에 필요한 서비스를 제공하는 것을 목적으로 하는 시설이다.

❽ 지역아동센터

지역사회 아동의 보호·교육, 건전한 놀이와 오락의 제공, 보호자와 지역사회의 연계 등 아동의 건전육성을 위하여 종합적인 아동복지서비스를 제공하는 시설이다.

또한 아동복지시설은 각 시설 고유의 목적 사업을 해치지 아니하고, 각 시설별 설치기준 및 운영기준을 충족하는 경우 다음과 같은 사업을 추가로 실시할 수 있다.

❶ 아동가정지원사업

지역사회아동의 건전한 발달을 위하여 아동, 가정, 지역주민에게 상담, 조언 및 정보를 제공하여 주는 사업이다.

❷ 아동주간보호사업

부득이한 사유로 가정에서 낮 동안 보호를 받을 수 없는 아동을 대상으로 개별적인 보호와 교육을 통하여 아동의 건전한 성장을 도모하는 사업이다.

❸ 아동전문상담사업

학교부적응아동 등을 대상으로 올바른 인격형성을 위한 상담, 치료 및 학교폭력예방을 실시하는 사업이다.

❹ 학대아동보호사업

학대아동의 발견, 보호, 치료 및 아동학대의 예방 등을 전문적으로 실시하는 사업이다.

❺ 공동생활가정사업

보호대상아동에게 가정과 같은 주거여건과 보호를 제공하는 것을 목적으로 하는 사업이다.

❻ 방과 후 아동지도사업

저소득층 아동을 대상으로 방과 후 개별적인 보호와 교육을 통하여 건전한 인격형성을 목적으로 하는 사업이다.

02 청소년복지

1) 청소년복지의 개념

청소년(adolescence)이란 라틴어의 'Adolescere'에서 유래한 것으로, '성장' 또는 '성숙'이라는 의미를 가진다. 일반적으로 청소년기는 인간발달의 단계에서 부모의 의존과 보호를 필요로 하는 아동기와 성인기의 중간에 위치한 시기로, 과도기적 사춘기의 연령층을 말한다. 과도기적 청소년의 성격은 자기의 참모습을 주관적인 면에서 객관적인 면으로 자각하게 되며, 자신의 처지, 능력, 책임 등을 깨닫게 되는 자아발견의 특징이 있다(이수종, 1982). 즉, 부모의 보호나 통제에서 벗어나 독립된 하나의 인격으로 인정받고, 불안정한 생활에서 안정된 생활로 재구성해 가는 시기다.

청소년복지(adolesce welfare)는 사회의 주요한 과제로 대두되고 있는데, 오늘날에는 청소년문제의 해결 없이는 바람직한 사회가 존재하기 어렵다는 인식을 같이하고 있다. 청소년복지는 일부 불우계층의 청소년을 경제적으로나 심리적으로 도와준다는 개념으로 해석해 왔다. 다시 말해, 청소년복지는 보다 잘살기 위한 사회적 노력인 사회복지의 개념과 맥을 같이하며, 청소년의 질적 변화(change)와 양적 성장(growth)을 포함하는 동태적이고 발전적인 개념으로 해석하고 있다.

따라서 청소년복지란 청소년의 인권보장과 가족구성원 및 사회의 일원으로서, 바람직한 삶을 영위할 수 있도록 하는 사회복지정책과 서비스의 지원체계를 의미한다. 즉, 청소년복지는 이들이 성장하고 발달할 수 있도록 공적, 사적 복지서비스를 실천에 옮기는 조직적인 활동이라 할 수 있다(박용순, 2008).

2) 청소년복지의 원칙

청소년복지의 원칙은 다음과 같이 정리할 수 있다(노혁, 2007).

(1) 보호의 원칙

성숙 단계에 있는 청소년은 가정과 사회 등의 안전한 사회환경을 제공받아 기본적인 성장 기반을 마련해야 한다. 특히 빈곤과 장애 등으로 인해 불평등한 조건을 지닌 청소년에 대한 보호는 지속적이고 체계적으로 이루어져야 한다. 사회가 가정을 강화하고 지지함으로써 가정에 있는 청소년의 보호를 위해 노력해야 한다. 이를 위해 물질적인 지원 못지않게 가정에서의 상호관계 수립, 부모의 역할 교육과 청소년 보호프로그램을 제공하여야 한다. 아울러 가정에서 일탈한 청소년에게도 사회의 보호 노력이 적극적으로 이루어져야 한다.

(2) 참여와 책임의 원칙

참여란 자신의 삶에 영향을 주는 모든 사안에 대해 의견을 표현할 수 있는 자유를 말한다. 다시 말해, 청소년 참여는 청소년이 자기 삶에 영향을 주는 의사결정에 참여하게 하고, 관심 있는 사안에 대해 행동할 수 있도록 권한을 부여하는 모든 활동이라고 할 수 있다. 궁극적으로 청소년의 참여는 성인과의 동반자 관계를 형성하여, 청소년뿐만 아니라 사회에도 유익한 권익과 발달을 성취하는 것을 목적으로 한다. 이러한 참여에는 두 가지 책임이 뒤따르게 된다. 하나는 개인을 둘러싼 환경이 개인에 대해서 갖는 책임이고, 다른 하나는 한 개체가 자신을 둘러싼 다른 사람과 환경에 대해서 갖는 책임이다. 이처럼 청소년 참여에는 반드시 책임이 뒤따른다는 것을 인식함으로써, 처음부터 결과와 평가를 고려한 책임 있는 참여 자세를 확립해야 한다. 따라서 청소년에게 성숙을 위한 다양한 사회적 기회를 제공하며 청소년의 사회책임의식을 고양해야 한다.

(3) 자립의 원칙

자립이란 청소년이 신체적·정신적·사회적 발달을 위하여 필요한 생활수준을 확보하는 것, 즉 자신의 삶을 주체적으로 계획하고 통제하며 살아간다는 뜻이다. 청소년 자립에는 생활에서 필요한 소득을 스스로 확보하는 경제적 자립, 복잡한 사회와 인간관계에서 자기의 입장을 지키는 사회적 자립, 그리고 이것들을 위하여 자율적인 태도와 생활방식을 갖는 정신적 자립 등이 포함된다. 이를 위해 청소년에게도 다양한 취업기회를 제공함으로써 현재의 자립생활 유지를 돕고, 나아가 성인이 되어서 스스로 사회기능을 수행하고 생활능력을 향상시켜 자기만족을 하는 사회 구성원이 되도록 해야 한다.

(4) 연대의 원칙

연대는 사회구성원이 상호 간 또는 사회 환경과의 사이에 갖는 상호의존 의식, 즉 같은 세대와 공간에 살고 있는 사회 구성원으로서 공통으로 갖는 소속감을 말한다. 청소년도 사회구성원으로서 역할을 수행하고 기여함으로써, 궁극적으로 다른 사람과 더불어 행복을 느끼고 살아갈 수 있는 연대를 마련해야 한다.

3) 청소년복지서비스

청소년복지서비스는 제도와 법률을 기반으로 하여 청소년 개발계획에 초점을 맞추어 중앙정부 및 지방정부와 행정 전달체계를 통해 제공된다. 청소년복지를 포괄적으로 해석한다면 청소년보호를 시작으로 하여 건전하게 육성하는 시책까지 다양한 서비스가 전개된다(윤철수 외, 2012).

다만, 청소년복지 업무를 한정적으로 규정한다면 여성가족부를 중심으로 이루어지고 있는 CYS-Net(지역사회 청소년 통합 지원체계)과 동반자 프로그램을 들 수 있다. CYS-Net은 시·도와 시·군·구에 있는 청소년상담지원센터를 중심으로 지역의 다양한 청소년 복지 관련 기관과 연계하여, 빈곤, 학업 중단, 비행 등 위기 상황을 겪고 있는 청소년을 발굴하고 서비스를 제공하여 사회적 적응과 잠재력 계발을 목표로 운영하는 프로그램이다.

또한 동반자 프로그램은 위기 청소년을 돕는 청소년 동반자가 도움이 필요한 청소년을 찾아가서 지속적인 관계를 맺고, 상담하며 기관과의 연계를 맺는 멘토 형식의 프로그램이다.

이와 관련하여 현재 운영되고 있는 청소년상담(지원)센터와 청소년쉼터는 「청소년복지지원법」에 근거하여 활발히 전개되는 청소년복지서비스라고 볼 수 있다.

4) 청소년복지 분야에서 사회복지사의 역할

아동복지 및 청소년복지와 관련된 사회복지사의 역할은 일반적인 사회복지사의 역할과 크게 다르지 않다. 여기서는 상담자, 지도자, 옹호자, 역량강화자 등 사회복지사가 갖는 고유의 역할 중 아동 및 청소년 복지서비스 현장에서 강조되어야 할 역할을 중심으로 살펴본다(윤철수 외, 2012).

(1) 상담자의 역할

청소년상담은 청소년을 대상으로 하는 상담이다. 이성진(1996)은 청소년상담을 '성장기에 있는 청소년이 사회에 잘 적응하고 자신의 잠재력을 최대한 실현할 수 있도록 도와주기 위한 전문적 활동'으로 정의하고, 넓은 의미에서 청소년 상담을 교육활동의 하나로 보고 있다. 이와 관련하여 사회복지실천에서 청소년 상담은 청소년의 단순한 심리적 갈등의 문제를 넘어서 포괄적으로 이해되어야 한다. 즉, 청소년을 둘러싼 사회적 상황 속에 존재하는 청소년 클라이언트의 심리와 태도 및 행동의 변화를 추구하는 폭넓은 개입서비스가 되어야 한다.

이와 같이, 청소년상담은 청소년이 현재 처해 있는 자신의 문제를 해결하도록 도움으로써 문제를 해결하고 해결능력을 길러 주는 데 일차적 목표를 둔다. 이외에도 인간관계에서 오는 고통과 어려움을 극복하기 위한 관계 개선 기술을 제공하며, 아동과는 달리 스스로 환경을 적극적으로 조정하는 방법과 성숙을 위한 잠재적 역량을 인식하도록 하는 데도 초점을 맞추어야 한다.

(2) 지도자의 역할

아동과 청소년의 건전한 성장을 위해 그들의 집단 및 현장 활동을 돕는 지도자의 역할은 특히 강조되어야 한다. 현재는 청소년지도자와 관련하여 법정 자격제도가 갖추어져 있다. 청소년지도자는 청소년 수련활동에 전문적인 지식과 지도 기법을 갖춘 사람으로서, 청소년 육성에 관련되는 일을 담당한다. 이 중 국가자격을 갖춘 청소년지도자를 청소년지도사라고 지칭하고, 자격기준은 1, 2, 3급으로 구분되며, 현재 청소년지도사 양성은 자격검정을 실시하고, 합격한 사람에 대해서 소정의 의무연수를 실시한 후에 국가자격을 부여하고 있다(국가청소년위원회, 2006).

(3) 옹호자의 역할

옹호자의 역할은 힘이 없어 고통을 겪는 개인이나 집단을 위하여 대신해서 행동하도록 하고, 원인에 대하여 변론하거나 방어하고, 그들의 정당한 이익을 위해서 싸우는 것을 말한다. 아동과 청소년은 발달과정에 있어 사회적 약자 위치에 있다. 특히 빈곤 및 결손 등 가정적으로 어려움을 겪는 취약계층의 위기 아동 및 청소년은 스스로 자신의 고통과 아픔을 표출하고, 개선을 요구할 수 있는 힘이 없다. 따라서 이들에 대한 옹호자로서의 역할은 위기에 처한 아동과 청소년을 위해 불합리한 사회적 조건을 개선하고, 아동과 청소년의 목소리를 대신해서 사회에 전달하는 기능을 함으로써 아동과 청소년에게 바람직한 사회적 환경을 조성하는 데 기여할 수 있다.

(4) 역량강화자의 역할

역량강화(empowerment)는 힘을 부여하는 일이다. 청소년에게 힘이란 그들의 현재의 삶을 긍정적으로 헤쳐 나갈 수 있도록 자존감을 키워 주는 일뿐만 아니라, 잠재된 능력을 발굴하는 것까지 포함한다. 모든 청소년이 그렇지는 않겠지만 청소년은 성인에 비해서, 특히 취약한 환경에 처한 청소년일 경우 사회에서 무력함을 나타낼 수밖에 없다. 따라서 그들에게 정의와 평등의 철학을 기반으로 한 창조적인 방법으로 스스로를 통제할 수 있는 힘을 길러 주어야 한다. 나아가 다른 사람들에게 긍정적인 영향을 주도록 돕는 것 역시 역량강화자의 역할이다. 이를 위해서 역량강화자는 정치·경제적으로 해박해야 한다. 그렇지 않으면 역량강화의 약속은 현실이 될 수 없다. 또한 청소년이 살아가야 할 전반적인 정치·경제적 상황을 이해하고 청소년 문화의 환경을 잘 파악해야 한다(김혜란 외, 2006).

03 노인복지

1) 노인복지의 개념

노인(the aged)이란 노령화 과정에서 나타나는 육체적·정신적·심리적·환경적 및 행동의 변화가 상호작용하는 복합적 형태의 과정에 있는 사람을 의미한다. 다시 말해, 노인은 육체적·정신적으로 그 기능의 능력이 감퇴되어 가는 시기에 도달한 사람을 의미하며, 생활기능을 정상적으로 발휘할 수 없는 사람을 지칭한다.

노인복지(social work with the aged)는 많은 사회문제 중에서 노인에게 일어나는 문제를 해결하고 노인의 복지를 이룩하려는 사회적 노력이라고 할 수 있다(김정순, 1981). 오늘날 사회변화와 다양화를 추구하는 산업화·정보화 시대에서 노인은 젊은 세대에 비해 생활의 적응이 어렵고 생산활동에서 소외되어 있으며, 이와 같은 노인의 생활을 둘러싸고 있는 제반 여건이 불가피하게 노인문제를 야기하고 있다. 따라서 노인복지란 노인이 인간다운 생활을 영위하면서 자신이 속한 가족과 사회에 적응하고 통합될 수 있도록 필요한 자원과 서비스를 제공하는 데 관련된 공적, 사적 차원에서의 조직적 제반 활동이다(장인협·최성재, 2006).

사회복지에 의거해 노인복지를 정의하면, 노인복지는 "노인의 사회적·경제적·교육적·보건 의료적 욕구를 충족시키는 것을 돕는 프로그램, 급여, 서비스체계"이다. 좀 더 축약하면, 노인복지는 노인이 가진 문제를 해결하거나 노인의 욕구를 충족시키는 사회복지시스템이다(원석조, 2013).

2) 노인복지의 원칙

노인복지를 달성하기 위해 준수해야 할 원칙은 1991년 유엔총회에서 채택한 노인을 위한 유엔원칙(United Nations principles for Older Persons)을 들 수 있다. 이 원칙에서는 국가가 노인복지정책과 실천을 함에 있어서 독립, 참여, 보호, 자아실현, 존엄이라는 다섯 가지 원칙을 따를 것을 권고하고 있다(보건복지부, 2000).

(1) 독립(independence)의 원칙

적절한 소득과 건강보호서비스에 접근하고, 경제활동에 참여할 수 있는 기회를 갖고, 개인이 선호도와 변화하는 능력에 맞는 안전하고 적응적인 생활환경을 조성하여 지역사회와 가정에서 가능한 한 오랫동안 생활할 수 있도록 도와야 한다는 것이다.

(2) 참여(participation)의 원칙

젊은 세대와 소통하면서, 노인복지정책과 사회공헌활동에 참여하고, 노인 단체를 조직하고 참여할 수 있도록 도와야 한다는 것이다.

(3) 보호(care)의 원칙

신체 및 정서적 안녕 상태를 유지하고, 질병의 예방과 치료를 위한 건강 및 사회서비스에 접근하고, 노인복지시설에서 거주하는 경우에도 존엄한 존재로 처우받을 수 있도록 해야 한다는 것이다.

(4) 자아실현(self-fulfillment)의 원칙

노인에게 교육·문화·여가서비스에 접근하고, 자신의 잠재력을 실현할 수 있는 기회를 충분히 부여해야 한다는 것이다.

(5) 존엄(dignity)의 원칙

다양한 차별과 학대로부터 자유로워야 하며, 존엄한 존재로 처우 받아야 한다는 원칙이다.

3) 노인복지서비스와 시설

(1) 노인복지서비스

노인복지서비스는 노인인구를 대상으로 제공되는 사회적 서비스(personal social service for the elderly)를 의미하며, 노인의 사회적·심리적 적응, 자아발달을 위한 욕구충족, 그리고 일상생활에서 당면한 문제해결 등을 위한 비화폐적 서비스로 정의된다. 즉, 노인복지실천방법에 있어서 클라이언트인 노인과 그 가족이 직면하는 사회생활상의 문제를 해결하는 것을 목적으로 한다. 노인복지실천현장에서 전문가의 주요 업무를 보면, 노인개별상담, 가족상담, 노인전화상담서비스, 집단활동(작업요법, 취미활동, 레크리에이션 등)의 리더, 관리·조정, 노인교육, 노인에게 지역사회자원 연결, 노인의 취업알선, 노인의 케어에 관한 사항, 노인가정방문, 노인의 일상생활동작(Activities Daily of Living) 계획 및 훈련, 노인여가활동 안내 등이 있다(박경일 외, 2014).

노년기에는 심리사회적 적응과 자아실현 욕구충족, 그리고 일상생활의 당면문제 해결 등을 위한 비화폐 서비스에 대한 요구가 증가한다. 이러한 노인의 욕구를 충족시키기 위해 현재 실시되는 사회서비스는 노인돌봄서비스, 여가지원서비스, 평생교육서비스, 사회참여지원서비스, 노인권익보호서비스, 상담서비스로 크게 구분된다(권중돈 외, 2012).

노인돌봄서비스는 자립적 일상생활 영위가 어려운 노인과 독거노인에게 욕구에 따라 안전 확인, 생활교육, 서비스 연계, 가사 지원, 활동 지원 등의 맞춤서비스를 제공하는 노인돌봄기본서비스와 노인돌봄종합서비스로 구성되어 있다. 노인돌봄기본서비스는 독거노인의 사회안전망을 구축하는 데 목적을 둔 사업으로, 노인돌보미가 독거노인의 가정을 방문하여 안전 확인, 서비스 연계, 생활교육 등을 제공하는데 서비스 비용은 무료이며, 서비스 재원은 조세에 의해 마련된다. 노인돌봄종합서비스는 혼자 힘으로 일상생활 영위가 어려운 노인(장기요양 외 A, B판정을 받은 자)의 가정을 노인돌보미가 방문하여 가사 지원과 일상생활지원서비스를 제공하는 사회서비스이다. 또한 노인돌봄종합서비스는 정부의 서비스 이용권(voucher)의 지원액과 본인부담금으로 서비스 비용을 지불하며, 국민기초생활수급권자는 본인부담금이 면제되지만, 나머지는 서비스 이용시간과 소득수준에 따라 일정액의 본인부담금을 납부해야 한다.

(2) 노인복지시설의 종류

노인복지시설이란 「노인복지법」에 의해 노인복지사업을 행할 목적으로 설치된 시설이다. 이는 노인의 질병이나 장애 또는 주택, 경제, 가족관계 등 생활조건상의 곤란과 가족의 부양능력 제한으로 가정에서 계속 생활할 수 없는 경우, 이러한 문제해결을 도모하는 대안적 노인주거시설뿐만 아니라 요양원이나 노인병원 등 노인을 전문적으로 케어하고 치료하는 의료복지시설까지 포함하고 있다.

우리나라의 노인복지사업을 위한 노인복지시설은 그 종류와 기능에 따라 노인주거복지시설, 노인의료복지시설, 노인여가복지시설, 재가노인복지시설, 노인보호전문기관, 노인일자리지원기관 등 여섯 가지로 구분된다(노인복지법 제31조).

❶ 노인주거복지시설

노인주거복지시설은 가정을 대신하여 노인들이 생활할 수 있도록 주거를 포함하여 일상생활이 가능하도록 서비스를 제공하는 시설로서, 양로시설, 노인공동생활가정(그룹홈), 노인복지주택 등이 포함된다.

❷ 노인의료복지시설

노인의료복지시설은 치매·중풍 등 노인성 질환 등으로 심신에 장애가 발생하여 도움을 필요로 하는 노인에게 주거생활은 물론 보건·의료적 서비스를 제공하는 시설로서, 노인요양시설, 노인요양공동생활가정, 노인전문병원이 속해 있다.

❸ 재가노인복지시설

재가노인복지시설은 가정에서 일상생활을 영위하고 있는 노인들이 신체적·정신적 장애로 서비스가 필요할 경우, 그에 상응하는 적합한 서비스, 즉 지역사회 안에서 건전하고 안정된 노후를 보낼 수 있도록 하는 서비스를 제공하는 시설로서, 방문요양서비스, 주·야간보호서비스, 단기보호서비스, 방문목욕서비스 등이 포함되어 있다.

❹ 노인여가복지시설

노인여가복지시설은 노인들이 건강하고 건전한 여가활동을 할 수 있도록 제반 서비스를 제공하는 시설로서, 이용 목적에 따라 노인복지관, 경로당, 노인교실, 노인휴양소로 구분된다.

첫째, 노인복지관은 여가, 건강, 일자리 등 노인의 다양한 복지욕구를 충족시킬 수 있는 체계적이고 종합적인 서비스를 제공하는 대표적인 시설이다. 지역사회 노인의 성공적 노후생활 실현이라는 사명을 이행하기 위하여 노인복지관은 소득 지원, 고용 지원, 건강생활, 평생교육, 취미여가활동, 사회참여 지원, 정서생활, 가족기능 보완 및 통합, 노인권익 증진 등의 서비스를 제공한다.

둘째, 경로당은 노인정 또는 동네 사랑방으로도 불리며, 지역노인이 자율적으로 친목도모, 취미활동, 정보교환과 기타 여가활동을 할 수 있도록 장소를 제공하는 시설이다. 그러나 경로당의 시설과 설비는 매우 협소하고 부족하며, 적극적이고 창의적인 여가프로그램이 제한되어 있는 경우가 대다수이다.

셋째, 노인에게 평생교육의 기회를 제공할 목적으로 설립된 노인교실은 노인학교, 노인대학, 경로대학으로도 불린다. 대한노인회나 종교단체 등에서 노인교실을 운영하고 있으나, 운영기관이 다양한 만큼 운영 상황도 천차만별이며, 주로 교양강의 보다는 취미나 오락 위주의 프로그램에 치중하는 경우가 많다. 노인의 사회참여를 조장하고 지역사회의 발전에 공헌할 수 있는 기회를 부여하기 위해서 노인자원봉사활동을 활성화하기 위해 노력하고 있다. 이를 위해 전문 자원봉사 프로그램 공모지원사업, 노인자원봉사 대축제, 노인자원봉사 전문인력 교육훈련, 노인자원봉사자 조직화사업 등을 실시하고 있다.

❺ 노인보호전문기관

노인의 권익 증진, 노인학대의 예방과 학대받은 노인을 보호하기 위한 노인보호전문기관이 있다. 여기서는 노인학대 신고와 위기상담을 위한 긴급전화, 노인학대 사례에 대한 사례관리서비스, 긴급보호서비스, 노인학대 예방교육 등의 서비스를 제공한다. 노년기의 발달과업 성취와 심리사회적 적응을 도모하고, 다양한 정신 및 정서적 문제해결을 위해서는 노인상담서비스가 필요하다.

4) 노인복지 분야에서 사회복지사의 역할

노인복지 분야에서 일하는 사회복지사는 같은 노년기라 할지라도 노인의 경험, 건강 상태, 생활 태도, 기능 수준 등이 매우 다르므로, 노인의 다양성을 충분히 고려하여 실천하여야 한다. 사회복지사는 노년기의 정체감과 역할의 상실에서 오는 무력감 등에 공감하면서 노년기를 정서적으로 안정되게 이끌어 나갈 수 있도록 돕는 조력자로서의 역할은 물론, 일상생활을 영위하는 데 어려움이 있는 노인 및 그 가족을 위한 다양한 프로그램을 개발하고 지도하는 교사로서 역할도 강조된다. 또한 특수 노인집단에 필요한 서비스를 개발하여 고령자 취업알선센터나 시설과의 연계를 이루고, 무의탁 노인이나 불우 노인을 위한 후원자를 개발하는 중개자 역할이 요구된다. 사회복지사는 ① 노인상담, ② 노인 및 가족을 위한 집단활동 프로그램, ③ 노인교육, ④ 지역사회 자원의 연결, ⑤ 취업알선, ⑥ 노인환자에 대한 케어, ⑦ 가정방문서비스, ⑧ 일상생활 동작훈련, ⑨ 여가활동 지원 등 다양한 업무을 수행한다(현외성 외, 2000).

04 장애인복지

1) 장애인복지의 개념

장애인복지는 장애인을 대상으로 하는 사회복지의 한 분야이다. 이는 국가나 사회적 수준에서 장애인에 대한 인간으로서의 존엄한 권리를 보장하고, 사회적으로 동등한 대우를 받도록 하는 제반조치를 말한다. 이때 '장애인'에 대한 정의는 시대나 국가에 따라 다르게 정의된다. UN의 국제장애인권리협약 제1조에서는 "장애인은 다양한 장벽과의 상호작용으로 다른 사람들과 동등한 조건으로 완전하고 실적인 사회참여를 저해하는 장기간의 신체적·정신적·지적 또는 감각적인 손상을 가진 사람을 포함한다."라고 정의하고 있다(임종호·이영미·이은미, 2010). 우리나라 「장애인복지법」 제2조에서는 "장애인이란 신체적·정신적 장애로 오랫동안 일상생활이나 사회생활에서 상당한 제약을 받는 자로서 대통령령이 정하는 장애의 종류 및 기준에 해당하는 자"로 정의하고 있다.

또한 장애인복지는 심신의 손상으로 인해 사회생활에 곤란을 겪고 있는 사람에 대하여 의료적·교육적·직업적·사회적·심리적 재활서비스를 제공하는 것이다. 동시에 사회적 인식의 개선과 물리적 환경을 조성하여 모든 분야에서 사회생활이 보장되고, 심리적으로 안정된 삶을 영위할 수 있도록 원조하는 국가 및 사회의 조직적인 노력의 총체이다(권육상 외, 2005).

여기서 장애인복지(social welfare for people with disabilities)의 개념은 장애인이 갖는 핸디캡을 인적, 물리적, 사회적 제 자원의 활용과 협력을 통해서 가능한 한 경감, 해소하고 일반사람과 동등한 생활조건과 생활의 안정을 확보하는 것을 의미한다. 또한 그들의 핸디캡 때문에 갖게 되는 사회적, 심리적, 물리적 장애와 사회적 상황을 만들어 내고 있는 사람들의 장애인에 대한 편견이나 차별의 극복과 개선에 깊은 관련을 갖고 있는 활동을 말한다. 즉, 장애인복지는 '재활(rehabilitation)의 개념으로 볼 수 있다. 재활은 단순이 장애인의 손상된 능력을 회복하는 데 있지만, 더욱 중요한 것은 잔존능력을 개발하는 것이다(박용순, 2008).

2) 장애범주

장애범주는 그 나라의 정치적·사회적·경제적·문화적 환경에 따라 법으로 정해진 장애의 정의를 따른다. 법적으로는 어느 범위까지 장애인에 포함되는지가 그 나라의 장애범주를 실질적으로 규정해 준다고 할 수 있는데, 선진국일수록 장애범주를 넓게 정하고 있다(권중돈 외, 2012). 우리나라는 1988년 11월에 장애인등록사업이 전국적으로 확대 실시되었고, 2000년 개정된 「장애인복지법」에서는 지체장애, 뇌병변장애, 시각장애, 청각장애, 언어장애, 정신지체, 발달장애(자폐), 정신장애, 신장장애의 10개 범주로 확대되었다. 2003년에는 2차 장애범주 확대에 따라 안면장애, 장루·요루장애, 간장애, 호흡기장애, 간질장애 등이 추가되어 현재 15개 범주로 확대되었다.

2007년 개정된 장애인복지법에 따라 정신지체는 지적장애로, 발달장애는 자폐성장애로 개칭되었다(임종호 외, 2010).

또한 2015년에 개정된 「장애인복지법」 제2조에서는 장애의 종류를 <표 11-1>에서 보듯이 크게 신체적 장애와 정신적 장애로 나누고, 신체적 장애는 다시 장애가 외부로 드러나는지의 여부에 따라 외부신체기능장애와 내부기관장애로 나눌 수 있다.

정신적 장애는 발달장애 또는 정신 질환으로 발생하는 장애로 나누고 있다(장애인복지법시행령 제2조 1항 별표 1 참조).

〈표 11-1〉 장애인복지법에 따른 장애분류 및 장애범주

대분류	중분류	소분류	세분류
신체적 장애	외부 신체 기능 장애	지체장애	절단장애, 관절장애, 지체기능장애, 변형 등의 장애
		뇌병변장애	중추신경 손상으로 인한 복합적인 장애
		시각장애	시력장애, 시야결손장애
		청각장애	청력장애, 평형기능장애
		언어장애	언어장애, 음성장애
		안면장애	안면의 기능상의 장애

	내부 기관 장애	신장장애	투석치료 중이거나 신장을 이식받은 경우
		심장장애	일상생활이 현저히 제한되는 심장기능 이상
		간장애	일상생활이 현저히 제한되는 만성중증의 간기능 이상
		호흡기장애	일상생활이 현저히 제한되는 만성중증의 호흡기능 이상
		장루·요루장애	일상생활이 현저히 제한되는 장루·요루
		뇌전증장애	발작을 할 때에 유발된 호흡장애, 흡인성 폐렴, 심한 탈진, 두통, 구역질, 인지기능의 장애등으로 일상생활 및 사회생활에 보호와 관리가 필요한 사람
정신적 장애	지적장애		지능지수가 70이하인 경우
	정신장애		정신분열증, 분열정동장애, 양극성정동장애, 반복성우울
	자폐성장애		소아자폐 등 자폐성장애

출처 : 권중돈 외(2012: 291). 장애인복지법시행령 제2조 1항 별표 1 참조.

3) 장애인복지서비스

장애인복지서비스를 살펴보면 재활센터, 교육 프로그램, 생활시설 프로그램, 가정 프로그램, 정부지원 프로그램 등으로 나눌 수 있다(원석조, 2013).

(1) 재활센터

장애인복지서비스의 가장 대표적인 것이 재활센터(rehabilitation centers)이다. 재활센터는 정신장애인과 신체장애인에게 직업 능력 평가, 작업장 일자리 제공, 근로 적응 훈련, 카운슬링서비스, 직장 배치 서비스 등을 제공한다(Zastrow, 2000).

❶ 직업 능력 평가(vocational evaluation)

클라이언트의 근로 행위, 신체 능력, 사회적 상호작용, 심리적 기능, 직업의 목표와 관심 등에 따라 사정을 한다. 클라이언트의 직업적 장점과 한계를 발견하는데 주안점을 둔다. 최근 들어 일부 재활센터는 클라이언트란 용어 대신 근로자(workers) 또는 피용자(employees)라는 용어를 사용하고 있는데, 이는 클라이언트에게 효과적이고 근로 지향적 환경을 제공하고, 클라이언트가 자신의 능력을 최대한 발휘하도록 배려하겠다는 의지를 담고 있는 것이다.

❷ 작업장 일자리(sheltered employment)

지역사회에서 일자리를 확보하거나 유지하기 힘든 사람에게 작업 환경을 만들어 주는 프로그램이다. 클라이언트는 일에 대한 대가로 최저 임금에 해당하는 보수를 받는다. 지역사회 기업의 하청 일을 맡아 하거나 클라이언트를 위해 장기적 직업개발을 하거나 노동시장에서 경쟁력을 갖추도록 돕는 일 등을 포함한다. 클라이언트의 직업적·개인적 발전을 극대화시키는 것을 목적으로 한다.

❸ 근로 적응 훈련(work adjustment training)

아직 고용 경쟁력을 갖추지 못한 클라이언트를 대상으로 하는 직업훈련 프로그램이다. 지역사회 기업이 제공한 하청 일을 이용한다. 근로에 필요한 기술을 발전시키고 근로에 적합한 행동을 하도록 만드는 데 주안점을 둔다. 카운슬러는 클라이언트가 새로운 직무를 배우고, 보다 나은 근로 습관을 갖도록 돕는다.

❹ 카운슬링 서비스(counseling services)

개인상담, 집단상담, 부모상담, 직업상담이 있다. 개인상담은 일과 개입 목표에 초점을 둔다. 집단상담은 친한 친구와의 상호작용과 사회생활 기술의 발전에 초점을 둔다. 부모상담은 장애인 가족이 전체 재활 프로그램의 도움을 받을 수 있도록 하는 데 초점을 둔다. 직업상담에서는 근로 세계에의 참여, 직업 취득 기술의 개발, 현실적 목표의 설정 등을 강조한다.

❺ 직장 배치 서비스(placement services)

경쟁적 고용시장에서 클라이언트가 적응할 수 있도록 돕는다. 이는 첫째, 클라이언트의 근로 습관과 기술을 사정한다. 둘째, 일자리를 찾고, 응모하고, 실제 취업하는 데 필요한 훈련을 시킨다. 셋째, 지역의 고용주에게 클라이언트를 배치시킨다. 넷째, 일자리에 잘 적응하기까지 일정 기간 동안 사회복지사와 클라이언트는 접촉을 유지한다. 이처럼 사회복지사는 클라이언트가 제 역할을 할 수 있도록 돕는 일종의 직업 코치가 된다.

(2) 교육 프로그램

교육 프로그램은 인지장애, 정서장애, 학습장애, 신체장애, 시각장애를 가진 아동을 위한 특수교육 프로그램을 말한다. 장애아동을 일반 아동과 함께 정규 학교에서 교육시키는 통합교육도 여기에 속한다(Zastrow, 2000).

(3) 생활시설 프로그램

생활시설 프로그램은 그룹홈, 일시보호시설(halfway houses), 요양원, 생활치료센터, 데이케어센터, 병원서비스를 포함한다(Zastrow, 2000).

❶ 그룹홈, 일시보호시설, 요양원

여러 가지 이유로 자신의 가족과 같이 살 수 없는 장애아동이나 장애성인을 위한 시설이다.

❷ 생활치료센터(residential treatment centers)

정신병원, 정서장애를 가진 사람을 위한 생활치료센터, 자폐성장애를 가진 사람을 위한 생활치료센터, 일시치료에서 장기 치료까지 다양하다. 클라이언트에 대한 진단, 사정, 계획 프로그램을 제공한다.

❸ 데이케어센터(day care centers)

인지장애, 정서장애, 신체장애를 가진 아동에게 데이케어서비스를 제공한다. 장애아동 부모에게 자조, 사회화, 가사, 커뮤니케이션, 여가활동 등에 관한 훈련서비스도 제공한다.

❹ 병원서비스

장애인을 대상으로 의료서비스, 물리치료, 언어치료 등 다양한 서비스를 제공한다.

(4) 가정 프로그램

가정 프로그램은 장애인을 위한 재가복지서비스로서 음식배달서비스, 가정건강서비스, 가정봉사서비스 등을 포함한다(Zastrow, 2000).

❶ 음식배달서비스(meals on wheels)

음식을 조리하거나 조달하기가 불가능한 장애인을 위한 음식배달서비스이다.

❷ 가정건강서비스(home health services)

방문간호서비스, 투약, 물리치료, 병실 장비 등을 제공하는 서비스이다.

❸ 가정봉사서비스(homemaker services)

가정봉사원을 파견해 장애인의 가사를 돕는 서비스이다.

(5) 정부지원 프로그램

정부지원 프로그램은 정부가 장애인을 경제적으로 지원하는 프로그램으로서 직업재활기금, 의료부조, 산재보험이 있다(Zastrow, 2000).

❶ 직업재활기금(vocational rehabilitation funding)

중앙정부와 지방정부가 장애인 직업재활에 소요되는 비용을 기금으로 조달한다. 재활기금은 각종 재활 장비 구입, 장애인 특수훈련, 훈련기간 동안의 교통비와 생활비, 의료비, 상담 비용, 구직관련 비용 등의 용도로 사용된다.

❷ 의료부조

장애인인 동시에 저소득층인 사람을 대상으로 의료비를 지원한다.

❸ 산재보험

산재로 장해를 입은 근로자에게 장애급여를 지급한다.

4) 장애인복지 분야에서 사회복지사의 역할

사회복지사는 경제적·심리적·환경적 문제를 가지고 있거나 문제가 있을 것으로 예상되는 장애인들에 대하여 이들이 겪고 있는 문제를 파악하고, 문제해결을 위한 여러 가지 방법을 장애인에게 알려 주어 문제를 해결하도록 도움을 제공하는 일을 한다.

이처럼 사회복지사는 사회재활 영역에서 대표적인 전문 인력이다. 사회복지사는 장애인이 당면한 문제를 해결하기 위해 면접상담이나 사례관리 등을 통해 해결 방안을 모색하고, 특히 지역의 여러 자원을 활용하며, 후원자, 자원봉사자들을 연계하는 업무를 수행한다. 또한 사회복지사는 장애인의 인권, 경제적 측면, 가족관계, 문화, 여가 등 장애인의 전반적인 생활에 관해 자원을 연계하고, 서비스를 지원하는 전문 인력으로 활동 영역이 매우 넓다. 이뿐만 아니라, 장애인복지단체나 기관, 시설 등에서 근무하는 인력 가운데 가장 많은 비율을 차지하고 있다(권선진, 2007).

05 여성복지

1) 여성복지의 개념

일반적으로 여성복지(social welfare with the woman)란 모든 여성이 한 사회의 구성원으로서 건강하고 문화적인 생활을 영위할 수 있도록 여성의 욕구나 문제를 해결하고, 생활안정과 복지증진을 도모하는 공·사적 차원의 사회적인 노력활동을 말한다(박용순, 2008).

김인숙 등(2000)은 여성복지를 '여성이 국가나 사회로부터 남성과 동등하게 권리를 보장받을 수 있도록 가부장적 가치관과 이에 근거한 각종 법과 사회제도를 개선하고, 여성 개인의 능력을 고양함으로써 여성의 인간다운 삶을 보장하기 위한 정책적·실천적 차원의 모든 조직적 활동'으로 정의하였다.

여성복지의 최근의 동향은 양성평등의 성인지적 관점에서 접근하는 것이다. 따라서 여성복지의 대상은 특정한 문제를 가지는 여성만이 아니라 여성의 생애주기와 여성의 욕구를 중심으로 여성에게 나타나는 사회차별의 문제로 확대된 것으로 볼 수 있다. 이러한 여성복지에 대한 관점의 변화는 여성일반의 문제와 그들의 욕구에 대한 사회적 지각을 의미한다는 점에서 큰 의미를 가진다(권중돈 외, 2012).

여성복지에 대한 정의는 그 강조점을 여성주의에 두느냐, 사회복지의 관점에 두느냐에 따라 다르게 정의된다. 또한 그 초점을 성평등이 이루어진 상태를 의미하는 목적개념에 두느냐, 아니면 여성의 인간다운 삶을 위한 실천적 노력에 두느냐에 따라 차이를 보이기도 한다. 다양한 정의에서 나타나는 여성복지의 중요한 요소는 다음과 같이 정리할 수 있다.

첫째, 모든 여성이 인간다운 삶을 영위하도록 보장하는 것을 목적으로 삼으며, 이는 특히 양성평등의 실현을 통해 가능하다고 하는 여성복지의 궁극적 목적이 포함되어 있다.

둘째, 가부장제나 자본주의와 같은 여성억압의 기제를 제거하거나 개선하는 데 공동체의 힘을 모으는 것으로 이는 여성복지의 목적을 이루기 위한 하위목표가 된다.

셋째, 여성복지의 실천범위는 가부장제나 자본주의에 근거한 가치관, 법, 제도 등과 같은 거시적이고 구조적인 차원과 함께 여성 개인의 능력을 고양시키기 위한 미시적이고 임상적인 차원까지 포함한다(김윤정 외, 2001).

2) 여성복지의 범주

여성복지는 모든 여성을 그 대상으로 한다. 여성복지의 범주는 이들의 공통욕구와 개별욕구에 관련된 모든 정책적·실천적 영역을 포함하는데, 특별한 문제와 보편적인 문제로 나누어 그 범주를 규정할 수 있다.

먼저 특별한 문제란 가정 내 폭력, 이혼, 사별, 실직, 빈곤, 장애 등과 같이 빈번하지만 보편화시킬 수 없는 위기 사건에 대해 복지 차원에서 개입하는 것을 말한다. 저소득 한부모가족에 대한 재정 지원이나 성폭력상담소, 미혼모 보호시설과 같은 프로그램이 여기에 해당된다.

또한 여성이라면 보편적으로 겪게 되는 문제와 이에 따른 욕구에 대한 개입이 여성복지의 범주에 포함된다. 공통의 욕구란 주로 여성에게 부여되는 보살핌의 역할에서 비롯되는데, 가사와 가족을 돌보는 일에 대한 부적절한 보상, 여성이 고용기회나 승진에서 받는 차별, 가정과 직장을 병행할 때 생기는 문제 등이 이에 속한다. 따라서 가사노동 가치를 인정하고, 사회보험에 반영하려는 노력 또는 취업여성의 이중부담을 경감시키기 위해 보육서비스를 확대하거나 가족을 돌볼 권리를 부여하는 것 같은 제도적 보완이 여기에 해당된다(김윤정 외, 2001).

3) 여성복지서비스

여성복지서비스를 살펴보면 다음 다섯 가지로 나눌 수 있다(홍봉수 외, 2010).

(1) 요보호여성을 위한 시설보호서비스

시설보호서비스란 경제적 문제나 폭력의 문제로 가정이나 지역사회에서 생활하는 데 어려움이 있는 여성과 그 자녀를 대상으로 시설에 입소하여 일상생활에 필요한 모든 보호를 받을 수 있도록 지원하는 서비스이다. 요보호관련시설로는 모자보호시설, 모자일시보호시설, 모자자립시설, 미혼모시설, 양육미혼모를 위한 중간의 집, 성폭력 피해자보호시설, 가정폭력 피해자보호시설 등이 있다.

(2) 가정폭력·성폭력 피해여성을 위한 서비스

정부는 아내구타를 범죄로 규정하고 1997년에 「가정폭력범죄의 처벌 등에 관한 특례법」과 「가정폭력 방지 및 피해자 보호 등에 관한 법률」을 제정했다. 가정폭력은 더 이상 가정 내의 문제가 아닌 사회적 범죄로서 사회와 국가의 개입이 가능해졌다. 현재 가정폭력과 성폭력으로 인해 보호를 필요로 하는 여성을 위한 지원시설 및 상담소로는 성폭력 피해자보호시설, 가정폭력 피해자보호시설, 여성의 전화 1366과 요보호여성 긴급피난처 등이 있다.

(3) 성매매피해 여성을 위한 서비스

성매매피해 여성을 위한 서비스는 성매매피해 여성의 보호와 자립을 위해 일반지원시설과 청소년지원시설로 나누어 설립되었다. 일반지원시설은 1년간의 숙식과 법률 및 의료지원을 연계하며 경제적 자립을 위해 창업자금 지원 및 직업재활훈련 등을 실시한다. 청소년을 대상으로 하는 청소년지원시설은 1년 간 취학과 진학을 위한 교육제공과 교육기관에 취학을 연계하는 업무 등 자립을 지원한다.

(4) 재가 보호서비스: 한부모가족의 보호

우리나라 여성복지사업은 1989년 「모자복지법」 제정 이후 저소득 모자가정을 지원했으나 「한부모가족지원법」으로 개정되면서 조손가정도 보호대상에 포함시켰다.

저소득층 모·부자가정(18세 미만의 자녀)에게 재가보호 형태로 중·고교생 자녀 학비, 직업훈련비 및 훈련기간 중 생계비, 아동양육비(만 6세 이하) 및 교육비 지원, 생업자금 융자, 영구임대주택 입주 등을 지원하며 취학 중에는 20세 미만에서 22세 미만으로 보호기간을 연장하였다.

(5) 이용시설

일반 여성을 위한 이용시설인 여성복지관은 지역 여성의 능력개발을 위한 기회제공과 기술, 기능 교육으로 경제적 자립기반을 조성하고, 여성의 사회참여 기회를 확대하여 지역여성의 복지증진과 건전한 가정육성, 지역사회 발전을 유도하는 목적으로 하는 시설이며 여성자원봉사자의 활동 및 기타 후생사업 등을 지원한다. 모자가정과 미혼여성에 대한 저소득 여성의 자립기반 조성을 위한 직업보도 및 숙박시설 제공 등을 지원하기도 한다.

4) 여성복지 분야에서 사회복지사의 역할

여성복지 분야에서 사회복지사는 공공 혹은 민간 복지기관에서 정책과 프로그램 개발, 서비스 전달, 상담, 자원 연결, 옹호 등의 활동을 하게 된다. 기존의 여성복지서비스는 요보호 여성을 주 대상으로 하였기 때문에 여성복지기관의 사회복지사도 요보호 여성을 위한 활동에 치우쳐 있었다. 하지만 여성복지의 대상 범위가 확대됨에 따라, 일반 여성의 삶의 질의 향상에 기여할 수 있는 다양한 정책 및 프로그램의 개발과 서비스 전달의 업무를 담당하게 되었다(김상균 외, 2005).

06 가족복지

1) 가족복지의 개념

가족복지의 개념은 가족이라는 복합성과 문화적 배경과 사회복지라는 다양성 때문에 학자에 따라 그 정의가 다양하다. 우선 「헌법」 제34조의 기본이념에 입각한다면, 가족복지란 한마디로 가족의 행복과 안녕을 보장하는 것을 의미하며, 국민의 가족생활을 보장하는 사회적·제도적·정책적 모든 노력과 기술적 서비스를 총칭한다. 넓은 의미에서의 가족복지란 가족성원 개개인뿐만 아니라, 가족 전체를 대상으로 보다 통합적이고 예방적인 서비스를 제공하는 공사 차원의 사회공동체적 개입노력 또는 활동이다(박경일 외, 2014).

또한 가족복지는 가족의 욕구와 문제를 스스로 충족시킬 수 있도록 그 잠재력을 개발하고 가족의 역할과 기능을 활성화시키며, 생활의 질적 향상을 위해 여러 가지 형태로 사회가 개입하는 의미를 지닌다. 이는 사회변화와 관련되어 나타나는 모든 문제를 해결하기 위한 다양한 대책을 포함하는데, 빈곤가족과 가정폭력, 이혼, 한부모가족, 미혼모(비혼모), 자녀출산 및 양육문제, 치매, 알코올중독자 가족 등을 위한 대책, 나아가 고용평등 및 고용개선 정책과 여가정책 등 가족생활의 질적 향상을 위한 프로그램도 가족복지정책의 중요한 부분을 차지한다(임춘식 외, 2007).

이처럼 가족복지란 가족의 다양한 문제에 의도적으로 개입하는 것으로, 한 단위로서의 가족 전체에 초점을 두면서 가족의 보호, 보장, 강화에 목적을 둔다(kamerman & Kahn, 1978). 이는 가족문제와 관련하여 가족을 직접 만난 필요한 서비스를 제공하는 미시적 방법과 정부의 법적·제도적 차원에서 이루어지는 거시적 방법으로 이루어진다(권중돈 외, 2012).

2) 가족복지의 대상과 영역

가족복지의 대상은 가족의 구조와 기능 및 주기에 따라 구체적으로 다음의 세 가지 기준으로 분류할 수 있다(성영혜 외, 1997).

(1) 가족 구조상의 특성에 따른 대상

맞벌이가족, 미혼모가족, 이혼 및 재혼 가족, 소년소녀가족, 노인가족, 핵가족 등 가족 구조상의 다양화를 고려하여 각 가족이 지닌 특성에 따라 복지 개입을 달리하는 경우이다.

(2) 가족 기능상의 문제에 따른 대상

학대, 알코올 남용 및 의존, 약물중독, 청소년 비행 및 실직으로 인한 소득의 상실 등 기능상의 결손을 경험하는 가족과 장애로 인한 심리적·의료적 문제를 겪고 있는 가족의 경우이다.

(3) 가족의 주기에 따른 대상

부부만의 시기, 자녀 출산 및 양육, 미취학 아동기, 학령기, 청소년기, 청년기, 중년기, 노년기 등 가족생활주기에 따라 복지 개입을 달리하는 경우이다.

그러나 가족복지의 대상은 구체적으로 가족복지가 이루어지는 과정에서 국가의 정책이나 법 그리고 행정조직에 따라 그 대상이 규정된다고 볼 수 있다. 현행 우리나라의 가족복지는 단순히 가족의 중요성을 선언적으로 강조하면서, 요보호 대상자 중심의 잔여적 성격을 보이고 있다고 할 수 있다. 결론적으로 가족복지의 대상은 가족이 지닌 욕구와 문제, 즉 가족의 구조, 기능 및 생활주기에 따라 다양하게 나타날 수 있다(김혜경 외, 2006).

3) 가족복지서비스

가족복지서비스란 가족을 건강하고 안전하게 유지시키기 위해 다양한 서비스를 가족에게 전달하는 형태를 기술하기 위해 사용된 가족중심서비스(family-centered service)와 같은 용어로, 미국에서는 주로 자녀가 있는 가족이 관심 대상이다(성정현 외, 2009). 대표적인 가족중심서비스에는 가족기능을 강화시키기 위한 가족지지서비스(family supportive service)와 학대나 유기문제를 가진 가족의 원조에 중심을 두는 가족보존서비스(family preservation service)가 있다.

이러한 가족복지서비스는 가정과 지역사회에 기반을 두고 가족을 강화함으로써 가족구성원의 성공적인 사회적 적응을 일차적 목표로 한다. 우리나라 가족복지서비스는 잔여적 성격이 강한 경향이 있어 대상 범위가 대부분 사회취약계층에 속하는 개인에게 한정되고 있고, 국가의 개입은 사전 예방보다는 사후 치료적 성격을 띠고 있다(이영분·양심영, 2000). 가족복지서비스의 내용을 살펴보면 다음과 같다(윤철수 외, 2012).

(1) 가족보호

가정 내에서 발생하는 각종 장애 문제에 대해 보호를 제공함으로써 가족의 역할 수행과 능력을 향상시키는 기능을 한다.

(2) 가족생활교육

가족생활교육의 대표적 서비스는 부모 역할훈련 프로그램이다.

(3) 가족계획사업

임신 전 위험 사정, 임신 중절, 성병에 대한 보호, 영양, 자녀 수에 대한 계획, 임신을 위한 서비스 등을 제공함으로써 건강한 가족생활을 하도록 한다.

(4) 가족보존과 가정기반서비스

가정부서비스, 형제자매결연서비스, 가정법률 상담, 가정우애 방문, 여행자보조, 학령 전 아동, 노인 및 정신질환자를 위한 주간보호, 집단가정, 재정상담, 캠핑, 개별학습, 직업 안내 등이 있다.

(5) 가족치료

가족을 단위로 하는 다양한 모델의 가족치료가 가족복지기관 및 사회복지 관련 분야에서 활발하게 행해지고 있다.

(6) 가족 옹호

지역사회에 필요한 변화를 일으키기 위하여 사람들로 하여금 사회행동의 사명을 가지고 가족 욕구에 대한 직접적이고 전문적인 지식을 이용하게 함으로써, 가족의 생활 조건을 향상시키도록 계획된 전문적인 서비스이다.

4) 가족복지 분야에서 사회복지사의 역할

가족복지실천은 가족의 모든 구성원의 정서적·발달적 욕구를 충족하면서 동시에 가족이 좀 더 기능적이 되도록 돕는 것이다. 이러한 가족복지실천 전문가로서 사회복지사는 가족과 함께 문제를 해결하며 성장을 지향하는 동반 관계(partnerships)를 맺고 유지한다. 즉, 가족의 동반자로서 가족의 변화를 돕는 사회복지사는 감정이입적 지지자, 교사/훈련자, 자문가, 가능하게 하는 자(촉진자), 동원자, 중재자, 옹호자 등의 역할을 해야 한다(Collins, Jordan, & Coleman, 1999; 이화여자대학교 사회복지연구회 역, 2001).

(1) 감정이입적 지지자

가족사회복지사는 가족의 강점을 규명하고 강화하며, 이를 통해 가족과 동참하여 변화를 향한 동기를 유발하여야 한다. 즉, 사회복지사가 가족의 역기능과 병리문제에 초점을 맞추기보다는 가족이 가지고 있는 강점을 발견하여, 이를 지지하고 강화해주는 역할을 해야 한다.

(2) 교사 및 훈련자

가족사회복지사는 가족이 결핍되어 있거나 기술 또는 지식이 부족한 영역을 배양하도록 도와야 한다. 예를 들어, 사회복지사는 의사소통, 부모역할기술, 문제해결, 분노조절, 갈등해결, 금전관리, 일상생활기술 등을 교육하고 훈련하는 역할을 한다.

(3) 자문가

가족사회복지사는 현재 진행되는 특정 문제에 대해서 가족에게 조언을 할 수 있으며, 지속적 피드백을 제공할 수 있다. 예를 들어, 자녀가 청소년기에 들어선 경우 사회복지사는 상담자로서 부모에게 십대 청소년이 나타낼 수 있는 전형적 행동에 대하여 조언해 줌으로써, 부모가 자녀의 욕구에 대한 보다 깊은 통찰력을 가질 수 있도록 해 준다.

(4) 가능하게 하는 자(촉진자)

가족사회복지사는 가족이 다른 방식으로 접근할 수 있도록 기회를 확장해주는 역할을 수행할 수 있다. 즉, 이용 가능한 자원과 서비스를 가족에게 알려주고 그것을 활용할 수 있도록 돕는 것이다.

(5) 동원자

가족사회복지사는 원조체계와 지원망에 관해 많은 것을 알고 있으므로, 가족을 도울 수 있는 다양한 지역집단과 자원에 관여하여 활성화하고 관리하여야 한다. 예를 들어, 학교에서 문제를 일으키는 학생에 대하여 결정을 내리고자 할 때 사회복지사는 그 학생을 위하여 학교와 가족 모두를 조정하는 역할을 할 수 있다.

(6) 중재자

가족사회복지사는 갈등이 일어나는 양편 사이에서 스트레스와 갈등을 다루어 해결을 중재할 수 있다. 예를 들면, 가족과 지역사회 간의 갈등, 가족 성원 간의 갈등, 가족 성원과 집주인 또는 이웃 간의 갈등을 중재할 수 있다.

(7) 옹호자

가족사회복지사는 가족문제가 보다 넓은 사회맥락에서 어떤 조건에 근거하고 있는지 이해하고, 정치적으로 행동함으로써 클라이언트에게 혜택을 줄 수 있는 사회적이고 입법적인 부분을 개혁할 수 있다.

이외에도 가족복지실천 전문가로서 상담자의 역할, 사례관리자의 역할, 자원 및 정보 제공자의 역할, 해석자의 역할 등도 중요하다.

CHAPTER 12

사회복지의 실천분야 II

01 의료사회복지

1) 의료사회복지의 개념

의료사회복지(medical social work in health care)는 사회사업의 한 분야로, 의료시설을 통해 환자들의 심리적·정신적·사회적 여러 문제들에 대해 관심을 가지고 전문적 의료서비스를 제공하는 활동을 말한다(Stroup, 1948). 특히 의료사회복지는 경제와 문화수준이 급격하게 상승하고 국민의 의식수준도 높아지게 되면서, 국민의 의료복지에 대한 관심과 욕구도 그만큼 증대되고 있는 시점에 더욱 필요하다(박용순, 2008).

프리드랜더(Friedlander & Apte, 1968)는 의료사회복지를 "전문화된 사회복지의 한 분야로, 환자가 기타 의료기관에서 실시되는 서비스로 개별사회사업, 집단사회사업, 지역사회조직 등의 실천을 포함한다."라고 정의하였다.

또한 김덕준 등(1979)은 의료사회복지를 "의료팀(medical team)의 일원으로 사회복지의 전문적인 입장에서 질병의 원인이 되고 치료에 장애가 되는 심리사회적인 문제들을 해결하도록 도와주는 의료서비스이며, 환자가 퇴원 후에도 정상적인 사회기능을 하도록 환자뿐만 아니라 가족에게도 전문적인 서비스를 제공하는 영역"이라고 정의하였다.

따라서 의료사회복지는 진료의 과정에서 환자 및 그 가족이 지니고 있는 심리적, 경제적, 사회적 제 문제에 대해 사회복지방법, 즉 개별사회사업, 집단사회사업, 지역사회조직 등의 전문적인 원조를 활용하여 의료서비스를 효과적이고 능률적으로 제공하는 전문적 행동체계를 의미한다. 다시 말해, 의료사회복지란 의료기관에서 의료팀의 일원을 통해 사회복지의 전문적인 방법을 활용하며, 환자의 치료와 회복, 사회복귀의 기능 등을 돕는 목적으로 환자와 그 가족의 심리적·정신적·사회적 여러 문제를 해결하거나 조정해주는 전문적 활동이라 할 수 있다(박용순, 2008).

2) 의료사회복지의 기능

의료사회복지사는 전인적 환자 보호와 통합적 의료서비스 제공을 목적으로 의료팀의 일원으로 다양한 역할을 담당한다.

구체적으로 의료사회복지사는 병원이나 진료소에서 임상 치료팀의 일원으로 질병의 직·간접적인 원인이 되고, 치료에 장애가 되는 환자의 심리사회적인 문제를 해결하도록 돕고, 환자가 퇴원한 후에도 정상적인 사회기능을 발휘할 수 있도록 퇴원 후의 생활문제를 탐색하여 필요한 계획을 수립하고, 빈곤 환자의 경제적 지원 및 자원 연계 등을 하게 된다(권중돈 외, 2012).

그러므로 의료기관에서 계획, 자문, 평가, 옹호, 교육, 조력, 인구 조사 등의 의료사회복지사의 활동은 임상적 역할의 한 요소로 간주된다. 이러한 임상적 역할에 따르는 기능은 클라이언트, 기관, 그리고 전문적 실천의 욕구와 목표에 따라 다르게 나타난다. 질병이 심리사회적 요인으로 인하여 발병하는 경우가 증가하고 있고, 발병한 후에도 환자나 가족의 사회적 기능이 손상되기 때문에 질병을 더 이상 의료적 차원에서만 다루지 않고 사회적 차원으로 접근하게 되면서, 의료팀에서 의료사회복지는 더욱 중요해지고 있다(박경일 외, 2014).

이에 칼톤(Carlton, 1984)은 의료사회복지의 중요기능이 개인치료의 실천, 의료제도 안에서의 프로그램 계획과 정책형성과정에 참여, 지역사회 내에서의 사회 및 보건 프로그램의 개발에 참여, 전문인력에 대한 교육적 프로그램에 참여, 사회조사를 통하여 환자는 물론 지역주민의 치료와 건강증진을 꾀하는 것이라고 본다. 이러한 기능 중에서도 질병, 신체적 장애, 그리고 의료보호와 관련된 사회적 욕구와 문제를 다루는 것, 다양한 전문분야 서비스의 통합부분으로서 다른 전문인력과 협력하면서 실천하는 것, 지역사회와 의료와 사회서비스를 조정하는 데 있어서의 연결기능을 가장 많이 담당하고 있다고 본다(한인영 외, 2004).

3) 의료사회복지실천 현장

우리나라에 의료사회복지실천이 처음 도입된 곳은 1958년 한노병원과 세브란스병원이다. 당시에는 전문적 사회복지실천서비스보다는 결핵약 배급이나 구호물자 공급 등 물질적 원조가 주였다. 그러다가 1973년 「의료법 시행령」(제24조 제2항 제5호)에 따라 종합병원에 사회복지사의 채용을 의무화함으로써 병원에 사회복지사가 정식으로 배치되기 시작했다(원석조, 2013).

우리나라의 경우 의료사회복지사는 주로 종합병원과 정신병원을 중심으로 활동하고 있지만, 최근에는 요양시설, 호스피스, 주간보호 등으로 실천현장이 점차 확대되고 있는 추세이다. 현재 종합병원급 이상의 병원에서는 의료사회복지를 전담하는 사회복지사가 있으며, 이들 의료사회복지사는 각 전문분야별로 진료팀의 일원이 되어, 환자의 원활한 진료와 질병수용, 생활관리, 퇴원 및 퇴원 이후의 지역사회 적응 과정을 지원하고 있다(권중돈 외, 2012). 다음은 사회복지사가 개입하는 임상영역 중 일반 의료영역이라고 할 수 있는 내과계, 외과계, 재활의학과의 환자군 특성과 그에 따른 사회복지사의 개입내용을 살펴보도록 한다(강홍구, 2004).

(1) 내과계

의료사회복지사는 내과계는 만성질환자를 대상으로 주로 개입하는데, 만성질환의 경우 증상이 나타나면 이미 상당한 손상이 진행된 상태이고, 완전한 회복이 치료목표가 되기보다 최선의 상태를 유지하기 위해 지속적 관리와 보호를 필요로 한다. 이때 사회복지사는 환자의 질병에 대한 수용을 돕고, 질병에 대한 정확한 정보를 제공하고 질병의 관리와 보호가 일상생활 속에서 이루어지도록 생활을 재구성하도록 지도한다. 또한 환자의 질병호전 정도에 대한 동기고취와 질병관리에 있어 가족의 적극적 참여를 통해 환자 및 가족이 심리적 안정을 유지할 수 있도록 지원한다.

(2) 외과계

종합병원 및 대학병원의 신경외과, 정형외과, 흉부외과 등에서 치료를 받고 있는 환자군을 대상으로 개입한다. 환자가 수술이나 외과적 처치 후 영속적 장애와 흉터가 남게 될 경우, 극도의 스트레스를 경험한다. 환자에 따라서는 극도의 두려움, 죽음에 대한 공포와 우울증상을 보이기도 한다. 또한 수술 후 자신의 모습에 비관적이고 절망적인 태도를 보이며, 대인관계에서도 어려움을 호소한다. 이때 사회복지사는 환자의 자존감 회복과 원활한 적응을 이끌어 내도록 지원해야 한다. 또한 유사한 경험을 하고 있는 환우의 자조모임을 소개하고 그들의 잔존능력을 유지하고 극대화하는 데 필요한 자원을 연결해야 한다.

(3) 재활의학과

척수손상, 뇌졸중, 뇌성마비, 신경손상, 기타 외상성 뇌손상과 같이 사고나 질병의 후유증 혹은 선천성 장애로 인해 신체적 손상과 기능의 장애를 갖고 있는 환자와 그 가족을 대상으로 의료사회복지사가 개입하게 된다. 예기치 않은 사고나 재해를 입은 환자 본인이나 가족은 상황을 수용하고 인정하기 어려워할 뿐만 아니라, 분노와 우울을 겪으며 사회에 대한 적대적 감정과 일상생활을 유지해 나가는 데 고통을 동반한다. 재활의학과와 관련해서 활동할 경우 의료사회복지사는 환자와 가족에 대해 정서적 지지, 재활치료에 대한 동기부여, 환경에 대한 새로운 대처기술의 습득, 가족 및 지역사회체계 내에서 변화된 역할에 대한 인식과 수용, 사회적 지지망 재구축, 그리고 다른 기관으로의 의뢰 등 다차원적 차원에 초점을 맞춰야 한다.

4) 의료사회복지사의 역할

의료사회복지사는 먼저 인간의 존엄성에 대한 확신을 가지고, 환자들의 심리적·정신적·신체적·사회적·경제적 측면에 대한 지식과 경험을 축적에 의한 치료접근적 역할이 요청된다. 따라서 의료사회복지사의 다양한 역할을 몇 가지 제시하도록 한다(박용순, 2008).

(1) 치료자의 역할

의료사회복지사는 치료자로서 환자가 안정감, 자신감, 용기 등을 갖도록 하며 지지적인 개별사회사업의 치료적 역할을 수행해야 한다. 그리고 재활환자의 경우 자기 과소평가로 인한 문제 등에 대한 집단사회사업의 활동을 통하여 성취감과 자신감을 갖게 하는 역할을 감당해야 한다. 특히 환자는 질환으로 야기되는 심리적인 문제 때문에 바람직한 의료서비스를 받는 데 장애를 받기 쉽다. 따라서 의료사회복지사는 환자들에게 참여의욕을 증진시킴으로써, 당면 문제를 해결하거나 완화하도록 돕는 치료적인 역할을 수행해야 한다.

(2) 조정자의 역할

의료사회복지사는 치료에 참여하는 여타 전문요원과 함께 각기 다른 전문적인 진단과 치료 및 의료서비스 계획을 수립해야 한다. 또한 의료사회복지사는 조정자의 역할로서 심리사회적·경제적 정보를 의료팀과 협력하여, 다양한 환자들에게 종합적이고도 통합적인 서비스를 위한 조정적 역할을 수행해야 한다.

(3) 동원자의 역할

의료사회복지사는 의료적 치료에서나 재활과정에서 인적·물적·제도적·법적 자원을 동원하는 역할을 수행해야 한다. 물론 동원자의 역할은 병원 내의 의료적인 여러 사회자원의 활용을 극대화하기 위해 자원을 동원하고 조직화하는 데 있다. 따라서 의료사회복지사는 환자의 질병회복과 재활은 물론, 사회복귀를 위한 지역사회의 공적, 사적 사회자원을 동원하는 독특한 역할을 수행해야 한다.

(4) 교정자의 역할

의료사회복지사는 재활의료팀에서 심리사회적 측면의 조사연구와 평가, 치료, 훈련, 지도 및 서비스의 계획수립에 협력해야 한다. 또한 생활지도적, 심리사회적, 직업적 등의 종합적인 재활과정에 참여하여 치료하거나 교정하는 역할이 요구된다. 특히 의료사회복지사는 장애로 발생되거나 재활과정에서 파생될 수 있는 심리사회적인 여러 문제나 행동반응, 즉 자기중심적, 비사회적, 퇴행적, 자폐적, 정서적 불안 등을 치료하거나 교정하여 사회기능의 회복이나 잠재능력을 개발하도록 돕는 역할을 수행해야 한다.

콜스와 필색커(Cowles & Pilsecker) 등의 논의를 중심으로, 강홍구(2004)는 실천 현장별 의료사회복지사의 개입문제나 역할에 대해 정리하였는데, 주요 내용은 <표 12-1>과 같다.

〈표 12-1〉 실천현장별 의료사회복지사의 활동

구분	실천현장의 특성, 클라이언트의 문제유형 및 의료사회복지사의 개입문제
1차 건강보호기관	• 가정의학과, 내과, 소아과, 간호사 등이 전문적으로 제공하는 1차 의료보호서비스 및 이들이 단독 혹은 공동으로 개원한 병원의 외래, 무료진료소, 보건소 등이 1차 건강보호실천 현장에 속함 • 1차 보호에서는 건강보호체계에 환자가 처음 진입함을 강조하는 것으로 건강증진, 질병예방, 육체적·정신적 건강서비스의 통합, 건강의 육체적·정신적·사회적 측면을 포함한 전인적 접근을 강조 • 의료사회복지사는 알코올남용, 가정내 학대와 폭력, 10대 임신, 자살, 우울, 살인, 흡연, 자해행동 등의 문제에 개입
병원	• 1차 건강보호기관을 통한 검진과 선별조사 과정을 통하여 다음 의료체계로의 진입이 병원에서 이루어짐 • 주요 클라이언트는 환자와 보호자이며, 의료사회복지사는 다음과 같은 문제에 개입하게 됨: 일상생활의 활동과 보호에 관련된 문제, 환경적 문제, 환자와 가족의 반작용 또는 질병과 기능적 상태의 변화에 대한 역기능적 적응, 육체적·성적·정서적 냉대와 관련된 문제, 관계 형성의 문제, 물질남용을 포함한 행동·인지·정신장애와 관련된 문제, 직업과 교육의 문제, 법률문제
재가 건강보호서비스	• 재가건강보호서비스는 환자가 병원으로부터 가정으로 퇴원하거나 가정 내에서 보호자의 책임 하에 필요한 요양서비스를 수행하는 것을 의미 • 의료사회복지사의 주요 개입문제는 가정에서의 보호로 인한 생활양식의 적용, 경제적 부담과 가족의 과도한 부양부담
요양원	• 병원에서 환자가 가정으로 퇴원하지 못할 경우에 선택할 수 있는 시설 • 의료사회복지사의 업무에는 개인과 가족, 의미 있는 타자와의 직접적인 서비스로 제한되는 것이 아니라, 입소자와 가족에 대한 건강교육, 옹호, 퇴원계획, 자원연계와 서비스, 정책 형성과 프로그램 기획에 참여, 질 보장, 치료적 환경의 개발, 자문 등이 포함됨
호스피스	• 호스피스 보호에서 의료사회복지사는 ① 환자와 가족이 서로의 감정에 접근하고 그들의 선택을 이해하도록 도우며, 의미 있는 의사소통을 유지 하거나 개발하고, 필요한 지역사회 자원을 활용하고 배치하고, ② 호스피스 보호에 관련된 다른 전문가에게 그들 자신의 감정을 인정하고 교환토록 하며, 환자와 가족의 욕구를 존중하고 이해하도록 하고, 환자와 가족의 욕구를 민감성 있게 충족하도록 도와야 함

출처 : 강홍구(2004: 245-262).

02 정신보건사회복지

1) 정신보건사회복지의 개념

정신보건사회복지(social work in mental health)란 정신의학 및 정신건강 영역에서 이루어지는 사회복지실천 활동으로, 의료사회복지에서 분화하여 전문화된 영역이다. 즉, 정신보건사회복지는 정신적·정서적 장애로 어려움을 겪고 있는 사람의 건강 회복과 국민 전체의 정신건강 증진에 목적을 두는 활동이다(권중돈 외, 2012).

또한 정신보건사회복지는 정신장애를 가진 사람들이 환경에 적절히 적응할 수 있도록 인간과 환경의 관계에 개입하는 모든 것을 포함한다고 볼 수 있다. 오키프(O Keefe, 1960)는 정신보건사회복지를 "정신보건기관이나 정신위생 프로그램에서 이루어지는 서비스이며, 지역사회 내의 정신위생을 향상시키는 사업과 정신적·정서적 장애(mental and emotional disturbance)가 있는 자에게 봉사하는 것을 말한다. 즉, 병원이나 진료소, 정신보건기관에서 정신과의사, 심리학과, 정신의학자 등 전문자들을 포함한 치료팀(therapeutic team work)에 의하여 이루어지는 임상적 서비스"라고 정의하고 있다. 또한 핑크(Fink, 1949)는 정신보건사회복지를 "정서적이고 정신적인 장애가 있는 환자에 대해 직접적이고 책임성 있는 정신의학자에 의해 병원이나 진료소 등에서 실시하는 개별사회사업"이라고 정의하였다.

따라서 정신보건사회복지를 정신적·정서적 장애로 어려움을 겪고 있는 사람들의 치료와 재활문제에 대한 조기개입과 예방을 통한 국민건강증진을 목적으로 정신보건의료기관, 사회복귀시설, 정신요양시설, 지역사회시설 등에서 실시하는 전반적인 사회복지 접근방법이라고 정의할 수 있다(박용순, 2008).

2) 정신보건사회복지실천

한국의 정신보건사회복지사는 정신보건시설에서 일한다. 「정신보건법」에 의하면, 정신보건시설은 정신의료기관, 정신요양시설, 사회복귀시설, 보건소를 포함한다(원석조, 2013).

- **정신의료기관** : 의료법에 의한 정신병원, 정신과 의원 및 병원급 이상의 의료기관에 설치된 정신과
- **정신요양시설** : 정신의료기관에서 의뢰된 정신질환자와 만성 정신질환자를 입소시켜 요양과 사회복귀 촉진을 위한 훈련을 행하는 시설
- **정신질환자 사회복귀시설** : 정신질환자를 정신의료기관에 입원시키거나 정신요양시설에 입소시키지 아니하고 사회복귀 촉진 훈련을 행하는 시설(생활훈련시설, 직업훈련시설, 종합훈련시설, 주거시설)

우리나라에 정신보건사회복지실천이 처음 소개된 것은 한국전쟁 때 미군병원에서 정신보건사회복지사로 근무한 모건(Morgan)의 전쟁신경증 환자 원조활동이다. 이것이 계기가 되어 정신과 의사들이 정신보건사회복지실천의 필요성을 알게 되었으며, 그 후 1963년부터 가톨릭의대 성모병원, 대구동산병원, 세브란스병원에서 정신보건사회복지사를 채용하였다(김융일 외, 2003).

이러한 정신보건사회복지의 실천과정은 사회복지사가 클라이언트와 그들을 둘러싼 다양한 환경 내 체계를 변화시키기 위해 그의 전문가치와 지식에 기초하여 개입하는 과정이다. 따라서 정신보건사회복지사는 정신장애인의 사회적 기능을 향상하고 사회환경을 개선하기 위한 활동에 관여하고, 정신장애인의 보호부담을 안고 있는 가족을 지원하기 위한 교육 및 상담을 제공한다. 또한 정신장애인과 그 가족을 옹호하거나 정신장애인에 대한 사회적 편견을 제거하기 위한 활동에 관여하며, 지역사회조직을 통해 불합리한 제도 개선과 정신보건정책 마련에 관여한다(유공순 외, 2007).

(1) 심리사회적 사정

정신장애인이 호소하는 문제의 본질을 규명하고 그에게 의미 있는 기능(강점, 취약성, 성격적 특성, 학교생활·직업력), 이용 가능한 자원이나 문제해결에 필요한 자원을 이 단계에서 탐색하고 수집된 자료를 분석한다.

(2) 개입

사회복지사가 정신장애인의 심리사회적·사회적·대인관계에서의 기능향상을 위해 다양한 정신사회재활서비스를 제공한다(김기태 외, 2009).

❶ 사회기술훈련

정신장애인의 대인관계적 역기능을 알아내고, 특정 사회기술의 결핍을 식별하여 그 역기능이 발생하는 상황을 조사하여 고도로 구조화된 교육절차를 적용한다.

❷ 정신건강교육

정신장애인 스스로 자신의 병을 관리할 수 있도록 실제적 방법을 제시한다. 또한 정신건강교육을 통해 치료진과 보다 효과적으로 의사소통할 수 있도록 해서 치료에 더욱 적극적인 태도를 갖도록 한다.

❸ 가족교육

질병에 대해 환자와 가족의 알 권리를 인식시키고, 전문가들과 환자 및 가족 간의 발전적 동맹관계를 촉진하도록 돕는다. 또한 가족 내의 긴장, 스트레스, 역기능적 의사소통방식은 정신장애의 재발과 재입원을 유발시킬 수 있으므로 합리적 의사소통과 효율적 문제해결기술을 습득하도록 한다.

❹ 직업재활

만성 정신장애인에게 직업수행 정도는 그들의 직업적 능력뿐만 아니라 전반적 극복기술과 능력을 평가하는 지표이다. 따라서 정신장애인의 장애 정도 및 직업적 특성을 고려한 직업수행평가에서 직업능력개발, 취업지도, 직업유지에 필요한 서비스를 제공한다.

❺ 지역사회 지지서비스

정신장애로 인해 일상생활수행능력의 저하 및 사회적 지지망의 결여로 지역사회적응에 여러 가지 어려움을 겪게 된다. 따라서 지역사회 내 정신보건기관 간의 연계를 통한 효율적 개입, 주거지원서비스, 정신장애인 및 가족의 자조모임참여 등과 같은 서비스를 제공함으로써 정신장애인의 지역사회적응을 돕는다.

❻ 사례관리

정신장애 특성상 복합적 욕구를 지니는 정신장애인의 욕구를 충족시키기 위해 전문 사회복지사가 정신장애인과 그 가족의 욕구를 사정하고, 서비스 패키지를 배정 및 조정하며 점검하고 평가하는 서비스 제공의 한 방법이다.

(3) 퇴원(소)계획

정신장애인이 병원에서 퇴원을 하거나 지역사회 정신보건기관에서 퇴소하게 될 경우, 정신보건전문가는 그들의 미래계획에 대해 토론하고 향후 발생할 수 있는 상황을 예측해서 재발과 재입소를 막을 수 있는 다양한 지원체계를 마련하여 성공적 지역사회 안착을 돕는다.

3) 정신보건사회복지사의 기능

정신보건사회복지사의 기능은 크게 진단적 기능, 치료적 기능, 퇴원기능, 지역사회 내 재활기능으로 분류할 수 있다(한국전문대학 사회복지교육협의회, 2004).

(1) 진단적 기능

정신보건사회복지사는 진단적 기능을 통해 환자의 접근에서 전문적인 개입을 위한 영향을 제시해 준다. 환자의 개인력 검사, 사회환경 조사를 통해 정신질환의 발병과정 및 영향을 조사한다.

(2) 치료적 기능

치료적 기능을 통해 전문적 접근을 지도한다. 개별상담, 가족상담, 집단치료를 통한 행동치료(작업치료, 오락요법, 예술요법, 독서요법, 음악요법, 무용요법, 사이코드리마, 운동요법) 등이 있다.

(3) 퇴원기능

보통 환자들은 치료 전 자신에게 정신질환 증상의 영향을 준 사회로 돌아간다. 이러한 퇴원환자를 위하여 정신보건사복지사는 퇴원 전 상담을 통해 사회복귀에 따른 불안, 두려움을 해소시키고, 지역사회의 여러 형태의 자원을 소개해 줌으로써 원만한 사회적응을 하도록 돕는다.

(4) 지역사회 내 재활기능

퇴원 후 병원에서와 같이 지속적으로 지역사회 내에서의 재활 프로그램을 받을 수 있도록 관심을 갖고 원만한 지역사회 적응을 돕는다,

4) 정신보건사회복지사의 역할

정신보건시설에서 정신보건서비스를 담당하는 주요 인력으로는 정신과 의사, 임상심리사(정신보건임상심리사, 임상심리사), 간호사(정신보건간호사, 간호사), 사회복지사(정신보건사회복지사, 사회복지사)를 들 수 있다. 정신보건사회복지사의 업무는 정신보건법 시행령으로 정하고 있으며, 정신질환자와 그 가족에 대한 사회복지실천을 중점적으로 하게 된다(권중돈 외, 2012).

정신병원의 세팅에서 사회복지사는 환자의 가족에 대한 가족력(family history)을 조사연구하고 치료하거나, 사후치료(after care) 프로그램을 통하여 변화를 갖게 할 책임이 있다(Meyer, 1922). 이에 정신보건사회복지사가 우선적으로 개입해야 할 몇 가지 역할을 제시해 보면 다음과 같다(박용순, 2008).

첫째, 정신보건사회복지사는 환자와 그들의 중요한 타인에 대해 직접적인 서비스를 제공한다.

둘째, 정신보건사회복지사는 격리된 환자에게 중요한 타인과의 관계를 맺어 주는 연결서비스를 제공한다.

셋째, 정신보건사회복지사는 지역사회의 지도자들과 협력하여 정신질환자에 대해 다양한 편의시설과 경제적으로 보조서비스를 제공한다.

넷째, 정신보건사회복지사는 비전문적인 요원에 대해 지도 및 감독하는 서비스를 제공한다.

이상에서 정신보건사회복지사는 정신병원의 환자와 그 가족에 대한 중요활동을 실시하고 있다. 따라서 전문가로서 접근해야 할 구체적인 역할은 다음과 같다

(전재일 외, 1999).

첫째, 환자나 그 가족의 치료를 위해 유용하고 도움이 되는 전문기관임을 인식시키고, 기관의 치료활동을 소개하면서 환자의 입원치료에 협조사항을 상의해야 한다.

둘째, 환자나 그 가족과의 초기과정(intake)을 통하여 구체적인 조사연구(study)를 실시하고, 가족에게 환자가 지니고 있는 현존 질병에 대해 충분히 이해시켜야 한다.

셋째, 환자의 입원과 관련하여 가족 내의 스트레스 문제를 완화하기 위해 심리적 도움을 제공하고, 치료과정에서 중요한 사회적·경제적·환경적 정보 등을 제공해야 한다.

넷째, 환자의 입원기간을 통하여 가족의 병리문제를 정확하게 조사하고, 가족중심 문제의 역동적인 질환에 대해 가족치료(family therapy)에 도움을 제공해야 한다.

다섯째, 환자나 그 가족과의 지속적인 개별치료와 환자집단이나 가족집단과의 집단치료를 실시하고, 지역사회와 유기적인 관계를 갖고 환자의 사회복귀를 위한 수용과 이해를 촉진시켜야 한다.

여섯째, 환자가 퇴원한 후 사회의 여러 가지 적응에 필요한 준비를 하는 일에 도움을 주고, 사후보호 프로그램(after-care program)과 재활(rehabilitation) 등을 통해 환자가 사회에 복귀할 수 있도록 지속적인 도움을 제공해 준다.

일곱째, 환자에게 정신병원을 지역사회기관으로 인식하도록 하여 유용하고도 생산적인 재활을 유도하고, 퇴원 후 재발을 예방하기 위한 추수치료를 충실히 할 수 있도록 환자가 가족 및 지역사회에 직접 참여하여 원조해야 한다.

따라서 정신보건사회복지사는 환자를 둘러싸고 있는 가족, 지역사회 등과의 관계망 및 환경의 지지체계에 초점을 두고 실천기술을 전개해야 한다. 또한 환자의 입원기간을 통하여 개별상담, 집단상담, 가족교육, 가족치료 등을 실시해야 한다. 특히 회복기 환자들이 퇴원 후 사회로 복귀하는 데 있어 그들 가정과 사회환경에 재적응 잘할 수 있도록 퇴원계획을 세워야 한다. 그리고 정신보건사회복지사는 정신건강분야에서 다른 전문직과의 협력을 통해 개인문제나 가족문제에 영향을 미치는 심리사회적 여러 요인을 제거할 뿐만 아니라, 지역사회자원을 활용하도록 돕는 데 역점을 두어야 한다.

03 학교사회복지

1) 학교사회복지의 개념

학교사회복지(social work)는 활동영역이 학교를 중심으로 이루어지는 것으로, 학교 내의 인적·물적·제도적 자원을 활용하여 교육환경에 변화를 주는 서비스를 말한다. 학교사회복지에 대한 정의는 시대의 변화와 학자들의 관점에 따라 다양하게 제시되고 있다. 미국의 사회사업연감(1960)에서는 학교사회복지를 “학교활동계획의 일부로서 학교생활에 적응하는 데 곤란을 초래하게 되는 사회적, 정서적 문제를 지닌 학생을 돕는 것”이라고 정의하였다(박용순, 2008).

또한 학교사회복지에 관한 이론적 토대를 발전시킨 코스틴(Costin, 1981)은 학교사회복지를 “학교가 학생 개개인의 지적·사회적·정서적 욕구와 문제해결에 관심을 갖도록 도와주며, 이를 통하여 모든 학생이 학교에서 공평한 교육기회와 성취감을 제공받을 수 있도록 학교현장에서 활동하는 사회복지분야”라고 정의하였다. 따라서 학교사회복지는 사회복지의 다양한 실천방법을 활용하여, 학교의 교육기능과 목적을 달성하도록 도와주는 사회복지의 전문분야라고 할 수 있다.

이처럼 학교사회복지는 사회복지의 다양한 실천방법론을 활용하기 때문에 학교사회복지사는 개인과 사회환경 간의 상호작용에 초점을 두는 생태학적 관점에 기초하여 학교환경과 교육과정에 포함되는 학생, 가족, 교직원, 학교제도, 지역사회 등을 대상으로 하는 개별상담, 집단상담, 가족치료, 지역사회조직사업 등의 사회복지서비스를 제공한다.

또한 알렌-마이스(Allen-Meares, 1994)는 학교사회복지를 “학생들이 건전한 사회기능을 이룰 수 있도록 준비시켜 주며, 학생 개인의 문제뿐만 아니라 사회환경이나 교육환경의 변화에 즉각 개입하여 학교가 자신의 역할과 기능을 극대화 할 수 있도록 도와주는 연계활동"이라고 정의하였다. 이를 위해 학교사회복지사는 일반교사나 교육행정가와는 달리 '학생-학교-가정-지역사회'를 연계시켜 주는 고유한 역할을 수행해야 한다고 강조하였다. 한편, 루리(Lurie, 1965)는 학교사회복지를 기능적인 면에서 '특수아동을 위한 복지활동'과 '일반아동을 위한 복지활동'으로 구분하고 있다.

(1) 특수아동을 위한 복지활동

특수아동의 부모에 대한 개별사회사업을 실시하고 문제집단과 정기적 회합을 강조한다. 또한 교사 혹은 지역사회기관과의 협력을 이루고, 아동과 직접적인 접촉 없이 아동문제에 관하여 교사와 협의하여 도움을 제공한다.

(2) 일반아동을 위한 복지활동

일반아동을 위해 학교행정과 기타 위원회가 참여하고 부모 또는 교사집단과의 교육활동계획에 협력한다. 또한 현장 교사로서 사회복지에 대한 교육과 지역사회 계획에 대해 학교사회복지사를 대표하여 지역사회를 연결한다.

따라서 학교사회복지란 개별학생이 학교에서 정상적 기능과 기대되는 목표에 도달하지 못할 정도로 사회적·정서적 문제를 가지고 있을 경우, 그것을 도와주는 노력이라 할 수 있다. 즉, 학교사회복지는 심리학적 도움, 정신의학적 도움, 출석문제의 해결, 직업상담 등을 포함하고 있다. 그러므로 학교사회복지는 다른 사회복지분야와 같이 사회적 기능의 회복을 목적으로 개인이나 지역사회 내에서 동원할 수 있는 자원을 제공해 주며, 사회적 장애를 예방하는 것이라 할 수 있다.

2) 학교사회복지의 기능

스트룹(Stroup)은 학교사회복지의 기능을 사회적·정서적 문제를 가진 특수한 학생을 이해하여 전 교육과정을 계속하는 동안에 각자가 지니고 있는 최대한의 능력을 발휘시켜 알맞은 조정을 가할 수 있도록 기회를 발견하고, 각 개인이 그들의 학교생활에 가장 많은 이익을 가져올 수 있도록 필요한 제반 서비스를 베풀어 주는 것이라고 하였다.

또한 존슨(Johnson)은 교육기관에서 학교사회복지의 특수한 기능은 학생을 사회에 공헌할 수 있는 일원으로 발달시키고, 교육목표를 달성하지 못하는 학생을 돕기 위하여 교사와 행정가 및 다른 전문가와 협조를 이루면서 학교사회복지사의 전문능력을 발휘하는 것이라고 한다(Lurie, 1967; 전재일 외, 1997 재인용).

이는 학교사회복지를 수행함에 있어 다른 분야와의 협력의 필요성과 팀워크의 중요성을 강조하는 것이라 할 수 있다. 즉, 학교사회복지사는 학생의 만족스러운 학교생활을 위해 학생 부모, 교사, 학교, 지역사회로부터 모든 자원을 동원하여 학생의 정서적·신체적·지적 능력을 개발하고 문제를 해결하여 학교생활에 잘 적응하도록 돕는 기능을 한다(표갑수, 1994). 이상에서 언급된 학교사회복지의 기능을 정리하면 다음과 같다(박경일 외, 2014).

① 사회적·정서적 부적응의 징후를 나타내는 문제학생을 조기발견하고 예방하는 기능
② 학생이 학교에서 만족스러운 자기실현의 기회를 갖도록 그의 잠재력을 최대한 개발시키는 기능
③ 개별지도사업 및 집단지도사업을 통한 직접적 치료활동을 비롯하여 지역사회의 이용 가능한 자원을 조직하고 동원하는 기능
④ 교사와 학생 간의 관계개선의 노력과 학교 내의 문제해결을 위한 특별 조정팀(심리학자, 정신의학자, 교육책임자)을 구성하여 효과적 원조관계를 조성하는 기능
⑤ 학교-학부모-지역사회 인사와의 상호협력체계를 조성하는 기능
⑥ 정신건강의 입장에서 학생에게 장애를 주는 환경적 요소를 개선하고 교육적 분위기를 조성하는 기능
⑦ 청소년문제에 대한 새로운 중재방법을 제공하고 활용하는 기능

3) 학교사회복지의 대상

학교사회복지는 모든 학생에게 교육권을 보장하고, 전인교육의 목적을 효과적으로 달성하기 위한 전문사회복지의 한 분야로 인식되어 왔기 때문에 전통적으로 요보호학생이나 학교 부적응 학생을 우선적 대상으로 여겨 왔다. 그리하여 요보호학생이 자신의 교육적 욕구에 적합한 교육을 받을 수 있도록 교육기회의 형평성을 보장해 줌과 동시에 이들이 학교를 통하여 자신의 잠재력과 능력을 개발할 수 있도록 도와주었다. 이러한 관점에서 학교사회복지의 일차적 대상과 그 문제는 다음과 같이 정의할 수 있다(Freeman, 1994; 정무성, 1998 재인용).

❶ 대인관계에 문제를 보이는 학생

폭력행동, 비사교적 행동, 교사나 성인의 권위에 대항하는 행동 등을 한다.

❷ 심리·정신적 문제를 지닌 학생

갑작스러운 위기상황을 보이는 학생들로 우울, 소외, 공포, 불안, 자살기도, 심리적·행동적 변화 등을 보인다.

❸ 학교규칙을 위반하는 학생

장기결석, 등교거부, 잦은 지각, 무단조회, 수업불참 등의 행동을 하여 벌칙을 받는다.

❹ 가정환경 문제를 갖고 있는 학생

한부모가족, 이혼, 재혼, 빈곤, 입양아동, 소년소녀가정 등이다.

❺ 부모가 아동양육에 문제를 보이는 학생

학대, 방임 등을 당한다.

❻ 학습부진이 나타나는 학생

학습의욕저하, 학습무능력, 학습부진, 학업불량 등 학업목표를 달성하지 못한다.

❼ 반사회적 행동을 하는 학생

비행이나 범죄행위를 하는 학생으로서 폭력, 절도, 가출, 약물남용, 불량 동아리 가입, 십대 임신 등이다.

❽ 장애학생

정서장애, 발달장애, 신체장애 등이 있다.

학교사회복지의 대상은 미시적 체계로부터 거시적 체계까지 그 범위와 내용이 매우 다양하다. 학교사회복지가 활발히 이루어지고 있는 미국에서도 초기에는 그 대상이 장애아동으로 시작되어 모든 학생에 대한 동등한 교육기회를 제공하는 것이었지만, 최근엔 요보호학생과 전체 학생에 대한 교육 그리고 교육개혁으로 확대되고 있다(성민선 외, 1998). 학교사회복지는 인간의 행동에 대한 지식이 증가함에 따라 발전되었으며, 그 대상도 점차 넓혀져 왔다. 학교교육목적의 달성과 관련된 모든 개인, 집단, 조직 및 지역사회의 체계가 학교사회복지의 실천대상이 될 수 있다(박경일 외, 2014).

4) 학교사회복지사의 역할

학교사회복지사의 역할은 관련 당사자 사이에 개입하여 상호 이해의 폭을 넓히고, 공통의 공유의식을 확대해 나감으로써 당사자 간의 중재자, 의사소통 원조자, 이해촉진자 등으로 문제해결을 도와주고 다른 문제를 예방할 수 있도록 도와준다. 따라서 학교사회복지사는 학생과 교사 사이, 학생과 가족 사이, 그 밖에 학생과 이해관계자 사이에 개입하여 의사소통의 전문가이자 중재자로서 역할을 하여 상호 이해의 증진을 돕고 관계개선을 위한 의사소통의 방법을 교육함으로써 관련된 당사자 모두를 도와주는 역할을 수행해야 한다(박경일 외, 2014). 또한 윤철수 등(2012)은 학교사회복지사의 역할을 다음 다섯 가지로 설명하고 있다.

(1) 임상가

학생의 심리적·정서적 문제를 예방하고 해결하는 임상가로서 학생, 가족, 학교, 지역사회의 정보를 수집하여 학생의 문제의 원인을 체계적으로 사정하고, 이에 따른 심리치료를 제공한다.

(2) 서비스 조정자

학교사회복지사는 학생의 변화를 도모하기 위해 학생, 학부모, 교사 및 지역사회에 개입한다. 주로 부모 면담, 가정방문 등을 통해 학부모와 협력해야 하며, 교사의 협력 없이는 학생의 변화가 매우 어렵기 때문에 교사와 팀을 이루어야 한다. 또한 지역사회는 학생에게 심리적·사회적·문화적으로 영향을 주기 때문에 지역사회에 개입해야 한다. 따라서 학교사회복지사는 다양한 체계의 역량과 서비스 효율성을 높이기 위해 서비스 조정자 역할을 해야 한다.

(3) 사회복지서비스 제공자

경제적·사회적·환경적으로 어려운 학생과 가족들에게 경제적 원조 및 사회복지서비스를 제공해주어야 한다. 예를 들어, 빈곤한 학생들을 위한 장학금, 무료급식 및 대리부모 역할을 할 수 있는 자원봉사자를 연결하는 등 사회복지서비스 제공자의 역할을 해야 한다.

(4) 학생, 가정, 학교, 지역사회와의 연계자

학교사회복지사는 학교가 지역사회와 연계 및 협력체계를 확립하도록 학교 내부 조직을 변화시키고, 학교를 대표하여 외부 조직과의 협력을 꾀한다. 또한 학교와 지역사회가 함께하여 외부 조직과의 협력을 꾀하며, 학교와 지역사회가 함께 참여하는 교육협의체와 같은 논의기구를 만들어 학교교육에 지역사회 자원을 연계시켜야 한다.

(5) 교육복지전문가

학교사회복지사는 교육복지전문가가 되어야 한다. 교육복지는 평생학습, 특수교육, 상담 및 교육 등 다양한 전문가와 함께 접근해야 한다. 따라서 학교사회복지사는 사회복지의 전문성을 갖추고, 타 전문직과 연계할 수 있는 교육복지전문가로서의 역할을 해야 한다.

04 산업복지

1) 산업복지의 개념

1920년대 미국에서는 기업 특히 대기업이 주체가 되어 자신의 근로자들을 위한 산업복지 프로그램을 확대했다. 이를 복지자본주의(welfare capitalism)라 한다(원석조, 2013).

복지국가 위기론이 대두된 1970년대 이후부터 지금까지 복지국가 체제를 전면적으로 포기하지는 않았지만, 많은 국가가 복지국가의 축소작업을 계속하고 있다. 그 배경에는 실업문제를 비롯하여 인구 고령화, 가족구조 변화, 세계화, 탈산업화 등의 사회 현상으로 인한 복지국가의 재정 압박이 있었다(Esping-Andersen, 1999). 이러한 시대 상황을 배경으로, 세계는 노동시장의 유연화와 무한경쟁 속에서 능동적 산업복지를 통한 근로자와 가족의 사회적 배제 방지와 노동경쟁력의 확보를 위해 산업복지의 필요성을 요구하고 있다.

산업복지란 근로자에 대한 사회복지 및 복지대책을 다루는 분야로, 흔히 근로

복지, 노동복지라는 용어로 표현되는데, 사회복지학에서는 산업복지라는 표현이 더 일반화되어 있다(조흥식·김진수·홍경준, 2002). 산업복지는 크게 광의의 개념과 협의의 개념으로 구분된다.

첫째, 광의의 산업복지란 국가 또는 지방자치단체, 기업, 노동조합, 협동조합 등이 주체가 되어 근로자와 그 가족의 생활 안정, 생활수준의 향상, 복지서비스의 증진 등을 목적으로 하는 제반 시책, 시설, 서비스 활동의 총체를 의미한다. 여기에는 기업이 주체가 되는 기업복지, 노동조합이 주체가 되는 근로자복지, 정부가 주체가 되는 사회보장, 협동조합이 행하는 각종 복지활동 등이 포함된다(한국노동연구원, 1995).

둘째, 협의의 산업복지란 미국에서 시작된 산업사회사업(Industrial Social Work, Occupational Social Work 혹은 Social Services in thw Workplace)의 개념으로, 근로자와 경영진의 후원 하에 전문사회복지사가 프로그램과 서비스를 활용하여 조직원과 고용인, 산업현장의 욕구를 충족시키기 위한 서비스 제공과 사회복지기관에 계약된 사회복지사가 노동조합 또는 조직에 필요한 사회복지서비스나 상담 등을 실시하는 것을 말한다(Kurzman, 1987).

또한 산업복지(industrial welfare)란 산업의 장(setting)을 배경으로 이루어지는 사회복지의 개입방법을 의미한다. 즉, 전문적 사회복지의 지식과 기술을 적용하여 산업이라는 장에서 발생하는 심리적·제도적·사회적 문제에 효과적으로 대처함으로써, 근로자와 그 가족의 복지를 추구하는 노력을 말한다(박용순, 2008).

우재현(1990)은 산업복지란 "국가 또는 지방공공단체, 기업, 노동조합, 협동조합 등이 주체가 되어 근로자와 그 가족의 생활안정, 생활수준의 향상 등 생활복지의 증진을 목적으로 실시하는 여러 시설서비스 활동의 종합적이고 통일적인 체계"라고 정의하였다. 그는 이러한 산업복지를 좀 더 세분해서 다음의 네 가지 차원으로 구분하였다.

첫째는 최광의의 산업복지 개념으로, 산업사회 전반에 걸쳐 인적자원의 유지·발전을 통해 복지사회를 구현함을 목적으로 하는 제반 활동체계를 말한다.

둘째는 광의의 산업복지 개념으로, 산업근로자가 국가, 기업, 노동조합과 기타 민간산업복지단체 등의 지원체계에 의하여 직장 내외의 생활을 통하여 물리적(경제적), 정신적(비경제적, 사회적)욕구를 충족시킴으로써 지속적인 복지를 실현함을 목적으로 하는 조직적인 제반 시책 또는 활동체계를 말한다.

셋째는 협의의 산업복지 개념으로, 산업사회사업 또는 광의 노동복지 중 그 어느 하나만을 의미하는 개념이다.

넷째는 최협의의 산업복지 개념으로, 기업복지와 협의 노동복지(협의의 근로복지, 근로자복지, 자주복지)로 구분된다.

그런데 산업복지를 광의의 개념으로만 이해할 경우, 대부분의 국가정책이나 제도가 근로자를 포괄하는 국민 전체의 복지와 관련되기 때문에 산업복지의 구체성을 확보하는 데 어려움이 있으며, 협의의 개념으로만 이해할 경우, 최저임금과 열악한 노동환경 속에서 전문가에 의한 산업복지실천이 해결의 수 있는 문제가 우선순위에서 밀리게 되어 제한적이 될 수밖에 없다.

2) 산업복지의 기능

산업복지는 근로자와 그 가족을 원조하여 직장 내외에서 발생하는 그들의 여러 문제를 해결하고, 산업복지의 기능을 통해 만족스러운 근로자 생활을 영위할 수 있도록 지원하는 데 그 목적이 있다. 산업복지의 기능은 산업조직의 목표달성에도 기여하게 된다. 전통적으로 산업복지가 산업에서 수행해 온 기능을 제시하면 다음과 같다(현외성 외, 1993).

(1) 비용절감의 기능

산업복지는 산업체의 근로자에게 미치는 자연적 또는 산업적 위험에 대비하여 지출되어야 할 비용을 절감하고 기업의 이윤증대에 기여한다. 즉, 복지투자의 생산적인 측면이 강조되는 기능을 말한다.

(2) 노동안정의 기능

산업복지는 서비스나 부가급여를 통해 근로자의 전직의사를 약화시키고 노동력의 안정을 도모한다. 즉, 노동안정으로서 근로자와 가족의 행복한 생활에 일조하는 기능을 말한다.

(3) 박애전달의 기능

산업복지는 산업조직에서 박애정신으로 근로자의 비인간화 요소를 인간화하도록 노력한다. 즉, 노동에 대한 비화폐적 보상으로 충분한 책임을 환수하도록 하는 기능을 말한다.

(4) 노동표준의 기능

산업복지는 근로자의 독특한 욕구를 수렴하여 노동력의 장애 요소를 경감시킨다. 즉, 노동표준화를 통해 효율적인 노동력 활용을 용이하게 하는 기능을 말한다.

(5) 사회책임의 기능

산업복지는 사회책임으로써 기업의 이윤추구와 함께 지역사회와의 상호협조관계를 형성한다. 즉, 개방체계로서 지역사회로부터의 기대와 관심을 갖게 하고, 이에 부응하는 사회적 책임의 기능을 말한다.

3) 산업복지의 내용

산업복지의 내용은 사회정책 접근과 사회사업적 접근의 두 가지로 나뉠 수 있다. 사회제도가 가진 결함으로 인해 발생한 사회문제를 해결하는 것이 사회정책적 접근이고, 위기나 문제상황은 환경에 대한 개인의 부적응과 욕구불만과 관련되므로, 환경조건의 개선과 개인 성격의 개발에 초점을 두는 것이 사회사업적 접근이다(조흥식 외, 2002).

(1) 산업복지정책

자본주의 사회의 시장제도에서 발생하는 불평등, 비복지, 기본적 욕구 등의 문제를 국가의 조직화된 노력으로 완화할 수 있고, 작업조직 내에서의 문제도 국가 개입으로 해결될 수 있다. 국가의 개입은 노동시장, 노동과정, 노동력 재생산으로 나뉠 수 있는데, 산업복지정책이 관심을 가지는 것은 노동력의 재생산에 대한 개입이다. 즉, 소득보장정책과 사회보험으로 불리 우는 부분이다. 노동 수요 면에서 프로그램은 공공부문 일자리 창출, 민간부문 고용 프로그램, 임금보조금이 있고 노동공급측면의 프로그램은 직업훈련, 취업정보제공, 각종 수당이 있고 규제 프로그램으로 최저임금제, 사회적 약자에 대한 고용촉진 프로그램이 있다.

(2) 산업사회사업

산업사회사업은 작업 조직에서 제기되는 근로자와 그 가족의 사회적 기능 수행의 향상을 목표로 사회복지전문직에 의해 수행되는 사회복지실천 영역의 하나이며, 미국에서는 '직장사회사업(occupational social work)'으로 불리고 있다. 산업사회사업은 실업으로부터 직장스트레스까지 근로자의 개인적인 문제뿐 아니라, 그 가족이 직면하고 있는 문제까지 광범위하게 다루고 있다(윤철수 외, 2012).

산업사회사업의 구체적인 프로그램으로는 개인상담, 자문, 집단지도, 교육활동, 위기 개입, 노동자가족복지서비스, 지역사회 조직활동, 기타 근로자들의 욕구와 기초자료를 파악하기위한 조사활동이나 홍보활동 등이 포함된다. 이와 같은 프로그램을 통한 산업사회사업의 개입을 시기와 대상별로 분류하여 정리하면 <표 12-2>와 같다.

〈표 12-2〉 산업사회사업의 개입 유형

시기 / 대상	문제발생 전	문제발생 중	문제해결 후
개인 및 가족	• 개인 및 가족의 변동상태에 대한 대비(이혼, 전직, 정년, 퇴직, 불치병, 재해 등)	• 정서적 스트레스, 질병, 위기, 결혼생활의 문제, 산업재해, 직장에서의 문제 등에 대한 개인치료 • 클라이언트의 의뢰 및 지역사회 서비스 알선 • 만성적 문제의 개입	• 산업재해를 입은 근로자의 신체적 재활 또는 추후지도 • 직무에 복귀한 알코올 및 약물 중독 회복자의 추후지도
집단	• 건강 및 정신건강 교육 • 특수 집단(미혼모, 10대부모 등)의 집단상담	• 위기에 대처하는 자조집단의 형성(미망인, 이혼녀, 알코올 의존자 등)	• 자조집단의 자문과 자원 보유자로서의 역할
조직 또는 지역사회	• 사회복지사를 보좌할 수 있는 대리인의 선정 및 훈련 • 경영 및 감독자, 노조 간부를 대상으로 하는 인간관계 기술 교육 및 훈련 • 특수 집단을 위한 프로그램 개발(탁아, 소아과 진료, 육아상담, 퇴직상담 등)	• 특정 부서의 위기 중재 • 근로자와 감독자 사이의 중재 • 근로자의 문제와 요구에 관하여 감독자와 경영진 측에 자문 • 프로그램 운영에 대한 자문(탁아, 퇴직 등)	• 위기를 지나온 부서나 집단의 추후지도(산업재해, 부서의 병합, 인사이동 등) • 하나의 특수 집단으로서 장애 근로자의 욕구 충족을 위한 재활사업의 시행

출처 : 조흥식 외(2005: 313).

4) 산업복지사회복지사의 역할

산업복지사회복지사는 노동조합이나 기업, 혹은 기업과 노동조합 양자에 의해 고용되거나, 지역사회 정신건강센터나 가족서비스기관 등과 같은 사회복지기관과의 계약에 의한 위탁사업에 참여하여 활동하게 된다. 이러한 산업복지 현장에서 일하게 되는 사회복지사의 역할에 대해 아카바스와 쿠르맨(Akabas & Kurzmant, 1982)이 제시한 것을 요약하면 다음과 같다(권중돈 외, 2012).

첫째, 실직 위험에 처해 있거나 기타 곤란한 문제를 경험하고 있는 근로자를 지원하여 그들의 업무를 달성 및 유지하기 위한 상담 및 관련 업무를 전개한다.

둘째, 근로자의 욕구를 충족시키기 위해 지역사회의 서비스 이용을 조언하고 관련 프로그램을 연계한다.

셋째, 중간관리자가 관할 근로자의 업무수행의 변화를 발견했을 때 사회복지서비스기관에 의뢰할 시기 및 개입방법을 결정하고, 중간관리자를 훈련시키며 의뢰한 근로자에게 적절한 사전조치를 취한다.

넷째, 서비스에 대한 정보를 기록하고 인적자원 프로그램의 분석에 필요한 자료 관리를 위한 정보체계를 개발 및 감독한다.

다섯째, 충족되지 않은 욕구와 현재의 인구학적 특성을 파악하여 인적자원 프로그램이 나아갈 방향을 구상한다.

여섯째, 인적자원정책 개발과 관계된 노동자 간부나 경영진에게 자문을 제공한다.

일곱째, 현직 혹은 퇴직 근로자와 임원을 위한 복지·의료·여가·교육 프로그램이 실시되도록 노력한다.

여덟째, 각종 복지급여제도와 건강보호체계를 관리하는 것을 도와준다.

아홉째, 여성, 소수민족, 미성년자, 장애인 근로자 차별에 대한 대처행동 및 관리를 위한 자문을 한다.

05 교정복지

1) 교정복지의 개념

교정복지(correctional welfare)란 사회복지의 실천으로 범죄인의 교화를 위한 전문분야의 개입을 말한다. 이것은 범죄인의 교정과 교화를 위한 특정적인 한 분야의 활동뿐만 아니라, 범죄예방의 차원에서 각 분야의 전문인력이 협력하여 이루어지는 포괄적인 활동이라 할 수 있다. 또한 교정복지는 사회적응에 실패한 범죄자와 비행청소년들의 갱생을 위해 도와주는 서비스이다. 즉, 범법행위로 교정시설에 수용되어 있거나 퇴원 및 퇴소된 수행자의 반도덕성, 반사회성을 자주적으로 극복하고, 사회적 적응능력을 배양시켜 재범을 방지하며, 원만한 사회복귀를 돕는 사회복지적 처우와 조직적 서비스의 지원활동을 의미한다(박용순, 2008).

국내에서는 비교적 최근에 연구가 이루어진 분야로, 교정복지에 대한 개념조차 합의되지 않은 실정이다(권중돈 외, 2012). 교정복지에 대한 다양한 정의를 살펴보면 <표 12-3>과 같다.

〈표 12-3〉 교정복지에 대한 다양한 정의

저자	정의
이영희 (1999)	범죄자와 우범자, 그들의 문제, 유해환경 등을 대상으로 사회복지실천 방법의 지식과 기술, 사회복지정책의 법과 제도적 장치 등을 활용하여 대상자들의 재범 방지와 사회 복귀, 환경 개선을 도모하는 사회적 노력과 활동
최옥채 (2001)	개별사회사업, 집단사회사업, 지역사회사업 등과 같은 기초적인 사회사업방법론을 활용하여 범죄자나 비행청소년이 심리사회적으로 가장 편안한 상태를 유지하면서 사회에 적응하여 활동할 수 있도록 돕는 활동
배임호 외 (2002)	범죄자나 비행청소년의 재활과 정상인으로서의 사회복귀를 돕고 범죄사건으로 인한 제반 영향을 해결하기 위한 전문적 사회복지의 한 분야
이정서 (2002)	범법자, 우범자, 유해환경을 대상으로 사회복지방법론과 사회복지정책을 통해 재범 방지와 사회 복귀, 환경 개선을 도모하는 사회적 노력과 활동
이정찬 (2005)	범죄자와 비행청소년에 대해 국가와 공공단체 및 개인이 개별적 또는 집단적으로 시설 내에서 교정, 교육하고 사회 내에서 보호 관찰하는 조직적 활동
박차상 외 (2010)	사회복지를 바탕으로 범죄인의 교정·교화를 위한 여러 활동을 펼치는 전문분야, 즉, 범죄자의 교정과 교화를 위한 특정한 한 분야의 활동뿐만 아니라, 범죄예방 차원에서 각 분야의 전문인력이 협력하여 이루어지는 포괄적인 활동

출처 : 권중돈 외(2012: 372).

이와 같은 여러 학자의 정의를 종합해보면, 교정복지를 다음과 같이 정의할 수 있다.

교정복지란 협의적인 의미에서 사회복지방법론을 활용하여 범죄자 및 비행청소년을 대상으로 교정, 교육하며, 원활한 재활과 사회복귀를 원조하는 사회복지의 한 전문분야라 할 수 있다. 또한 광의적으로는 사회복지방법론과 관련정책을 통해 범죄에 취약한 지역사회나 유해환경의 개선을 도모하는 사회적 노력과 제반 활동을 포괄한다.

이와 같이, 교정복지는 사회를 범죄자들로부터 보호하는 동시에 범죄자들의 사회재활을 도와주는 것을 목적으로 한다(박용순, 2008). 그동안 협의의 개념으로 이해되고 비춰지는 경우가 많았으나, 점차 범죄나 비행과 관련된 환경적 요인과 예방적 측면이 중요해지면서 광의의 개념에 대한 인식이 높아지고 있다(박경일 외, 2014).

2) 교정복지의 기능

교정복지의 주요 기능은 다음의 네 가지 측면으로 설명할 수 있다(최옥채, 2006).

첫째, 범죄인 및 비행청소년 적응을 돕는 기능이다. 일반적으로 범죄인이나 비행청소년의 재활은 우선 수용시설 또는 지역사회 내에서 안정된 생활을 영위할 수 있어야 한다는 데 중점을 두고 있다. 즉, 범죄의 원인이나 재범방지와 같은 즉각적 접근보다는 사회복지사에 의한 심리사회적 서비스나 환경개선을 통해 그들이 인간다운 생활을 누릴 수 있고, 환경에 적응할 수 있도록 하는 것이 교정복지의 주된 기능이라 할 수 있다. 특히 수용시설에 있는 제소자의 경우, 시설 내의 작업이나 기타 활동, 동료와의 관계, 실무자와의 관계 등에서 대상자가 적절히 적응할 수 있도록 원조하는 기능을 수행할 수 있다.

둘째, 범죄인의 특정한 질병이나 장애의 치료에 대한 협력을 제공하는 기능이다. 오늘날 비행청소년 및 범죄인의 특성이 더욱 다양해지면서 알코올중독, 약물중독, 에이즈(AIDS), 기타 정신질환 등으로 어려움을 겪고 있는 이들이 늘어나고 있는데, 이들의 재활에 교정복지전문가가 개입하여 이들의 치료를 직접 혹은 간접적으로 돕는 기능을 하게 된다. 특히 알코올중독이나 약물중독은 정신질환의 일종으로 간주하여 치료하고 있는 실정이기 때문에 이들을 범죄인으로서 교정할 것이 아니라, 정신질환자로서 접근해야 한다는 사실이 중요하게 대두되고 있고, 이에 따라 교정사회사업의 역할이 더욱 부각되는 것이다.

셋째, 보호관찰기관과의 협력기능이다. 보호관찰제도가 발달한 나라의 경우, 관련 전문가로서 사회복지사가 대부분 활약하고 있다. 즉, 교정복지분야에 있어 보호관찰은 무엇보다 핵심부문이라 할 수 있을 정도로 양자는 밀접한 관련을 맺고 있으며, 교정복지의 기술과 접근방식이 보호관찰제도에 크게 기여하고 있다. 그리하여 사회복지사는 보호관찰을 받는 범죄인 및 비행청소년의 바람직한 적응을 위해 보호관찰기관과 협력하는 기능을 수행하게 된다.

넷째, 범죄인 가족에 대한 원조기능이다. 상당수의 재소자 및 비행청소년과 그들의 가족 간의 관계는 갈등적이며, 가정의 경제적 수준이 낮은 것으로 연구되고 있다. 또한 이들의 가족은 친인척을 포함한 지역사회로부터 범죄인 가족이라는 낙인을 받고 있는 경우도 비일비재하다. 이러한 범죄인 가족과 주변인의 상황을 고려해 볼 때 이들이 범죄인을 보다 올바르게 이해하고 포용할 수 있는 환경조성이 절실히 요구된다. 바로 이러한 점들 때문에 교정복지의 개입이 필요하고, 이를 통해 범죄인과 가족 또는 중요한 타인 간의 유대 관계와 이해의 폭을 넓혀 주는 것이다.

3) 교정관련 주요 제도

교정복지는 클라이언트인 비행청소년과 범죄인의 여러 제도들과 관련되어 있다. 비행이나 범죄로 인하여 수사에서 구금 및 지역사회로 돌아오는 과정에서 여러 제도와 접하게 된다. 이들 제도는 비행청소년 및 범죄인이나 이들의 가족들에게 중요한 정보로서 도움을 주는가 하면, 이들을 통제하기도 한다. 이러한 교정관련 제도에는 갱생보호, 소년보호처분, 법률구조, 선도조건부 기소유예, 소년자원보호, 치료감호, 보호관찰, 범죄 피해자 보호, 가정보호처분 등이 있다(최옥재, 2010).

(1) 갱생보호

갱생보호는 비행청소년과 범죄인들이 수용시설에서 나와 재비행이나 재범에 빠지지 않도록 선도하고, 이들이 자립하여 선량한 사회인으로 복귀할 수 있도록 지원하는 국가적 사업이다. 그러므로 이 제도는 중간 처우시설의 성격을 띤 지역사회 중심 프로그램에 중점을 두고, 숙식 제공, 직업훈련, 취업알선, 자립지도, 선행지도 등의 서비스를 제공하고 있다. 따라서 퇴원자와 출소자의 건전한 사회복귀 촉진, 효율적인 범죄 예방활동 전개, 개인과 공공의 복지 증진을 강조하고 있다.

(2) 소년보호처분

소년보호처분은 「소년법」이 명시하고 있는 소년보호 사건에 대한 처분을 규정한 것이다. 「소년법」에 따르면, 소년부 판사는 20세 미만의 소년 사건에 대해 심리(보호처분 사건은 '재판'이란 용어 대신 '심리'라고 함) 결과 보호처분이 필요하다고 인정한 때는 10가지 처분 중 하나를 내릴 수 있다. 즉, 보호자나 보호자를 대신할 수 있는 자에게 소년의 감호를 위탁하는 1호 처분, 보호관찰 실무자로부터 수강 명령을 받게 하는 2호 처분, 보호관찰 실무자로부터 사회봉사 명령을 받게 하는 3호 처분, 보호관찰 실무자로부터 단기(1년) 보호관찰을 받는 4호 처분, 보호관찰 실무자로부터 장기(2년) 보호관찰을 받는 5호 처분, 「아동복지법」상의 아동복지시설에 감호를 위탁하는 6호 처분, 병원과 요양소에 위탁하는 7호 처분,

1개월 이내로 소년원에 송치하는 8호 처분, 단기(6개월 이내)에 소년원에 수용하는 9호 처분, 장기(2년 이내)로 소년원에 송치를 결정하는 10호 처분으로 구분된다. 소년보호처분은 조사, 심리, 처분의 절차를 거치게 된다.

(3) 법률구조

법률구조제도는 경제적으로 어렵거나 법에 관한 지식이 부족하여 법의 보호를 충분히 받지 못하는 사람들에게 법률상담, 변호사에 의한 소송 대리, 기타 법률사무 등의 서비스를 제공하는 제도이다. 법률구조사업을 추진하고 있는 대한 법률구조공단은 서울시에 본부를 두고, 법원과 검찰청에 대응하여 전국에 지부와 출창소를 설치하고 있다. 이러한 법률구조공단은 국민의 기본권 옹호와 법률 관련 사회복지의 증진을 위해 법률상담, 법률구조, 농어민과 도시 저소득층을 대상으로 하는 무료법률구조 등의 사업을 실시하고 있다.

(4) 선도조건부 기소유예

선도조건부 기소유예란 청소년의 비행이 가볍고 이들의 가정환경이 안정된 경우, 검찰이 위촉한 범죄예방자원봉사위원협의회 내 상담지도분과 위원의 지도를 받도록 검사가 내리는 처분으로 사회 내 처우다. 선도조건부 기소유예제도는 1978년 광주지방검찰청에서 20세 미만의 비행청소년을 대상으로 처음 시험 실시하였다. 그 결과, 반응이 좋아 1981년부터 소년 선도보호지침을 제정하여 전국에 확대 및 실시하였다. 선도유예의 절차는 대상자 선정, 범죄예방자원봉사위원 선정, 선도보호 위탁, 사후관리로 구분할 수 있다.

(5) 소년자원보호

소년자원보호제도는 1985년 서울가정법원의 판사, 소년과 직원, 자원보호자들의 협력으로 비행 청소년의 재비행 방지와 예방에 상당한 성과를 거두면서 1987년 소년자원보호자협의회를 구성하여 오늘에 이르고 있다. 소년자원보호제도는 「

소년법」에 의거한 1호 처분을 받은 청소년 중 보호자가 없거나, 있어도 그 역할이 미흡할 때 사회적으로 덕망 있고 청소년들에게 관심과 애정을 가진 자원보호자를 지정하여 1차에 한해 6개월 동안 상담 및 지도, 보호하도록 하고 있다.

(6) 치료감호

치료감호제도란 책임능력이 없거나 부족한 범죄인에게 형벌 위주의 처우보다 치료에 중점을 두고 감호하는 제도이다. 심신이 허약한 자가 죄를 범하였을 경우, 경찰이나 검찰의 조사과정에서 검사는 감호 요건에 해당하는지 파악한다. 즉, 정신감정을 해당 기관에 의뢰하여 피의자의 전과, 감호 경력, 상습성, 재범의 위험성, 심신장애의 정도, 마약류 사용 정도 등을 조사한다. 치료감호는 검사의 청구에 따라 관할 법원에서 판결하며, 선고를 받는 자는 치료감호소에 수용되어 정신장애나 중독을 집중적으로 치료받는다. 치료감호 기간은 집행 기간으로 간주되며, 치료 후 나머지 형기는 교도소에서 마쳐야 한다.

치료감호제도에서 사회복지사가 개입해야 할 부분이 전적으로 교정사회복지사의 업무라고 할 수는 없다. 치료감호소에 있는 클라이언트의 특성을 고려해서 정신보건사회복지사의 업무 역시 강조되어야 한다.

(7) 보호관찰

보호관찰에는 보호관찰(probation)과 가석방(parole)의 두 가지 유형이 있다. 형의 유예제도와 결부하여 적용되는 보호관찰은 보호관찰부 선고유예나 집행유예를 포함하는 것이고, 가석방은 보호기관이나 교정기관에 수용된 자가 가퇴원이나 가석방 및 가출소로 사회에 복귀할 때 일정 기간 실시하는 보호관찰을 일컫는다.

또한 보호관찰기관을 지휘 및 감독하는 중앙기관은 법무부 범죄예방정책국으로, 법무부 장관 아래 보호관찰소의 업무는 보호관찰관을 중심으로 수행된다.

보호관찰의 주요 내용으로는 보호관찰 실시, 사회봉사 명령과 수강 명령 집행, 갱생보호 실시, 검찰의 선도유예자에 대한 선도 실시, 범죄예방위원 교육훈련, 업무지도, 범죄 예방활동, 기타 법령에 의하여 규정된 사항으로 판결 전 조사, 환경조사, 환경 개선활동이 있다.

여기서 보호관찰제도는 사회복지실천에서 중요한 영역을 차지하고 있다. 이는 처음부터 개별사회사업과 결부하여 발전하였고, 관찰 대상자를 지역사회 안에 두고 개입하기 때문에 지역사회 중심 프로그램이 많다. 비록 우리나라는 보호관찰의 역사가 짧아 교정복지의 개입이 활발하지 못하나, 외국의 경우 보호관찰의 역사가 곧 교정복지의 역사라고 할 수 있을 정도로 이 제도는 사회복지실천에서 중요한 위치를 차지하고 있다.

(8) 범죄피해자 보호

범죄피해자를 돕기 위하여 우리나라는 1987년에 「범죄피해자구조법」을 제정하였고, 2005년에는 「범죄피해자 보호법」을 제정하여 자격 요건을 갖춘 범죄피해자들에게 국가적 보상과 지원을 구체화하였다.

범죄피해자 보호란 범죄행위로 인해 사망한 자의 유족이나 심한 장해를 당한 피해자에게 국가가 구조금을 지급하여 범죄 피해자를 지원하는 것을 의미한다. 이는 경제적·사회적으로 곤란에 처한 범죄피해자를 구제하기 위한 국가보상제도이다. 이 제도는 범죄 피해자의 경제적 안정과 심리적·사회적 안정에 기여하고 있으며, 최근 노인 학대, 성폭력, 가정폭력의 피해자가 증가하고 있어 사회복지실천에서도 중요한 역할을 하고 있다. 범죄 피해에 대한 국가보상제도는 성격에 따라 크게 손해배상형과 생활보호형로 구분하고 있다.

(9) 가정보호처분

우리나라는 가부장적 의식 때문에 가정 내 폭력에 대하여 대체로 관용적인 견해를 유지해 왔다. 그러나 가정은 인간 활동의 가장 기본적인 조직이므로, 폭력으로 파괴되는 가정의 문제는 곧 국가의 문제로서 그 중요성이 강조되어 왔고, 나아가 여성인권운동이 가정폭력에 대한 입법운동을 펼치면서 「가정폭력범죄의 처벌 등에 관한 특례법」이 제정되었다(서홍란, 2000).

1997년 제정된 이 법은 가정폭력 가해자에 대하여 가정법원이 조사와 심리를 거쳐, 환경의 조정과 폭력행위의 교정을 위한 가정보호처분을 행함으로써, 가정폭력으로 파괴된 가정의 평화와 안정을 회복하고, 건강한 가정을 육성하는 데 목적을 두었다.

4) 교정사회복지사의 역할

교정사회복지사는 비행청소년을 교화함으로써 재범을 방지하고 사회복귀를 돕는 데 목적을 두고 있다. 특히 교정사회복지사는 교정과정에서 피조자의 지도와 감독을 행하며, 법률이 정하는 범위에서 자기결정의 권리로 비행청소년을 취급하여 이들의 행동을 규제하고 치료하는 역할을 수행한다. 또한 피조자의 생활에 책임이 있는 개인, 집단 및 기관을 통해 자원을 활용하여 피조자의 가치관에 영향을 미치는 조정적 역할을 수행한다(김영모, 1978). 이에 따라 교정사회복지사의 역할을 몇 가지로 제시하면 다음과 같다(박용순, 2008).

(1) 상담자의 역할

교정사회복지사는 교정현장에서 비행청소년을 위하여 다양한 상담을 해야 한다. 상담전문가는 교정시설의 재소자나 비행청소년들이 처해 있는 제반사항과 어려운 점을 파악하여 상담해주어야 한다. 따라서 상담자의 역할은 현존 교정시설에서 이루어지고 있는 무분별적이거나 비자발적인 만남을 지양하고, 상담자나 비행청소년의 일방적인 욕구에 의하여 이루어지기보다는 상담의 원칙을 유지하면서 규칙적으로 이루어지는 전문적인 상담이 요구되고 있다.

(2) 안내자의 역할

교정사회복지사는 재소자나 비행청소년들에게 다양한 정보를 신속히 전달하는 역할을 해야 한다. 교정시설 내에 있는 재소자뿐만 아니라 지역사회의 비행청소년들은 누구보다도 정보에 차단되어 있기에 이들이 필요한 정보를 간절히 원하고 있는 것이 사실이다. 따라서 교정사회복지사는 이들의 다양한 욕구를 감안하여 유용한 정보를 신속히 전달해주어야 한다. 또한 안내자로서 비행청소년들의 향후 진로방향에 대해 다양한 대안을 제시해주는 전문적인 역할이 요구되고 있다.

(3) 중재자의 역할

교정사회복지사는 교정시설의 실무자 간, 실무자와 비행청소년 간의 관계가 효과적이도록 중재자의 역할을 수행해야 한다. 따라서 교정사회복지사는 교정시설의 외부에 있는 피수용자 가족과의 갈등관계를 해결하는 데 중재자로서 중요한 역할을 수행할 필요가 있다.

(4) 교육자의 역할

교정사회복지사는 비행청소년이 재활을 통해 그들의 마음이 변하고 깨달음을 갖도록 교육하는 역할을 수행해야 한다. 이들은 마음의 변화를 위한 지식이 부족한 경우가 많다. 비행청소년의 교화는 곧 부족한 지식을 채워 주는 교육이라 할 수도 있기 때문에, 교육자로서 이들에게 제공하는 다양한 서비스는 매우 중요하다. 따라서 교정사회복지사는 마음의 변화가 쉽게 이루어질 수 있도록 동기를 부여해주는 교육자의 역할이 필요하다.

또한 현행 교정복지사의 역할은 교화적 공무원과 소년보호위원 및 교정위원 등 여러 부문에서 수행되고 있지만, 주로 사법단계의 최종단계인 교정분야에서 이루어지고 있다(천정환·김주연, 2010). 다음에서는 교정사회복지사의 규범적 측면에서의 역할에 대해 살펴보도록 한다(최윤진, 1993; 홍봉선, 2004).

첫째, 경찰 내부에서 외국과 같이 전문사회복지사를 소년경찰로 채용한다든지, 혹은 기존의 소년경찰에 대한 지속적인 직무교육을 통해 소년비행 업무를 더욱 전문화시켜야 한다. 즉, 비행청소년의 특성을 파악하고 진단과 치료기술을 습득해 전문사회사업이 경찰단계에서 활발히 이루어져야 한다.

둘째, 경찰 외부에서 지역사회의 사회복지사는 경찰과 밀접한 관련을 맺으면서 비행청소년에 대한 처리 및 선도 과정에 적극 개입할 수 있다. 가령, 상담이나 자문에 응하여 비행청소년의 특성과 배경을 이해하는 데 조력하고, 경찰이 지나치게 처벌 위주의 결정을 내리지 않도록 비행청소년의 선도 방향을 제시하며, 지역사회 내의 자원을 활용해 선도를 같이 담당할 수 있다. 근래 외국에서는 경찰과 함께 순찰하거나 긴급구호전화에 응답하는 일 등 경찰단계에서 교정사회복지사의 역할이 증가하고 있다.

셋째, 검찰단계에서는 검찰과 연계해 비행청소년의 조사활동에 개입해 자료를 제공하여 사건처리의 합리적 판단에 조력할 수 있으며, 검찰과 경찰에 상담실을 갖추어 비행청소년과 그 가족을 대상으로 사전조사와 상담 및 서비스 제공의 역할을 수행해야 한다. 즉, 현재 행해지고 있는 검찰청의 기소 전 상담제도에 교정사회복지사가 적극 참여하여 조력자 역할을 해야 한다.

넷째, 재판단계에서는 판사의 판결 전에 사전조사를 실시해 조사결과를 제공하는데, 조사내용에는 범죄자 외에도 관련 영역 및 사람에 대한 것이 포함된다. 이런 판결 전 조사 및 조사결과를 진단하는 조사관과 진단자의 역할 외에도 외국처럼 교정복지사가 심리과정에 참여해 전문가와 증인 또는 범죄인의 옹호자로서 의견을 개진해 판결에 영향을 행사할 수 있어야 한다.

다섯째, 교정단계에서는 외국처럼 대거 사회복지사가 투입되어 교정 현장의 전문화를 강화해야 한다.

끝으로 사후관리단계에서 교정복지의 일환으로 지역사회복지관의 사회복지사가 참여하는 체계를 구축해야 한다. 즉, 사후단계에서는 심리적 갈등과 사회적응력 부족으로 재적응의 실패와 재범의 가능성을 제거하기 위해 재활과 치료 및 상담역할을 사회복지사가 수행해야 하므로, 갱생보호공단의 일정 인원은 사회복지사로 구성되어야 한다.

06 군사회복지

1) 군사회복지의 개념

군사회복지(military social welfare)란 군인과 그 가족이 지닌 기본적인 욕구를 충족시키기 위한 사회복지적 노력의 일환이라고 정의할 수 있다. 다른 측면에서는 군조직이나 군제도가 가진 고유의 목적이 잘 성취될 수 있도록 돕는 활동을 의미하기도 한다(박용순, 2008).

현대사회에서 군사회복지의 목적은 군조직 혹은 군사회의 어려운 상황을 인식하고 군인 및 그 가족이 다른 조직에 속한 사람들과는 달리 특별히 겪게 되는 여러 가지 생활상의 어려움을 해소하는 데 있다. 그것은 군조직이 지닌 특수한 성격과 군인과 그 가족이 경험하는 생활상의 어려움이 다른 집단에 비하여 독특한 특성을 지닌 것을 전제로 하고 있기 때문이다. 이러한 특수한 상황과 성격이 군사회복지의 필요성을 높이며, 이에 사회복지전문가의 개입이 요청되고 있는 것이다(현외성 외, 1993).

2008년 3월 「군인복지기본법」이 시행됨에 따라, 군사회복지는 큰 전환점을 맞이하게 되었다. 「군인복지기본법」의 목적(제1조)은 군인의 생활안정과 삶의 질 향상을 도모하고 군의 사기를 높이며, 나아가 군인으로 하여금 임무수행에 전념할 수 있도록 하기 위하여 군인에 대한 복지정책을 수립하고 복지사업을 수행하는 것이다. 여기서 말하는 군인이란 장교·준사관·부사관 및 병을 의미한다(군인복지기본법 제2조). 따라서 군사회복지는 장교·준사관·부사관 및 병을 모두 포괄하는 군인과 그 가족이 지닌 기본 욕구를 충족시키기 위한 사회복지적 노력의 일환으로 정의할 수 있다. 즉, 군사회복지는 군에서 전문적인 능력과 자격을 갖춘 사회복지사가 제공하는 사회복지서비스를 말한다. 다시 말하면, 군사회복지란 사회복지의 한 실천분야로서 일차적으로는 군의 고유한 목적이 최대한 달성될 수 있도록 원조하는 것이며, 나아가 군의 구성원인 군인과 그 가족의 복지를 증진시키는 전문활동이라고 할 수 있다. 또한 군사회복지는 다른 분야와는 달리 군대라는 특수한 조직에서 발생하는 문제와 이슈에 관심이 있을 뿐만 아니라, 이러한 문제에 대처하기 위해 사회복지의 전문지식과 실천방법을 활용하는 특징이 있다(NASW, 1987).

2) 군사회복지 프로그램

군사회복지사의 역할 수행으로 인한 효과를 얻기 위해서는 구체적인 서비스와 프로그램 내용이 있어야 한다(윤철수 외, 2012). 다음 <표 12-4>와 같이, 박미은(2005)은 사병을 위한 개입과 직업군인 및 가족에 대한 개입, 그리고 군 조직 및 군복지정책에 대한 개입 등 구체적인 활동과 프로그램을 제시하고 있다. 사병에 대한 개입은 개인상담과 집단상담, 사례관리 형식으로 제공되며, 의료 및 정신건강 문제, 적응이나 대인관계의 어려움 등의 내용을 다루게 된다.

직업군인과 가족에 대한 개입은 개인상담과 사례관리뿐만 아니라, 가족에 대한 개입을 포함한다. 개인 프로그램에서는 군생활 문제나 진로, 의료 및 정신건강 문제, 스트레스 관리, 알코올 및 약물 문제 등을 다룬다. 직업군인의 가족에 대한 개입은 가족 문제의 상담과 지원, 자녀 문제 상담과 부모교육 등의 프로그램으로 진행되고 필요한 자원을 연결하는 지역사회 차원의 개입도 제공된다.

마지막으로, 군 조직과 정책에 대한 개입으로는 군복지정책을 변화시키고, 발전을 유도하기 위한 자문을 제공하거나 건의하는 등의 개입과 군인 및 가족의 권리 증진을 위한 옹호활동을 제공하는 서비스를 한다. 또한 복지기금 마련을 위한 활동과 필요한 자원 발굴 등을 통해 군사회복지의 양적 확대를 위한 역할을 수행할 수 있다.

〈표 12-4〉 군사회복지 개입활동 및 프로그램

대상	주요 업무	활동 및 프로그램
사병에 대한 개입	• 위기 개입 • 개인상담 • 사례관리 • 집단상담	• 성격검사 • 정신건강 상담 및 치료 • 전투 스트레스 관리 및 상담 • 의료 문제 상담 및 퇴원 계획 • 알코올 및 약물 상담 • 군생활 부적응 상담 • 가족 문제 및 대인관계 갈등 상담
직업군인 및 가족에 대한 개입	• 위기 개입 • 개인상담 • 사례관리 • 집단상담 • 부부상담 • 가족상담 • 가정방문	• 군생활 문제 상담 • 진로상담 • 정신건강 상담 및 치료 • 전투 스트레스 관리 및 상담 • 알코올 및 약물 상담 • 의료 문제 상담 및 퇴원 계획 • 가족 갈등 및 가정폭력 문제 상담 • 가족 강화 및 가족지원서비스 제공 • 자녀 발달 및 특수아동 상담 • 지역사회 자원 연결
군 조직 및 군 복지정책에 대한 개입	• 군복지정책 제안 • 군 구성원 옹호 • 자원 개발	• 군복지정책 자문 및 건의 • 군인 및 가족의 권리 옹호 • 복지기금 마련 및 자원 발굴

※ 미국의 경우 군사회복지사(장교 또는 민간인)는 군대 내 정신건강센터, 가족옹호기관(Family Advocacy), 알코올 및 약물 치료기관, 의료기관(병원) 내 행동건강센터, 교정기관 그리고 전투 시 야전에서 대부분 팀(정신과 의사, 심리사, 간호사, 군목, 기타 의료진 등)의 일원으로 활동하고 있다.

출처 : 박미은(2005), 데일리(Daley, 1999, 2003), 녹스와 프라이스(Knox & Price, 1995), 사회복지대백과사전(1998), 미 육군 규정(AR 40-68, 608-18), 미국 국방부 홈페이지 등을 참조하여 작성한 자료를 인용한 것임.

3) 군사회복지사의 역할

데일리(Daley, 2003)는 군사회복지사들 수행해야 하는 역할로 다음과 같은 내용을 언급하였다(윤철수 외, 2012).

첫째, 군사회복지를 통하여 군인들의 전투능력을 향상시키고, 전투 이후의 회복을 돕는다.

둘째, 군 내에서 군 구성원의 복지를 극대화하고, 심리사회적 손상을 극소화하는 군 정책 및 절차를 개발하여 이에 대한 자문을 한다.

셋째, 가정폭력, 물질남용, 정신질환 또는 심각한 신체질환자에 대한 부적응 등과 같은 심리사회적 문제로 인해 발생할 수 있는 손상을 줄이는 프로그램을 계획하고 실행한다.

넷째, 군대 내에서 사회서비스의 기능을 향상시키는 관점과 개입을 확보한다.

다섯째, 군사회복지서비스를 전달하는 과장에서 최고의 전문성을 확보한다.

REFERENCE

강용규·김희성·배은영(2007). **사회복지개론**. 경기: 공동체.

강홍구(2004). **의료사회복지실천론**. 서울: 현학사.

감정기·최원규·진재문(2004). **사회복지의 역사(개정판)**. 서울: 나남.

고경환·장영식·도세록·이래연(2002). **한국의 사회복지 지출추계: 1990-1999**. 서울: 한국보건사회연구원.

국가청소년위원회(2006). **청소년백서**.

권선진(2007). **장애인복지론**. 서울: 청목출판사.

권육상 외(2005). **장애인복지론**. 서울: 유풍출판사.

권중돈 외(2012). **사회복지개론**. 서울: 학지사.

김기태·황성동·최송식·박봉길·최말옥(2009). 정신보건복지론. 경기: 양서원.

김덕준·김영모·이명홍·지윤·강만춘(1977). **신사회사업개론**. 서울: 한국사회복지연구소.

김상균·김혜란·조흥식·최일섭·최성재(2001). **사회복지개론**. 서울: 나남.

김상균·최일섭·최성재·조흥식·김혜란·이봉주·구인희·강상경·안상훈(2007). **사회복지개론(개정 2판)**. 서울: 나남.

김상균 외(2002). **사회복지개론**. 서울: 나남.

김상균(1987). **현대사회와 사회정책**. 서울: 서울대학교 출판부.

김상균(1991). 사회복지의 이해. **지역복지봉사의 이론과 실제**. 서울: 한국사회복지협의회.

김성경·김혜영·최현미(2005). **아동복지론**. 경기: 양서원.

김영모(1978). **한국사회복지론**. 서울: 경문사.

김윤정·남미애·노병일·박수정·윤경아·이윤화·조성혜(2001). **여성복지론**. 서울: 대학출판사.

김융일·김기환·김미혜·김형식·박능후·신준섭·오창순·이영분·정무성·황성철(2003). **사회복지개론**. 서울: 동인.

김인숙·김혜선·성정현·신은주·윤영숙·이혜경·최선화(2000). **여성복지론**. 서울: 나남출판사.

김정순(1981). **노인복지학**. 서울: 이우출판사.

김태성·성경륭(2000). **복지국가론**. 서울: 나남.

김태성·홍선비(2006). **사회복지개론**. 서울: 청목출판사.

김혜경·도미향·문혜숙·박충선·손홍숙·오정옥·홍달아기(2006). **가족복지론**. 경기: 공동체.

김혜란·홍선미·공계순(2006). **사회복지실천기술론(개정 2판)**. 서울: 나남.

남기민(2010). **사회복지정책론(2판)**. 서울: 학지사.

남기민(2011). **사회복지학개론**. 경기: 양서원.

남세진·조흥식(1995). **한국사회복지론**. 서울: 나남.

노병일(1999). **사회보장론**. 서울: 대학출판사.

노혁(2007). **청소년복지개론(개정판)**. 경기: 교육과학사.

대구대학교 사회복지연구소 편(1985). **사회복지사전**. 서울: 경진사.

류상열(2005). **사회복지역사**. 서울: 학지사.

박경일 외(2014). **사회복지학강의**. 경기: 양서원.

박경일(2008). **가족수당정책론**. 양서원

박미은(2005). 우리나라 군사회복지의 필요성과 제도화 방향. **2005년 한국사회복지학회 추계공동학술대회 자료집,** 393-399.

박석돈(2010). **사회보장론(제3판)**. 경기: 양서원.

박용순(2008). **사회복지개론**. 서울: 학지사.

박정호(2001). **사회복지정책론**. 서울: 학지사.

박종삼·유수현·노혜련·배임호·박태영·허준수·김교성·김규수·김인·노혁·송광훈·송성자·이영실·전석균·전무성·정은·조휘일(2002). **사회복지개론**. 서울: 학지사.

백종만·최원규·최옥채·윤명숙·홍경준·이상록·박현선(2004). **사회와 복지**. 서울: 나눔의 집.

보건복지부(2000). **고령화 관련 국제행동계획과 노인을 위한 유엔원칙**.

보건복지부(2010). **2010년 정신보건전문요원제도 운영 안내**.

서홍란(2000). 가정폭력 가해자를 위한 수강명령 프로그램의 실제. **제4회 인제사회복지 세미나 자료집**. 경남: 인제대학교 사회복지학과.

성영혜·이재연·서영숙·이소희(1997). **현대사회와 가족복지**. 서울: 숙명여자대학교 출판부.

성정현·이지영·우국희·최승희(2009). **가족복지론(개정판)**. 경기: 양서원.

양옥경·김정진·서미경·김미옥·김소희(2010). **사회복지실천론(개정 4판)**. 서울: 나남.

어윤배(1996). **사회정책의 이론과 과제**. 서울: 숭실대학교 출판부.

엄명용·김성천·오혜경·윤혜미(2005). **사회복지실천의 이해(개정판)**. 서울: 학지사.

오정수·류진석(2004). **지역사회복지론**. 서울: 학지사.

오정수·최혜경·정연택·류진석·유채영(2010). **사회복지학개론**. 경기: 양서원.

우재현(1982). 산업복지의 개념정립을 위한 서론. **산업복지, 5**, 1-106.

원석조(2009). **사회복지행정론**. 경기: 양서원.

원석조(2010). **사회복지개론**. 경기: 양서원.

원석조(2013). **사회복지개론**. 경기: 양서원.

유공순 외(2007). **사회복지개론**. 경기: 양서원.

유광호·이혜경·최성재(2005). **한국의 사회보장**. 서울: 유풍출판사.

윤철수·노혁·도종수·김정진·김미숙·석말숙·김혜경·박창남·성준모(2012). **사회복지개론**. 서울: 학지사.

윤철수·노혁·도종수·김정진·김미숙·석말숙·김혜경·박창남·장은숙(2008). 사회복지개론. 서울: 학지사.

REFERENCE

이경남·김경미·김남숙·김인숙·김현주·박미정·서화정·원기연·이순영·허영숙·황인옥(2007). **사회복지개론**. 경기: 공동체.

이성진(1996). 청소년상담의 발전의 방향과 과제. 제3회 청소년상담학 세미나.

이수종(1982). **청소년지도방향과 대책**. 서울: 문교행정(제4호).

이영분·김기환·윤현숙·이원숙·이은주·최현미·홍금자(2001). **사회복지실천론**. 서울: 동인.

이영분·양심영(2000). 사랑의 전화 상담 분석. **한국의 가족문제: 사회변화에 따른 추이**. 2000년 국제학술대회 한국가족치료학회.

이인정·최혜경(1995). **인간행동과 사회환경**. 서울: 나남.

이혜원(2006). 아동권리와 아동복지. **아산재단 연구총서, 29**. 서울: 집문당.

이화여자대학교 사회복지연구회 역(2001). **가족복지실천론**. 서울: 나눔의 집.

임종호·이영미·이은미(2010). **장애인복지론**. 서울: 학지사.

임춘식 외(2007). **사회복지학개론**. 경기: 공동체.

장인협·오정수(2001). **아동·청소년복지론**. 서울: 서울대학교 출판부.

장인협·최성재(2006). **노인복지학(제 2개정판)**. 서울: 서울대학교 출판부.

전재일·배일섭·정영숙(2000). **사회복지정책론**. 서울: 형설.

전재일 외(1997). **학교사회사업**. 서울: 사회복지개발연구원.

전재일 외(1999). **사회복지개론**. 서울: 형설.

정무성(1998). **학교사회사업실천모델에 관한 일 고찰**. 학교사회사업학회 제3회 학술대회.

조학래(2006). **집단사회복지실천론**. 대전: 침례신학대학교 출판부.

조흥식·권기창·이태수·박경수·이용표·엄규숙·박기훈(2008). **사회복지개론**. 서울: 창지사.

조흥식·김진수·홍경준(2002). **산업복지론**. 서울: 나남.

천정환·김주연(2010). **교정복지학**. 서울: 창지사.

최선화(2006). **풀어쓴 사회복지실천기술**. 경기: 공동체.

최성재·남기민(1995). **사회복지행정론**. 서울: 나남.

최옥재(2010). **교정복지론**. 서울: 학지사.

최윤진(1993). 교정사회사업. 한국청소년개발원 편, **청소년복지론**. 서울: 한국청소년개발원.

최일섭·류진석(1996). **지역사회복지론**. 서울: 서울대학교 출판부

최일섭·류진석(1997). **지역사회복지론**. 서울: 서울대학교 출판부.

최해경(2009). **사회복지실천론**. 서울: 학지사.

표갑수(1994). 문제학생지도를 위한 학교사회복지 도입방안. **한국아동복지학회, 2**.

한국노동연구원(1995). **기업 내 근로자 복지프로그램 표준 매뉴얼**.

한국사회복지연구회(1990). **사회복지의 역사**. 서울: 이론과 실천.

한국전문대학 사회복지교육협의회 편(2004). **신사회복지론**. 서울: 유풍출판사.

현외성·김수영·조추용·이은희·윤은경(2000). **학구노인복지학강론**. 서울: 유풍출판사.

현외성 외(1993). **사회복지의 이해**. 서울: 유풍출판사.

홍봉선(2004). **교정복지론**. 서울: 현학사.

홍봉수·장승전·임안나·황영희·신현목·유영주·고명수·유재응·이순자·나직균(2010). **사회복지개론**. 경기: 공동체.

Akabas, S., & Kurzman, P.(Eds.).(1982). *Work Workers, and work organizations: A view from social work*. Englewood Cliffs, NJ: Prentice Hall.

Allen-Meares P.(1994). Social Work Services in School: A National Study of Entry-Level Tasks, *Social Work*, vol. 39.

Anderson, R. & Cater, I.(1990). *Human Behavior in the Social Environment*(4th ed.). New York: Aldine De Gruyter.

Biestek, F. P.(1957). *The Casework Relationship*. London: George Allen & Unwin.

Briar-Lawson, K., Lawson, H., Hennon, C., & Jones, A.(2001). *Family-centered polices & practices*. New York: Columbia University Press.

Chaplin, J.(1968). *Dictionary of Psychology*. New York: Dell Publishing Co.

Collins, D., Jordan, C., & Coleman, H.(1999). *An Introduction to Family Social Work*. F. E. Peacock Publishers. Inc.

Costin, L. B.(1981). *School Work in School: Historical Perspectives and Current Directions, 8*. University of Illinois at Urbana-Champaign.

Daley, J. G.(1999). *Social work Practice in military*. New York: The Haworth Press.

DiNitto, D, M.(1995). *Social Welfare: Politics and Public Policy*. Boston: Allyn and Bacon.

DiNitto, D. M.(2000). *Social Welfare: Politics and Public Policy*(5th ed.). Boston: Allyn & Bacon.

Esping-Andersen, G.(1990). *The Three World of Welfare Capitalism*. Principles. New York: Harper Collins.

Esping-Andersen, G.(1999). *Social foundations of postindustrial economies*. New York: Oxford University Press.

Fink, A.(1949). *The Field of Social Work*. New York: Holt, Rinehart & Winston. Inc.

Freidlander, W., & Apte, R.(1968). *Introduction to Social Welfare*. New Jersey: Englewood Cliffs, Prentice-Hall.

Friedlander, W. & Apte, R. Z.(1980). *Introduction to Social Welfare*. NJ: Prentice-Hall.

Fumiss, N. & T. Tilton.(1977). *The Case for the Welfare State: From Social Security to Social Equality*. Bloomington: Indiana Univ. Press.

REFERENCE

Furniss, N., & Tilton, T.(1977). *The Case for the Welfare State: From Social Security to Social Equality.* Bloomington: Indiana University Press.

Gate, B. L.(1980). *Social Program Administration the Implementation of Social Policy.* NJ: Prentice-Hall.

George, V. & Wilding, P.(1994). *The Impact of Social Policy.* London: RKP.

Glennerster, H.(1985). *Paying for Welfare.* Oxford: Basil Biackwell Ltd.

Harvey, D.(1976). *Social Justice and The City.*

Hjelle, L., & Ziegler, D.(1981). *Personality Theories.* London: McGraw-Hill International Book Co.

Johnson, L. C.(1989). *Social Work Practice*(3rd ed.). Massachusetts: Allyn & Bacon.

Kadushin, A.(1980). *Homemaker Services, Child welfare Service.* New York: Macmillan Publish Co. Inc.

Kirst-Ashman, K. K.(2003). *Introduction to Social Work and Social Welfare: Critical Thinking Perspectives.* CA: Thomson.

Kurzman, P.(1987). Industrial social work. *In National Association of Social Workers. Encyclopedia of social work*(18th ed.). Silver Spring. MD: NASW.

Lowe, R.(1993). *The Welfare State an Britain since 1945.* London: Macmillan.

Lurie, H.(1965). *Encyclopedia of Social Work.* New York: NASW.

Macarov(1978). (저자확인)

Macarov, D.(1978). *The Design of Social Welfare.* New York: Holt, Rinehart and Winston.

Meyer, A.(1922). Historical Sketch and Outlook of Psychiatric Social Work, *Hospital Social Service*, V.

O' Keefe, D.(1960). Psychiatric Social Work, in R, Kurtz(ed.). *Social Work Year Book.* New York: National Association of Social Workers.

Perlman, H.(1970). The Problem-solving Model in Social Casework. In R. Robert & R. Nee (eds.), *Theories of Social Casework.* Chicago: University of Chicago Press.

Popple, P. R. & Leighninger, L.(2002). *Social Work, Social Welfare, and American Society*(5th ed.). Boston: Allyn & Bacon.

Popple, P. R., & Leighninger, L.(1999). *Social Work, Social Welfare, and American Society*(4th ed.). Boston: Allyn & Bacon.

Reamer, F. G.(1966). *Social Work Values a Ethic.* Columbia University Press.

Robson, W. A.(1976). *Welfare state and Welfare Society.* London: George Allen & Unwin.

Spicker, P.(1988). *Principle of Social Welfare: An Introduction to Thinking about the Welfare State*. New York: Routledge.

Stenberg, C. W.(1972). Citizen and Administrative State. *Public Administrative Review, 32*.

Stroup, H.(1948). *Social Work*. New York: American Book Co.

Timuss, R, M.(1968). *Commitment to Welfare*. London: George Allen & Unwin.

Townsend, P.(1975). *Sociology and social policy*. London: Allen Lane & Penguin.

Trecker, H. B.(1977). *Social Work Administration*. New York: Association Press.

Wilensky, H. L.(1975). *The Welfare State and Equality: Structural and Ideological Roots of Public Expenditure*. Berkeley: Univ. of California Press.

Wilensky, H. L., & Lebeaux, C. N.(1965). *Industrial Society and Social Welfare: The impact of industrialism on the supply and organization of social welfare services in the United States*. New York: Free Press.

Wilensky, Harold & Lebeaux, C. N.(1958). *Industrial Society and Social Welfare*. New York: Free Press.

Zastrow, C.(2000). *Introduction to Social Work and Social Welfare*(7th ed.). Belmont, CA: Wadsworth.

福祉士養成講座編集委員会 編(1999). **地域福祉論**. 中央法規.

福祉士養成講座編輯委員会(2005). **児童福祉論**. 中央法規.

上野谷加代子·山県文治·松端克文, 編(2004). **地域福祉**. ネルヴァ書房.

安井誠一郎(1933). **社会問題と社会事業**. 東京: 三省堂.

日本地域福祉学会 編(2006). **地域福祉事典**. 中央法規

<참고사이트>

법제처 홈페이지 http://www.moleg.go.kr

저자소개

• 류형택(柳瀅宅)

명지대학교 사회복지대학원 졸업(사회복지학 석사)
한영신학대학교 일반대학원 졸업(사회복지학 박사)
현) 부천대학교 평생교육원 사회복지과/지도교수
호박심리상담센터/센터장
남부교육청/다문화가정 상담사
(사)남성의 전화/위기 및 해체가정 집단치료 전문강사
애신아동복지센터/시설운영위원
한국도박중독예방협회/자문위원
김포경찰소/멘토링위원

• 배은영

인하대학교 대학원 행정학박사
현) 사회복지법인 천주교 수원교구 사회복지회
천주교 수원교구 민족화해위원회 안산나르샤 시설장
서울폴리택평생교육원 운영교수
인천광역시 사회복지협의회 복e지상담실 재무회계분야 상담위원

사회복지개론

초판 1쇄 인쇄 / 2016년 2월 20일
초판 1쇄 발행 / 2016년 2월 29일

•

공저자 / 류형택 · 배은영
발행인 / 이 중 수
발행처 / **동 문 사**

•

서울특별시 서대문구 홍제원 1길 12
(홍제동 137-8)
Tel : 02)736-3718(대), 736-3710, 3720
Fax : 02)736-3719
등록번호 : 제9-17호
가격 : 16,000원

•

ISBN : 978-89-8251-776-1(93330)
E-mail : dong736@naver.com
www.dongmunsa.com

저자와의 합의하에 인지는 생략합니다.